JN409989

東洋古典譯註叢書 66

譯註 東萊博議 5

附 索引

著者 呂祖謙
책임번역 鄭太鉉
공동번역 金炳愛

전통문화연구회

國譯委員

責任飜譯　鄭太鉉
共同飜譯　金炳愛
常任原文校閱　吳圭根
潤　　文　南賢熙
校　　訂　郭成龍 田炳秀
出　　版　郭成龍

國譯管理

管　　理　李和春
普　　及　徐源英

東洋古典譯註叢書를 발간하면서

우리의 古典國譯事業은 민족문화 진흥의 기초사업으로 1960년대부터 政府 支援으로 古文獻 現代化 작업을 추진하여 많은 成果를 거두었다. 당시 이 사업 추진의 先行課題로 東洋古典이라 일컬어지는 중국의 基本古典을 먼저 飜譯하여야 한다는 學界의 주장이 있었음에도 불구하고 우리 고전이 아니라는 일부의 偏狹한 視角과 財政 事情 등으로 인하여 배제되어 왔다.

전통적으로 중국의 기본고전은 우리 歷史와 함께 숨 쉬며 각종 교육기관의 敎科書로 활용됨은 물론이고 지식인들의 必讀書가 되어 왔으며, 우리 文化의 基底에 자리 잡고 거의 모든 방면의 體系와 根幹을 형성하여 왔다. 그래서 학문연구의 기본서 역할을 해왔을 뿐만 아니라 오늘날에도 우리의 國學徒 및 東洋學 硏究者들에게 같은 역할을 하고 있음은 주지의 사실이다. 그럼에도 불구하고 中國古典은 우리 것이 아니라 하여 專門機關의 飜譯對象에 포함하지 않음으로써, 대부분 原典에서의 직접 번역이 아닌 重譯이나 拔萃譯의 방식이 주를 이루면서 敎養水準으로 出版되어 왔다.

오늘날 東洋 三國 중에서 우리의 東洋學 연구가 가장 부진한 이유는, 東洋基本古典에 대한 폭넓은 이해의 부족과 漢文古典 讀解力의 저하에 기인함을 우리는 솔직히 인정하여야 한다. 따라서 이들 중국고전에 대한 신뢰할 만한 國譯이 이루어지는 것이 한국학 연구를 촉진시키는 시급한 先行課題라 할 수 있다.

이에 韓國學 및 東洋學의 연구와 古典現代化의 基盤構築을 위해서는, 전문기관으로 하여금 동양고전을 단기간에 각 분야의 專門 硏究者와 漢學者가 상호 협동하여 연구・번역하여 飜譯의 傳統性과 效率性, 硏究의 專門性을 높일 수 있도록 政策的 配慮가 있어야 한다.

이에 本會에서는 元老 및 中堅 漢學者와 斯界의 專攻者로 하여금 協同硏究飜譯하여 공부하는 사람들이 믿고 引用하거나 깊이 있는 註釋 등을 활용할 수 있게 하고, 知識人들의 教養을 증진시켜 줄 수 있는 東洋古典의 國譯書 간행을 지속적으로 추진해 왔다. 근래에 다행히 이 사업에 대하여 각계 지도층의 폭넓은 이해와 지원에 힘입어 2001년도부터 國庫補助를 받아 東洋古典譯註叢書를 간행하게 되었다. 이를 계기로 우리 先學의 註釋과 見解를 반영하는 등 국역사업의 內實을 기하게 되었음을 이 자리를 빌려 衷心으로 감사드리며, 아울러 國譯에 參與하신 관계자 여러분의 勞苦에 깊은 謝意를 표한다.

끝으로 우리의 이러한 작업은 오랜 역사 위에 축적된 先賢들의 業績과 現代學問을 이어주는 튼튼한 架橋와 礎石이 되어 진정한 韓國學과 東洋學 발전에 기여할 것을 굳게 믿으며, 21세기를 우리 文化의 世紀로 열어 가는 밑거름이 되도록 우리의 力量을 本 事業에 경주하고자 한다. 江湖諸賢의 부단한 관심과 지원을 기대해 마지않는다.

社團法人 傳統文化研究會 會長 李啓晃

凡 例

1. 본서는 東洋古典譯註叢書 ≪譯註 東萊博議≫ 제5책이다.
2. 본서는 中宗 年間에 간행된 乙亥字本 ≪新刊詳增補註東萊先生左氏博議≫(국립중앙도서관 소장)를 저본으로 하되, 全25권 가운데 일부만이 소장(권1~2, 권9~ 11, 권23~25)되어 있어 日本 宮內廳 書陵部 소장의 同一本 서책으로 缺本을 대체하였다. 四庫全書의 ≪左氏博議≫(이하 '사고전서본'으로 약칭)와 臺灣 三民書局印行의 ≪新譯 東萊左氏博議≫(이하 '삼민서국본'으로 약칭), ≪精選東萊先生左氏博議句解≫(이하 '精選本'으로 약칭)를 참조하여 교감, 번역하였다.
3. 본서는 원전의 傳統性과 번역의 現代性을 구현하기 위해 노력하였다.
4. 번역은 原義의 충실하게 하되, 이해가 어려운 부분은 意譯 또는 보충역을 하였다.
5. ≪春秋左氏傳≫ 인용문과 ≪東萊博議≫ 본문에 懸吐하고 飜譯하였다. ≪춘추좌씨전≫의 인용문은 【左傳】으로 구분하였으며, 저본의 間註는 完譯하였다.
6. ≪春秋左氏傳≫ 인용문에 대한 懸吐, 飜譯, 譯註는 譯者인 鄭太鉉의 ≪譯註 春秋左氏傳≫(전통문화연구회)에 의거하여 약간의 수정을 가하여 인용하였으며, 인용문이 두 개 이상일 경우에는 각각 일련번호를 부여하여 찾아보기에 용이하도록 하였다.
7. 저본에서는 ≪春秋左氏傳≫ 인용문・≪東萊博議≫ 본문・간주에 모두 避諱를 적용하였는데, 본서에서는 매 편의 처음 나온 부분에만 주석을 달았다.
   예) 威公 : 춘추시대 齊 桓公을 가리킨다. 北宋 欽宗의 이름이 '桓'이므로 '桓'을 諱하기 위해 '威'로 바꿔 쓴 것이다.
8. 譯者의 주석은 〔역주〕로 표시하여 原註와 구분하였다.
9. 본서에 사용된 주요 符號는 다음과 같다.
   " " : 對話, 각종 引用
   ' ' : 再引用, 强調

「 」: ‘ ’ 안에서의 再引用, 强調

( ) : 원문에서는 漢字의 音, 同字, 通用字

번역문에서는 간단한 註釋

〔역주〕: 역자의 주석과 교감

*) : 間註에 대한 역자의 주석

≪ ≫ : 書名, 出典

〈 〉 : 篇章節名, 作品名, 補充譯, 補充字

10. 본서의 校勘에 사용된 符號는 다음과 같다.

( )〔 〕: ( ) 안은 저본의 글자, 〔 〕 안은 校勘한 글자

( ) : 원문의 衍文

〔 〕: 번역문이나 주석의 의미를 명확히 하기 위해 보충한 漢字나 引用文

□ : 저본의 闕字

參考文獻

◇ 底本

- ≪新刊詳增補註東萊先生左氏博議≫, 呂祖謙 撰, 乙亥字本, 國立中央圖書館 所藏(승계貴1235-61), 1511.

◇ 底本 관련자료

- ≪新刊詳增補註東萊先生左氏博議≫, 呂祖謙 撰, 日本 宮內廳 書陵部 所藏, 1511.
- ≪左氏博議≫, 呂祖謙 撰, 文淵閣四庫全書, 臺灣商務印書館, 1986.
- ≪精選東萊先生左氏博議句解≫, 呂祖謙 撰, 國立中央圖書館 所藏(古貴2205-10-4).

◇ 經部

- ≪經典釋文≫, 陸德明 撰, 文淵閣四庫全書, 臺灣商務印書館, 1986.
- ≪論語集註大全≫, 朱熹 集註, 胡廣 等 編, 朝鮮 內閣本, 影印本, 學民文化社.
- ≪大戴禮記詳解≫, 王聘珍 撰, 中華書局, 1989.
- ≪大學章句大全≫, 朱熹 集註, 胡廣 等 編, 朝鮮 內閣本, 影印本, 學民文化社.
- ≪孟子集註大全≫, 朱熹 集註, 胡廣 等 編, 朝鮮 內閣本, 影印本, 學民文化社.
- ≪書傳大全≫, 蔡沈 集傳, 胡廣 等 編, 朝鮮 內閣本, 影印本, 學民文化社.
- ≪說文解字≫, 許愼 撰, 文淵閣四庫全書, 臺灣商務印書館, 1986.
- ≪詩傳大全≫, 朱熹 集傳, 胡廣 等 編, 朝鮮 內閣本, 影印本, 學民文化社.
- ≪呂氏家塾讀詩記≫, 呂祖謙 撰, 文淵閣四庫全書, 臺灣商務印書館, 1986.
- ≪禮記集說大全≫, 陳澔 集說, 胡廣 等 編, 朝鮮 內閣本, 影印本, 學民文化社.
- ≪儀禮注疏≫, 鄭玄 註, 賈公彦 疏, 北京大學出版社, 1999.
- ≪爾雅注疏≫, 郭璞 註, 邢昺 疏, 北京大學出版社, 1999.
- ≪周禮注疏≫, 鄭玄 註, 賈公彦 疏, 北京大學出版社, 1999.
- ≪周易傳義大全≫, 程頤 傳, 朱熹 本義, 胡廣 等 編, 朝鮮 內閣本, 影印本, 學民文化社.

- ≪中庸章句大全≫, 朱熹 集註, 胡廣 等 編, 朝鮮 內閣本, 影印本, 學民文化社.
- ≪春秋穀梁傳注疏≫, 范寧 註, 楊士勛 疏, 北京大學出版社, 2000.
- ≪春秋公羊傳注疏≫, 何休 註, 徐彦 疏, 北京大學出版社, 2000.
- ≪春秋左傳正義≫, 杜預 註, 孔穎達 疏, 北京大學出版社, 2000.
- ≪孝經注疏≫, 唐 玄宗 注, 邢昺 疏, 北京大學出版社, 1999.

◇ 史部

- ≪舊唐書≫, 劉昫 撰, 中華書局, 1975.
- ≪國語≫, 左丘明 撰, 文淵閣四庫全書, 臺灣商務印書館, 1986.
- ≪大事記≫, 呂祖謙 撰, 文淵閣四庫全書, 臺灣商務印書館, 1986.
- ≪史記≫, 司馬遷 撰, 中華書局, 1999.
- ≪三國志≫, 陳壽 撰, 影印本, 景仁文化社, 1975.
- ≪水經注≫, 酈道元 撰, 文淵閣四庫全書, 臺灣商務印書館, 1986.
- ≪新唐書≫, 歐陽脩・宋祁 撰, 中華書局, 1975.
- ≪御批資治通鑑綱目≫, 朱熹 撰, 文淵閣四庫全書, 臺灣商務印書館, 1986.
- ≪晏子春秋≫, 晏嬰 撰, 文淵閣四庫全書, 臺灣商務印書館, 1986.
- ≪資治通鑑≫, 司馬光 撰, 文淵閣四庫全書, 臺灣商務印書館, 1986.
- ≪戰國策≫, 劉向 撰, 高誘 注, 文淵閣四庫全書, 臺灣商務印書館, 1986.
- ≪漢書≫, 班固 撰, 中華書局, 1962.
- ≪後漢書≫, 范曄・司馬彪 撰, 中華書局. 1965.

◇ 子部

- ≪說郛≫, 陶宗儀 撰, 文淵閣四庫全書, 臺灣商務印書館, 1986.
- ≪孔子家語≫, 王肅 注, 文淵閣四庫全書, 臺灣商務印書館, 1986.
- ≪論衡≫, 王充 撰, 文淵閣四庫全書, 臺灣商務印書館, 1986.
- ≪說苑≫, 劉向 撰, 文淵閣四庫全書, 臺灣商務印書館, 1986.
- ≪世說新語≫, 劉義慶 撰, 文淵閣四庫全書, 臺灣商務印書館, 1986.
- ≪新書≫, 賈誼 撰, 文淵閣四庫全書, 臺灣商務印書館, 1986.
- ≪新序≫, 劉向 撰, 文淵閣四庫全書, 臺灣商務印書館, 1986.
- ≪揚子法言≫, 揚雄 撰, 李軌・柳宗元 注, 文淵閣四庫全書, 臺灣商務印書館, 1986.
- ≪呂氏春秋≫, 呂不韋 編, 高誘 注, 文淵閣四庫全書, 臺灣商務印書館, 1986.

- ≪列子≫, 張湛 注, 文淵閣四庫全書, 臺灣商務印書館, 1986.
- ≪藝文類聚≫, 歐陽詢 撰, 文淵閣四庫全書, 臺灣商務印書館, 1986.
- ≪莊子集釋≫, 莊周 撰, 郭象 注, 陸德明 釋文, 成玄英 疏, 郭慶藩 輯, 中華書局, 1961.

◇ 集部

- ≪古文關鍵≫, 呂祖謙 撰, 文淵閣四庫全書, 臺灣商務印書館, 1986.
- ≪朱子語類≫, 黎靖德 編, 王星賢 點校, 中華書局, 1994.
- ≪二程文集≫, 程頤・程顥 撰, 文淵閣四庫全書, 臺灣商務印書館, 1986.

◇ 研究論著 및 飜譯書

〔韓國〕

- 〈宋 呂祖謙의 ≪春秋左傳≫에 대한 觀點에 대하여 : ≪東萊博議≫所載 '鄭伯克段於鄢'과 '周鄭交惡'을 중심으로〉, 양승이, 한국어문학국제학술포럼, 2007.
- 〈≪東萊博議≫와 齊桓公論〉, 李在夏, ≪중국학≫ 30, 2008.
- 〈여조겸(呂祖謙)의 ≪동래박의(東萊博議)≫ 〈정백극단어언(鄭伯克段於焉)〉을 통해 본 춘추학(春秋學)〉, 양승이, ≪인문과학≫ 52, 2013.
- 〈조선시대 지식인들의 ≪동래박의(東萊博議)≫ 수용의 의의〉, 백진우, ≪한국한문학연구≫ 54, 2014.
- ≪논술의 백미 동래박의≫, 吳在錫 譯, 中和堂, 1995.
- ≪譯註 春秋左氏傳≫(전8책), 鄭太鉉 譯註, 傳統文化研究會, 2001~2009.
- ≪譯註 通鑑節要≫(전9책), 成百曉 譯註, 傳統文化研究會, 2005~2009.
- ≪譯註 東萊博議 1~4≫, 鄭太鉉・金炳愛 譯註, 傳統文化研究會, 2010~2012.

〔中國〕

- 〈≪東萊博議≫及其評点本〉, 陳守富, ≪四川大學學報≫, 1990 4期.
- 〈呂祖謙的≪東萊博議≫評說〉, 林永鋭, ≪海南大學學報≫, 1993 3期.
- 〈論呂祖謙研究中的偏見〉, 杜海軍, ≪浙江師范大學學報≫ 33, 2008 4期.
- 〈論呂祖謙≪東萊博議≫的文學示范意義〉, ≪唐都學刊≫ 27, 2011 4期.
- ≪校正批点 東萊博議≫, 上海鴻寶齊書局, 1915.
- ≪東萊博議≫, 張明德 外 著, 北京市中國書店, 1936.
- ≪春秋左傳注≫, 楊伯峻 著, 中華書局, 1983.

- ≪新譯東萊左氏博議≫, 李振興・簡宗梧 註譯, 三民書局, 1991.
- ≪春秋譯註≫, 上海古籍出版社, 2004.
- ≪古申論 : 全本東萊博議今譯≫, 王明飛 点譯, 甘肅民族出版社, 2006.
- ≪呂祖謙年譜≫, 杜海軍 著, 中華書局, 2007.
- ≪東萊博議今譯≫, 呂理胡・陳年福 譯, 中華呂祖謙學術硏究協會, 2014.

〔日本〕
- ≪評註東萊博議≫, 瞿世瑛 校, 阪谷朗廬 評注, 影印本, 1879.
- ≪和譯東萊博議≫, 田岡嶺雲 譯, 玄黃社, 1912.
- ≪春秋左氏傳≫(전4책), 鎌田正 著, ≪新釋漢文大系≫ 30~33, 明治書院, 1971~1977.
- ≪左氏會箋≫, 竹添鴻光 著, 新文豊出版有限公司, 1978.
- ≪春秋左氏傳≫(전3책), 竹內照夫 著, ≪新釋漢文大系≫ 4~6, 集英社, 1983.

〔英美〕
- 〈Narratives in Tso Chuan〉, Ronald C. Egan, ≪Harvard Journal of Asiatic Studies≫ Vol.37, 323~352p, 1977.
- 〈Ssu-ma Ch'ien's Conception of Tso chuan〉, Stephen Durrant, ≪Journal of the American Oriental Society≫ Vol.112, 295~301p, 1992.
- ≪The Chinese classics : The Chun Tsew With the Tso Chuen≫(전4책), James legge, Hong Kong University Press, 1960.
- ≪On the Authenticity and Nature of the Tso Chuan≫, Bernhard Karlgren, Cheng Wen Publising Co. Taipei, 1968.
- ≪The Tso Chuan : Selections from China's Oldest Narrative History≫, Burton Watson, Columbia University Press, 1992.

◇ 데이터베이스(DB) 자료
- 한국고전종합DB(http://db.itkc.or.kr)
- 동양고전종합DB(http://db.cyberseodang.or.kr)
- 電子版 文淵閣四庫全書, 上海古籍出版社.

目 次

東萊博議 卷25

東萊博議 卷23

23-01 齊侯侵我西鄙 齊侯가 魯나라의 서쪽 邊境을 侵犯하다

【左傳】 文十五年이라 齊侯侵我西鄙하니 謂諸侯不能也[1]라 遂伐曹하야 入其郛하니 討其來朝也[2]라 季文子曰 齊侯其不免乎ㄴ저 己則無禮[3]요 而討於有禮者曰 女何故行禮[4]아 禮以順天이 天之道也어늘 己則反天而又以討人하니 難以免矣로다 詩曰 胡不相畏오 不畏于天이라하니 君子之不虐幼賤은 畏于天也라 在周頌曰 畏天之威하야 于時保之라하니 不畏于天이면 將何能保리오 以亂取國[5]하니 奉禮以守라도 猶懼不終이어든 多行無禮하니 弗能在矣[6]리라

1) 〔역주〕 齊侯侵我西鄙 謂諸侯不能也 : 齊侯는 諸侯들이 〈魯나라를 구원하기 위해〉 齊나라를 討伐할 수 없다고 여긴 것이다.〈杜注〉

2) 〔역주〕 遂伐曹……討其來朝也 : 曹人이 여름에 魯나라에 와서 朝見한 것을 懲罰한 것이다.〈附注〉

3) 〔역주〕 己則無禮 : 無禮는 王의 使臣을 잡아 가두고 罪 없는 나라를 친 것이다.〈杜注〉

4) 〔역주〕 討於有禮者曰 女何故行禮 : 曹伯이 魯나라에 朝見한 것을 꾸짖은 것이다.〈附注〉

5) 〔역주〕 以亂取國 : 齊나라 商人(懿公)이 임금인 昭公을 시해하고서 君位를 簒奪한 것을 이른다.

6) 〔역주〕 弗能在矣 : ≪春秋左氏傳≫ 哀公 27년에 "多陵人者 皆不在(남을 많이 업신여긴 자는 모두 그 자리에 있지 못한다)"라고 하였으니, 이곳의 '在'와 의미가 같다. ≪爾雅≫ 〈釋詁〉에 "'在'는 '終'이다."라고 하였으니, '終'은 '善終(天壽를 모두 누리고 죽음)'을 이른다.〈楊注〉

文公 15년, 齊侯가 魯나라의 서쪽 邊境을 侵犯하였으니 이는 諸侯들이 魯나라를 救援할 수 없다고 여겼기 때문이다. 드디어 曹나라를 토벌하여 曹나라의 外郭까지 쳐들어갔으니, 이는 曹伯이 魯나라에 와서 朝見한 것을 懲罰한 것이다. 季文子가 말하였다.

"齊侯는 禍難를 면하지 못할 것이다. 자기는 無禮하면서 禮가 있는 나라를 징벌하고 '너희는 무엇 때문에 예를 행하느냐?'고 하였으니 말이다. 예로써 天理를 따르는 것이 하늘의 도리를 행하는 것인데, 자기는 하늘의 도리를 배반하면서 도리어 〈예를 행하는〉 다른 나라를 징벌하니 화난을 면하기 어려울 것이다. ≪詩經≫ 〈小雅 雨無正〉에

‘어찌 서로 두려워하지 않는가? 하늘을 두려워하지 않는 것이다.’고 하였으니, 君子가 幼弱하고 卑賤한 사람을 虐待하지 않는 것은 하늘을 두려워하기 때문이다. 〈周頌 我將〉에 ‘하늘의 위엄을 두려워하여 이에 福祿을 保全한다.’고 하였으니, 하늘을 두려워하지 않는다면 장차 무엇으로 福祿을 보전하겠는가? 叛亂을 일으켜 나라를 차지하였으니 예를 奉行하여 君位를 지키더라도 오히려 잘 마치지 못할까 두려운데 많은 무례를 행하니 제명에 죽을 수 없을 것이다.”

言在此而觀在此者는 衆人之觀也요 言在此而觀在彼者는 君子之觀也라 兩訟在庭에 甲操劵契하고 乙奉質劑[1]하야 聱(오)牙撐拒면 健吏閣筆不能下라 他日偶視故府之牘이어나 適聽道路之言이면 罅開節解하야 擧無遁情이나 牘豈豫爲此時設이며 言豈特爲此事發哉리오 邈乎不相涉이나 而其證甚的하고 寥乎不相及이나 而其諭甚親이라 吾知其說矣로라 無心之言은 其言眞하고 無心之見은 其見定일새니라 是故로 觀言有術하니 略其專而察其旁[2]이라 堅白[3]乎求之惠鄧하고 淸淨乎求之老莊하며 刑名乎求之申韓하고 耕稼乎求之陳許하야 規規然自局於簡冊之內而不敢(聘)〔騁〕[4]을 君子謂之俗儒라하나니라

1) 〔역주〕 質劑 : 계약을 증명하는 문서〔劵書〕를 가리킨다. 문서 중에 긴 것은 質, 짧은 것은 劑라고 한다.(≪周禮≫ 〈天官 小宰〉)

2) 〔역주〕 略其專而察其旁 : 그가 주장하는 중요한 것은 버리고, 그가 등한시하는 곁다리를 자세히 살펴야 한다는 말인 듯하다.

3) 〔역주〕 堅白 : 戰國時代 名家인 公孫龍의 離堅白과 惠施의 合異同의 說이다. 단단하고 흰 돌〔堅白石〕이란 하나의 명제를 놓고, 公孫龍은 사물의 차별성을 과장하고 동일성을 무시하였으며, 惠施는 사물의 차이를 인정하되 전체를 동일시해야 한다고 하였다. 차별적인 객관적 존재를 부정하는 담론을 이른다.

4) 〔역주〕 (聘)〔騁〕 : 저본에는 ‘聘’으로 되어 있으나, 三民書局本에 의거하여 ‘騁’으로 바로잡았다.

이 일을 말하면서 이 일만을 살피는 것은 보통사람들이 사물을 보는 태도이고, 이 일을 말하면서 저 일까지 살피는 것은 君子가 사물을 보는 태도이다. 원고와 피고가 법정에서 爭訟할 때에 각각 계약문서를 들고서 서로 거친 말로 우겨대면 유능한 관리도 붓을 멈추고서 판결을 내리지 못한다. 그러다가 다른 날 우연히 옛 창고 안의 문서를 보거나 때마침 길가는 이의 말을 들으면 틈이 벌어지고 마디가 풀려서 모든 실정이

다 드러난다. 그러나 창고 안의 문서가 어찌 이때를 위하여 미리 만들어진 것이겠으며, 길가는 자의 말이 어찌 이 일을 위하여 특별히 발언한 것이겠는가?

아득하여 서로 관련이 없는 것 같으나 그 증거가 매우 분명하고, 공허하여 서로 관계가 없는 것 같으나 그 비유가 매우 친절하다. 나는 그 이유를 알겠으니, 아무 생각 없이 한 말은 그 말이 진실하고 아무 생각 없이 댄 증거는 그 증거가 확실하기 때문이다. 그러므로 남의 말을 관찰하는 데 방법이 있으니, 그가 주장하는 중요한 것은 버리고 그가 등한시하는 곁다리를 자세히 살펴야 한다.

堅白〈의 異同을 강론하면서 그 뜻〉을 오로지 惠施와 鄧析에게서만 찾고, 淸淨無爲〈를 강론하면서 그 방법〉을 오로지 老子와 莊子에게서만 추구하며, 刑名〈을 강론하면서 그 방법〉을 오로지 申不害와 韓非子에게서만 추구하고, 농사일〈을 강론하면서 그 방법〉을 오로지 陳仲子와 許行에게서만 찾아, 좁고 얕은 식견으로 簡冊 안에 스스로 갇혀 감히 벗어나지 못하는 자를 군자는 '俗儒'라 한다.

取守之論은 **儒者之所爭**이나 **而未有知其所由始者也**라 **自叔孫通陸賈之徒進說於時**로 **而逆取順守之說**[1)]이 **浸淫於天下**하니라 **後之人雖爭之强**하고 **辨之疾**이나 **終莫能泝其源而拔其根**하니 **殆觀其專而不觀其旁之病也**ㄹ새니라 **盜發於秦**이나 **盜獲於吳**하니 **衆人不察之地**를 **可不少留意耶**아

1) 逆取順守之說：賈時時前說稱詩書 高帝罵之曰 迺公居馬上得之 安事詩書 賈曰 馬上得之 寧可以馬上治乎 且湯武逆而取之 以順守之 文武竝用 長久之術也

陸賈가 때때로 漢 高祖 앞에서 詩書를 칭송하니, 漢 高祖가 꾸짖으며 말하기를 "내가 말 위에서 천하를 얻었으니, 詩書를 일삼을 게 뭐 있느냐?"라고 하였다. 陸賈가 말하기를 "말 위에서 천하를 얻었으나 어찌 말 위에서 천하를 다스릴 수 있겠습니까?"라고 하고, 또 말하기를 "成湯과 武王은 무력을 사용해 천자의 자리를 탈취하였으나 〈천자가 된 뒤에는 백성의 마음에〉 순응하는 정치로 천하를 지켰으니, 文武를 병용해 백성을 다스리는 것이 천하를 장구히 편안하게 다스리는 방법입니다."라고 하였다.

逆取順守(무력으로 나라를 빼앗았으나 민심에 순응하는 정치로 나라를 지킴)에 대한 논의는 儒者들이 쟁론하는 바이나 그 말의 유래를 아는 자가 없다. 叔孫通과 陸賈 등이 당시의 군주(漢 高祖)에게 논의를 진언한 뒤로부터 역취순수란 말이 점점 천하에 유행하였다. 후세 사람이 비록 강력히 쟁론하고 힘을 다해 변론하였으나 끝내 그 근원을

찾아 뿌리를 뽑아버리지 못했으니, 이는 그가 주장하는 중요한 것만을 보고 그가 등한시하는 곁다리는 보지 못한 병통이다. 마치 절도사건이 秦나라에서 발생하였는데 도적이 吳나라에서 잡힌 꼴이니 사람들이 자세히 살피지 못한 부분을 조금이라도 유의하지 않아서야 되겠는가?

漢高祖眞像

陸賈

齊懿公伐曹入其郛에 季文子非之累數十言하니 其辭雖不一이나 大要皆爲懿公發也라 吾讀其語라가 至於以亂取國하니 奉禮以守라도 猶懼不終然後에 知秦漢取守之說이 其所從來遠矣라 文子之言은 本論伐曹타가 偶及於取守하니 寓意而非造意요 泛言而非立言이라 從容遊談에 忽不自知判取守爲兩事라 吾是〔以〕[1]知逆取順守之論이 濫觴於春秋하야 而襄陵[2]於秦漢也로라

1) 〔역주〕〔以〕: 저본에는 '以'가 없으나, 三民書局本에 의거하여 보충하였다.
2) 〔역주〕襄陵 : 큰물이 범람해 구릉 위로 흐름이니, 곧 盛行을 뜻한다. 《書經》〈堯典〉에 "거세게 흐르는 홍수가 곳곳에 해를 끼치고, 드넓게 산을 에워싸고 언덕을 넘는다.〔湯湯洪水方割 蕩蕩懷山襄陵〕"는 말이 보인다. '襄'은 '上(오르다, 넘다)'의 뜻이다.

齊 懿公이 曹나라를 토벌하여 曹나라의 外郭까지 쳐들어가자, 季文子가 수십 자의 말로 비난하였다. 그 말의 뜻이 비록 동일하지는 않으나 큰 요지는 모두 齊 懿公을 위해 한 말이다. 내가 그 말을 읽다가 '叛亂을 일으켜 나라를 차지하였으니 禮를 奉行하여

君位를 지키더라도 오히려 잘 마치지 못할까 두렵다'는 데에 이른 뒤에야 秦漢時代의 逆取順守의 說이 유래가 오래된 것임을 알았다.

季文子의 말은 본래 曹나라 토벌한 것을 평론하다가 우연히 역취순수를 언급한 것이니, 뜻을 붙인 것〔寓意〕이지 주장을 편 것〔造意〕이 아니며, 개괄적으로 말한 것〔泛言〕이지 주장을 제출한 것〔立言〕이 아니다. 조용히 말하는 사이에 갑자기 자기도 모르게 取와 守를 나누어 두 가지 일로 만들었으니, 나는 이로써 逆取順守의 논의가 春秋時代에 비롯되어 秦漢時代에 성행했음을 알았다.

吾請置叔孫通陸賈之徒하고 而獨與季文子辨하노라 取守一道也니 源涇而瀾渭하고 根蕕而葉薰은 古無是論也라 取守之論은 其分於春秋之際乎ㄴ저 吾於文子之言有見也로라 百年禮法之家에 不幸而子弟欲敗其家라도 猶必徘徊猶豫하고 半出半入하야 未敢奮然遽行其意는 彼其意〔去〕[1]禮法未遠하야 其心猶有所畏也라 堯舜禹湯文武以來로 取以是하고 守以是하야 未嘗斯須去禮하니 前聖後聖이 相付甚嚴이라 至於春秋하야 列國이 正其隙方開之時라 故文子之言에 猶若有所憚者하니라 既曰 以亂取矣니 以禮守矣라하고 復繼之曰 猶懼不終이라하야 一語開之하고 一語閉之하며 一語招之하고 一語麾之하니라 前語方脫口에 而遽汲汲於自贖하니 豈非取守之論方分이나 而文子之心에 猶有所未安者耶아 時寢遠에 論寢廣하야 至於隋唐之際하야 所謂逆取順守를 弄文墨者往往道之하고 晏然不疑하야 若誤(犯)〔記〕[2]以爲六籍語者하니 尙(矣)〔奚〕[3]言哉리오 此吾所以獨與文子辨하야 而竊意取守之論起於春秋之時也라

1) 〔역주〕〔去〕: 저본에는 '去'가 없으나, 三民書局本에 의거하여 보충하였다.

2) 〔역주〕(犯)〔記〕: 저본에는 '犯'으로 되어 있으나, 四庫全書本·三民書局本에 의거하여 '記'로 바로잡았다.

3) 〔역주〕(矣)〔奚〕: 저본에는 '矣'로 되어 있으나, 三民書局本에 의거하여 '奚'로 바로잡았다.

나는 叔孫通·陸賈 등은 제쳐두고 유독 季文子의 말에 대해서만 변론하고자 한다. 取·守는 하나의 길이니, 만약 흐린 근원에서 맑은 흐름이 나오고, 누린내 나는 뿌리에서 향기로운 잎이 핀다고 한다면 옛날에는 이런 論法이 없었다. 取·守의 논의는 春秋時代에 갈라졌을 것이다. 이것을 나는 季文子의 말에서 보고 알았다. 오랜 세월 예법을 지켜온 집안에 불행히도 불초한 子弟가 나와 그 家法을 파괴하려 할지라도 오히려 반

드시 결단을 내리지 못하고 망설이고 지체하여 감히 떨쳐 일어나 갑자기 자기의 생각을 결행하지 못하는 것은, 그 생각이 예법을 벗어난 것이 그리 멀지 않아 그 마음에 오히려 두려운 바가 있기 때문이다.

堯·舜·禹·湯·文·武 이래로 이(예법)로써 취하고 지켜서 잠시도 예법을 떠난 적이 없으니 前聖과 後聖이 서로 부탁한 것이 매우 엄중하였다. 춘추시대에 이르러 각국이 竝列한 것이 바로 그 〈取와 守의〉 間隙이 바야흐로 열리는 시기였다. 그러므로 季文子의 말에 오히려 기탄하는 바가 있는 듯하였다. 〈季文子가〉 이미 "叛亂을 일으켜 나라를 차지하였으나, 禮를 奉行하여 君位를 지킨다."라고 말하고, 이어 다시 "오히려 잘 마치지 못할까 두렵다."고 하여 한 마디 말은 열고, 다시 한 마디 말은 닫았으며, 한 마디 말은 당기고 다시 한 마디 말은 물리쳤다. 앞의 말이 막 입에서 떨어지자마자 갑자기 스스로 속죄하기에 급급하였으니, 아마도 取·守의 의론이 막 분리되었으나 季文子의 마음에는 오히려 편치 못한 바가 있어서가 아니겠는가?

시대가 점차 멀어질수록 이런 의론이 점점 널리 퍼져서 隋唐時代에 이르러서는 이른바 逆取順守라는 말을 문장을 짓는 자들이 종종 언급하여 태연히 의심하지 않고 잘못 기록하여 마치 六經 안에 있는 문자처럼 여겼으니 오히려 무슨 말을 하겠는가? 이것이 내가 유독 季文子의 말만을 변론하면서 取·守의 의론이 춘추시대에 비롯되었다고 생각하는 이유이다.

唐太宗竝緣此義하야 **手戕二昆**[1]이나 **臨朝而無愧色**이라 **第(正)〔貞〕**[2]**觀之治**가 **前代鮮居其右者**ㄹ새 **世俗遂謂文子之言**이라하야 **猶信胠篋探囊**[3]**而揖遜守之**하니 **謂之工於守財則可**어니와 **謂之勇於改過則不可**라 **爲盜者棄其所攘然後**에 **不謂之盜**요 **逆取者捨其所取然後**에 **不謂之逆**이라 **安有身擁盜物而自名順守者乎**아 **吾是以知取守之無二道也**로라

1) 手戕二昆：殺太子建成齊王元吉[*)]

〈唐 太宗이〉 太子 李建成과 齊王 李元吉을 살해한 것을 이른다.

*) 〔역주〕 太子建成齊王元吉：秦王이었던 李世民이 唐 高祖의 長者 李建成(589～626)과 왕위를 다투다가, 玄武門으로 들어가 이건성과 동생인 齊王 李元吉(603～626)을 죽이고 황태자가 되었다. 스스로 크고 작은 정무를 모두 처결하였는데, 나중에 고조에게 帝位를 물려받아 당 태종이 되었다.

2) 〔역주〕 (正)〔貞〕 : 저본에는 '正'으로 되어 있으나, 四庫全書本 · 三民書局本에 의거하여 '貞'으로 바로잡았다.

3) 〔역주〕 胠篋探囊 : 胠篋은 상자를 여는 것이고, 探囊은 자루를 더듬는 것으로 도둑질을 뜻한다. ≪莊子≫ 〈胠篋〉에 "상자를 열고 자루를 더듬고 궤짝을 터는 도적을 위해 수비한다.〔將爲胠篋探囊發匱之盜 而爲守備〕"는 말이 보인다.

唐 太宗 또한〔竝〕 이런 뜻(逆取順守)에 의거하여 직접 두 형제를 죽이고도 조정에 임하여 부끄러운 기색이 없었다. 그러나 선대에도 貞觀의 정치를 초월하는 정치가 없었기 때문에 세속 사람들이 마침내 季文子의 말을 칭송하니, 이는 마치 남의 재물을 훔쳤으되 겸손한 태도로 보호해 지키면 괜찮다고 하는 것과 같다. 이를 두고 재물을 지키는 데 뛰어났다고 한다면 옳지만 허물을 고치는 데 용감하다고 한다면 옳지 않다. 도둑질을 한 자가 훔친 물건을 버린 뒤에야 도적이라 하지 않을 것이고, 반역을 일으켜 君位를 탈취한 자가 탈취한 군위를 버린 뒤에야 역적이라 하지 않을 것이다. 그런데 자신이 훔친 물건을 지니고 있으면서 스스로 예법을 봉행해 이를 지킨다고 떠벌리는 자가 어디에 있겠는가? 나는 이러므로 取 · 守에 두 길이 없음을 알겠다.

唐太宗眞像

23-02 楚大饑 庸人帥群蠻叛楚 楚나라에 크게 饑饉이 드니 庸人이 群蠻을 거느리고 楚나라를 배반하다

【左傳】 文十六年이라 楚大饑하니 庸人帥群蠻以叛楚[1]하다 (麇)〔麇〕人率百濮聚於選[2]하야 將伐楚하니 於是申息之北門不啓하고 楚人謀徙於阪高하다 蔿賈曰 不可하니이다 我能往이면 寇亦能往이니 不如伐庸이니이다 夫(麇)〔麇〕與百濮이 謂我饑不能師라 故伐我也니 若我出師면 必懼而歸하리이다 百濮離居하야 將各走其邑[3]이리니 誰暇謀人[4]이릿가 乃出師하니 旬有五日에 百濮乃罷[5]하다

1) 〔역주〕 庸人帥群蠻以叛楚 : 庸나라는 지금의 上庸縣인데 楚나라에 속한 小國이며, 群蠻은 庸나라 근처에 흩어져 각각 부락을 이루고 사는 蠻族이다.

2) 〔역주〕 (麋)〔麇〕[*]人率百濮聚於選 : 百濮은 濮水 가에 흩어져 사는 여러 蠻夷이다. 選은 楚나라 땅이다.

*) 〔역주〕 (麋)〔麇〕 : 저본에는 '麋'로 되어 있으나, 四庫全書本·三民書局本에 의거하여 '麇'으로 바로잡았다.

3) 〔역주〕 百濮離居 將各走其邑 : 百濮은 한 곳에 모여 살지 않고 모두 흩어져 살기 때문에 각각 달려가서 저희들의 邑을 보호하려 할 것이라는 말이다.〈附注〉

4) 〔역주〕 誰暇謀人 : 어느 겨를에 남의 나라 치기를 圖謀하겠느냐는 말이다.〈附注〉

5) 〔역주〕 百濮乃罷 : 濮夷는 한 곳에 모여 살지 않기 때문에 困難한 일을 당하면 흩어져 돌아간다.〈杜注〉

文公 16년, 楚나라에 크게 饑饉이 드니 庸人이 群蠻을 거느리고 楚나라를 배반하였다. 麇人이 百濮을 거느리고 選에 모여 楚나라를 치려 하니, 이때 楚나라는 申邑과 息邑의 北門을 봉쇄하고 阪高로 遷都할 것을 계획하였다. 蔿賈가 말하였다.

"옳지 않습니다. 우리가 갈 수 있는 곳이면 敵도 갈 수 있으니, 庸나라를 치는 것만 못합니다. 저 麇나라와 百濮은 우리가 기근으로 出兵할 수 없을 것이라 여겨 우리를 侵伐한 것이니, 만약 우리가 출병한다면 저들은 반드시 겁을 먹고 돌아갈 것입니다. 百濮은 흩어져 居住하기 때문에 〈곤란한 일을 당하면〉 각각 저희들의 邑으로 달려가려 할 것이니 어느 겨를에 남을 圖謀하겠습니까?"

이에 출병하니 15일 만에 百濮이 陣을 풀고서 돌아갔다.

自廬以往으로 振廩同食[1]하야 次于句澨[2]하다 使廬戢黎[3]侵庸하야 及庸方城하니 庸人逐之하야 囚子揚窓[4]하다 三宿而逸[5]曰 庸師衆하고 群蠻聚焉하니 不如復(부)大師하고 且起王卒[6]하야 合而後進이라 師叔[7]曰 不可하다 姑又與之遇以驕之[8]하라 彼驕我怒而後可克이니 先君蚡冒[9]所以服陘隰也라 又與之遇하야 七遇皆北(배)[10]하니 唯裨儵魚人實逐之[11]하다 庸人曰 楚不足與戰矣라하야 遂不設備어늘 楚子乘馹하야 會師于臨品하야 分爲二隊하야 子越自石溪하고 子貝自仞以伐庸하니 秦人巴人從楚師하고 群蠻從楚子盟하야 遂滅庸하다

1) 〔역주〕 自廬以往 振廩同食 : 往은 庸나라를 치기 위해 가는 것이다. 振은 여는 것이고 廩은 창고이다. 同食은 上下가 饌을 달리하지 않는 것이다.〈杜注〉

2) 〔역주〕 句澨 : 楚나라 국경의 서쪽 경계이다.

3) 〔역주〕 廬戢黎 : 廬戢黎는 廬邑의 大夫이다.
4) 〔역주〕 子揚窓 : 窓은 廬戢黎의 官屬이다.
5) 〔역주〕 三宿而逸 : 잡힌 지 3일 만에 도망해 돌아온 것이다.〈附注〉
6) 〔역주〕 王卒 : 王卒(王軍)은 楚王의 直屬部隊이다.
7) 〔역주〕 師叔 : 師叔은 楚나라 大夫 潘尫이다.
8) 〔역주〕 姑又與之遇以驕之 : 우선 다시 저들과 만나서 고의로 敗戰하여 저들의 마음을 교만하게 만들라는 말이다.〈附注〉
9) 〔역주〕 蚡冒 : 楚 武王의 아버지이다. 陘隰은 地名이다.
10) 〔역주〕 北(배) : 군대가 敗走하는 것을 이른다.
11) 〔역주〕 唯裨鯈魚人實逐之 : 裨・鯈・魚는 庸나라의 세 邑이다. 魚는 魚復縣으로 지금의 巴東 永安縣이다. 楚軍을 輕視하였기 때문에 세 邑人만이 楚軍을 추격한 것이다.〈杜注〉

楚軍이 廬邑을 출발한 뒤로는 가는 곳마다 그곳의 창고를 열어 上下가 같이 먹으면서 行軍하여 句澨에 주둔하였다. 廬戢黎를 보내어 庸나라를 侵攻해 庸나라의 方城까지 쳐들어가게 하였는데, 庸軍이 楚軍을 추격하여 子揚窓을 사로잡았다. 子揚窓이 잡힌 지 3일 만에 도망해와서 말하기를 "庸나라는 군대가 많은데다가 群蠻까지 合勢하였으니, 다시 大軍을 일으키고 또 王軍까지 일으켜 兩軍이 聯合한 뒤에 進擊하는 것이 좋겠습니다."고 하니, 師叔이 말하기를 "옳지 않다. 우선 저들과 다시 만나서 저들을 교만하게 만들라. 저들이 교만해지고 우리가 분노한 뒤에야 승리할 수 있으니, 이것이 先君 蚡冒께서 陘隰을 征服하신 방법이다."고 하였다.

이에 楚軍이 다시 庸軍과 만나 交戰하였는데 일곱 번 만나 모두 敗走하니, 裨人・鯈人・魚人만이 楚軍을 추격하였다. 庸人이 "楚軍은 함께 전투할 만한 상대도 못 된다."고 여겨 드디어 防備를 설치하지 않자, 이에 楚子가 傳車(역참에 비치된 수레)를 타고 달려와서 臨品에 全軍을 집결시킨 뒤에 군대를 두 部隊로 나누어 子越은 石溪로부터 출발하고 子貝는 仞으로부터 출발하여 庸나라를 토벌하게 하였다. 秦人과 巴人은 楚軍의 뒤를 따르고 群蠻이 楚子에게 복종하고서 結盟하여 드디어 庸나라를 滅하였다.

豐歉在人而不在天이요 **强弱在人而不在地**라 **歸豐歉於天**은 **閉口而俟死者也**요 **歸强弱於地**는 **束手而就亡者也**라 **是故天時雖歉**이라도 **以人而豐**하고 **地勢雖强**이라도 **以人而弱**이니 **强弱豐歉之權**은 **係於人而已**라

농작물의 풍년과 흉년은 사람이 하기에 달린 것이지 天時에 달린 것이 아니며, 국력

의 强弱도 사람이 하기에 달린 것이지 地勢에 달린 것이 아니다. 풍년과 흉년을 天時로 돌리는 것은 〈농사일은 하지 않고〉 입을 닫고 죽음을 기다리는 것과 같고, 국력의 강약을 地勢에 돌리는 것은 손을 붙들어 매고서 망하기를 기다리는 것과 같다. 그러므로 天時는 비록 흉년이라 하더라도 인력으로 풍년이 되게 할 수 있으며 地勢가 비록 强固하더라도 인력으로 쇠약하게 할 수 있으니, 국력의 강약과 농사의 豐歉을 결정하는 권한이 사람의 손에 달렸을 뿐이다.

楚地跨南服하야 **威令行於諸侯**하니라 **自蚡冒以來**로 **覊百蠻以長繩而鞭箠之**하니 **雖輿臺隷人**이라도 **莫不氣吞鴂舌**[1]**之君長**이라 **歲小饑饉**에 **庸人率群蠻而叛之**라 **正如蚊蝱撲緣**하니 **何足介意**리오 **而一國駭懼**하야 **聚謀徙都**하야 **仰視庸濮**하야 **岌如泰山之將壓**하고 **慄慄危懼**하야 **朝不謀夕**이라 **當是時**하야 **楚國封疆**이 **豈削於前**이며 **輿賦**가 **豈減於舊哉**리오 **特主謀者弱**하야 **雖封疆輿賦之盛**이라도 **不能使之强也**ㄹ새라 **及蔿賈之言一發**에 **大小老稚皆有奮心**이라 **自廬以往**으로 **振廩同食**하니 **見氣之盈**이요 **而不見困之竭**이며 **見師之飽**요 **而不見歲之饑**라 **潰蠻滅庸**하야 **四境如掃**라 **嗚呼**라 **不有君子**면 **其能國乎**아 **蔿賈未謀也**엔 **則楚以强爲弱**이러니 **蔿賈旣謀也**엔 **則楚以歉爲豐**이라 **無其人**이면 **則山川形勢地雖與之**라도 **而不能全**이요 **有其人**이면 **則運饋糧餉天雖奪之**라도 **而不能病**이리니 **人之權重矣哉**ㄴ저

1) 〔역주〕 鴂舌 : 때까치가 혀를 놀려 시끄럽게 우는 것으로, 알아들을 수 없는 말을 하는 오랑캐를 가리킨다. 《孟子》 〈滕文公 上〉에 "지금 南蠻의 때까치 소리를 하는 사람의 말은 先王의 道가 아니다.〔今也南蠻鴂舌之人 非先王之道〕"라고 보인다.

楚나라는 남방지역을 점유하여 威令(政令)이 제후에게 행해졌다. 蚡冒(楚 厲王)가 〈楚나라의 군주가 된〉 이후로 긴 채찍을 휘둘러 群蠻을 통제하니, 비록 〈楚나라의〉 하인이나 노예라 해도 그 기세가 南蠻의 君長을 압도하지 못할 자가 없었다. 그러다가 농사가 약간 흉년이 들자 庸人이 群蠻을 거느리고서 반란을 일으켰다. 이는 바로 모기와 등에가 말 등에 붙어 피를 빠는 꼴이니 마음에 담아둘 게 뭐 있겠는가? 그런데도 온 나라가 놀라 두려워하고 君臣이 모여서 遷都하기를 모의하면서 庸人과 百濮을 올려다보며 마치 태산이 무너져 짓눌릴 것처럼 위태롭게 여겨 벌벌 떨고 두려워하며 아침에 저녁 일을 꾀할 수 없을 듯이 하였다. 이때를 당하여 楚나라 강토가 어찌 전보다

줄었겠으며 병력이 어찌 전보다 감소했겠는가? 다만 국정을 주관하는 자가 나약하여, 강토가 넓고 병력이 많았으되 국력을 강성하게 하지는 못하였기 때문이다.

蔿賈가 한번 대책을 말하자 大小臣僚와 老小의 백성이 모두 분발하는 마음을 가졌다. 그리하여 楚軍이 廬邑을 출발한 뒤로는 가는 곳마다 그곳의 창고를 열어 上下가 같이 먹으면서 行軍하니, 기개가 충만함만을 볼 수 있고 군량이 고갈됨을 볼 수 없었으며, 군사들이 포식하는 것만을 볼 수 있고 흉년으로 인해 굶주리는 것은 볼 수 없었다. 그리하여 群蠻을 무너뜨리고 庸나라를 擊滅하여 四境 안의 亂賊을 깨끗이 쓸어버렸다. 아! 君子가 있지 않다면 어떻게 나라를 보전할 수 있겠는가? 蔿賈가 계책을 내기 전에는 楚나라는 강국으로서 스스로 약국으로 처신하더니, 蔿賈가 계책을 낸 뒤에는 楚나라는 흉년을 풍년으로 만들었다. 蔿賈 같은 사람이 없다면 비록 지세가 험고한 산천을 주더라도 나라를 보전할 수 없고, 蔿賈 같은 사람이 있다면 운송해 먹일 군량을 天時가 비록 빼앗더라도 군민의 사기를 해칠 수 없으니 사람이 할 수 있는 권한이 막중하다.

或曰 楚之是役엔 有廬戢黎之兵하고 有子揚窓之諜하며 有師叔之謀하고 有子越子貝之旅하야 合衆智하고 萃群力하야 用集大勛이니 豈專蔿賈之功歟아 曰 至難回者는 天下之勢니 是勢一回면 則風驅雷動하고 雲飛川決하야 雖僬僥戚施(이)라도 亦皆鳴劍抵掌하야 赴功名之會라 故回大勢를 號爲天下之至難이라하니라 有張良以決鴻溝之追면 則參勃信布[1]之徒는 不可勝用也[2]요 有邳彤[3]以決河北之留면 則弁異漢恂[4]之徒는 不可勝用也[5]라 天下患無張良이요 而不患無參勃信布며 天下患無邳彤이요 而不患無弁異漢恂이라 當楚人策畫未定之際에 使無蔿賈之一言하야 退自竄於阪高之墟면 則雖有數子之智勇이라도 不過崎嶇草莽間이요 其有匹夫之決者라도 不過先狗馬塡溝壑耳라 賈也唱[6]言於庭하야 扶楚國頹仆之勢而起之하야 徧國中勃勃皆有生意하고 淬戈礪刃하야 惟恐見敵之晩이라 雖無數子라도 豈無能辨此者乎아 戰於外하고 鼓於中하며 籌於上이면 用力愈佚하고 受賞愈醲이라 昔之治兵이 蓋未嘗無次第於其間也라

1) 〔역주〕 參勃信布 : 曹參·周勃·韓信·英布를 이른다. 이들은 모두 漢 高祖 劉邦의 뛰어난 무장들이며, 前漢의 개국공신들이다. 曹參은 원래 秦나라의 옥리였으나 劉邦이 거병할 때 뜻을 같이하여 장군으로 활약하였으며, 周勃은 高祖 사후 정권을 장악한 呂氏를 죽이고 漢 왕실의 정권을 회복시킨 공이 있다. 韓信은 한때 高祖 휘하 대장군이었으며, 英布는 黥刑을

받은 것에서 유래해 黥布라고도 불렸다.

2) 有張良以決鴻溝之追……不可勝用也 : 項羽自知少助食盡 乃與漢王約 中分天下 割鴻溝*)以西爲漢 以東爲楚 羽解東歸 漢王欲西歸 張良諫 遂用其計 五年圍羽垓下 楚地悉定

項羽는 도와주는 이가 적고 식량이 다한 줄을 스스로 알았으므로 마침내 漢王(劉邦)과 약속하고 천하를 반으로 나누어 鴻溝를 〈기준으로〉 분할해서 以西는 漢나라 영토가 되고 以東은 楚나라의 영토가 되게 하였다. 項羽가 포위를 풀고 동쪽으로 돌아가자 漢王도 서쪽으로 돌아가려 하였는데, 張良이 〈項羽를 공격할 것을〉 간하니 마침내 그 계책을 써서 漢 5년에 垓下에서 項羽를 포위하고 楚나라 지역을 모두 평정하였다.

*) 〔역주〕 鴻溝 : 河南省 榮陽縣에 있는 물 이름이다.

3) 〔역주〕 邳彤 : ?~30. 字는 偉君, 信都郡(現 河北省 冀州市) 사람이다. 後漢 光武帝가 更始帝의 命으로 河北 지방을 평정하고 長安으로 돌아가려 할 때에 邳彤이 만류하여 마침내 하북지방을 기반으로 後漢을 건립할 수 있었다. ≪後漢書≫에는 '邳彤'이라고 하였으나 ≪資治通鑑≫에는 '邳肜'이라 하였다.

4) 〔역주〕 弇異漢恂 : 耿弇·馮異·吳漢·寇恂을 이른다. 이들은 모두 後漢 光武帝의 名將들이다. 耿弇은 光武帝를 따라 赤眉軍을 무찌른 공이 있으며, 馮異는 사람됨이 겸손하고 공로를 자랑하지 않아서 論功을 할 때에는 항상 홀로 나무 아래에 물러가 있었으므로 군중에서 그를 大樹將軍이라 불렀다. 吳漢은 成都에서 병사를 일으켜 天子라 칭하던 公孫述과 여덟 번 싸워 여덟 번 승리〔八戰八克〕한 일로 유명하다. 寇恂은 經學에 밝고 행실이 곧아 長者로 칭송되었으며 光武帝가 河北을 평정한 이후 河北太守를 지냈다.

5) 有邳肜以決河北之留……不可勝用也 : 世祖從薊還失軍 欲至信都 肜乃選精騎迎世祖 與世祖會信都 世祖雖得二郡之助 而兵衆未合 議者多言 可因信都兵 自送西還長安 肜曰 今釋此而歸 豈徒空失河北 必更驚動三輔 墮損威勢 非計之得者也 世祖善其言 乃止

漢 世祖(光武帝)가 薊에서 군대를 잃고 돌아와 信都에 이르려 할 때에 邳肜이 곧 정예기병을 선발하여 世祖를 맞이하고 世祖와 信都에서 만났다. 世祖가 〈信都와 和戎〉 두 고을의 도움을 얻었음에도 병사들이 모이지 않자, 의논하는 자들이 대부분 말하기를 "信都의 군대를 이용하여 스스로 호송하고 서쪽으로 長安에 돌아가야 한다."라고 하였다. 그러자 邳肜이 말하기를 "이제 이들을 버려두고 돌아간다면 어찌 다만 헛되이 河北만을 잃을 뿐이겠습니까. 반드시 다시 三輔 지방을 놀라게 하여 중한 위엄을 훼손시킬 것이니, 좋은 계책이 아닙니다."라고 하니, 世祖가 그 말을 좋게 여겨 마침내 〈長安으로 돌아가는 것을〉 중지하였다.

6) 〔역주〕 唱 : 四庫全書本·三民書局本에는 '昌'으로 되어 있으니 통용한다.

어떤 이가 말하기를 "楚나라의 이번 전쟁에는 盧戢黎의 병사가 참가하고 子揚窓의 첩보가 있으며, 師叔의 계책이 있고 子越과 子貝의 군대의 도움이 있어서 여러 사람의 지혜를 모으고 힘을 합하여 큰 공훈을 이룬 것이니 어찌 오로지 蔿賈만의 功이겠는가?" 라고 하기에 나는 아래와 같이 대답하였다.

"지극히 만회하기 어려운 것은 천하의 형세이다. 이 형세를 한번 만회하면 〈그 기세가〉 바람이 몰아치고 천둥이 치며 구름이 날아오르고 하천이 터지는 것 같아, 비록 힘없는 난장이나 곱사등이라 해도 모두 검을 어루만지고 손바닥을 치면서 功名의 회합으로 달려갈 것이다. 그러므로 큰 형세를 만회하는 것을 '천하에 지극히 어려운 일'이라고 한다.

〈漢 高祖가〉 張良의 계책을 받아들여 鴻溝를 경계로 삼은 뒤에 추격하기를 결정하자 曹參·周勃·韓信·英布 같은 무리들이 재주를 다 쓸 수 없었으며, 〈漢 光武帝가〉 邳肜의 계책을 받아들여 河北에 머무를 것을 결정하자 耿弇·馮異·吳漢·寇恂 같은 무리들이 재주를 다 쓸 수 없었다. 천하는 張良이 없음을 근심하지 曹參·周勃·韓信·英布가 없음을 근심하지 않으며, 천하는 邳肜이 없음을 근심하지 耿弇·馮異·吳漢·寇恂이 없음을 근심하지 않는다.

楚나라 사람이 〈천도의〉 계책을 결정하지 않았을 때에 蔿賈의 한마디 말이 없었다면 〈楚나라 사람들은〉 스스로 물러나 비탈진 언덕배기 공터에 숨어 살았을 것이니, 그렇다면 비록 〈廬戢黎 등〉 몇 사람의 지혜와 용기가 있었더라도 험한 풀숲 사이에서 〈구차히 살아가는 데에〉 불과했을 것이며 비록 필부의 〈용맹을 발휘해 순국을〉 결심했더라도 먼저 달리던 사냥개와 말이 구렁을 메우는 것과 같은 데 불과했을 것이다. 蔿賈가 조정에서 大義를 제창하여 무너져가는 楚나라의 기세를 진작시켜 온 나라 사람들로 하여금 활발하게 모두 살려는 의지를 가지고 창과 칼을 정비하여 오직 적을 늦게 만날까를 걱정하게 하였으니, 비록 〈廬戢黎 등〉 몇 사람이 없었더라도 어찌 이 일을 해내지 못하였겠는가? 밖에서 전투하고 中軍에서 지휘하고 위에서 계책을 세우면 힘쓰는 일은 더욱 편안할 것이며 상 받는 일은 더욱 많아질 것이니, 예전의 군대를 다스리는 일은 대체로 그 사이에 차서가 없은 적이 없기 때문이다.

23-03 鄭子家爲書告趙宣子 鄭나라 子家가 書信을 주어 趙宣子에게 告하게 하다

【左傳】 文十七年이라 晉侯蒐于黃父[1]하야 遂復(부)合諸侯于扈하다 於是晉侯不見鄭伯하니 以爲貳於楚也라 鄭子家使執訊而與之書하야 以告趙宣子[2]曰 寡君卽位三年에 召蔡侯而

與之事君[3)]하니 十一月에 隨蔡侯以朝于執事하고 十二年六月에 歸生佐寡君之嫡夷[4)]하야 以請陳侯于楚하야 而朝諸君[5)]하고 十四年七月에 寡君又朝以蕆[6)]陳事르새 十五年五月에 陳侯自敝邑往朝于君하고 往年正月에 燭之武往하야 朝夷也하고 八月에 寡君又往朝하니라 以陳蔡之密邇於楚로도 而不敢貳焉은 則敝邑之故也라 雖敝邑之事君으로도 何以不免가 在位之中에 一朝于襄하고 而再見于君하고 夷與孤之二三臣相及於絳[7)]하니 雖我小國이나 則蔑以過之矣어늘 今大國曰 爾未逞吾志[8)]라하니 敝邑有亡이언정 無以加焉이라 古人有言曰 畏首畏尾면 身其餘幾[9)]오하고 又曰 鹿死不擇音[10)]이라하니 小國之事大國也에 德이면 則其人也[11)]어니와 不德이면 則其鹿也니 鋌而走險에 急何能擇[12)]이리오 命之罔極하니 亦知亡矣[13)]라 將悉敝賦以待於鯈(조)하리니 唯執事命之[14)]하라 晉鞏朔行成於鄭[15)]하고 趙穿公(婿)〔壻〕池爲質焉[16)]하다

1) 〔역주〕 黃父 : 다른 이름은 黑壤인데, 晉나라 땅이다.〈杜注〉
2) 〔역주〕 鄭子家使執訊而與之書 以告趙宣子 : 執訊은 書信을 傳하는 官吏이다. 편지를 써서 趙宣子에게 보낸 것이다.〈杜注〉
3) 〔역주〕 召蔡侯而與之事君 : 이때 蔡나라가 晉나라에 복종하지 않았기 때문에 鄭伯이 蔡侯를 불러 함께 晉나라를 섬기고자 한 것이다.〈附注〉
4) 〔역주〕 歸生佐寡君之嫡夷 : 歸生은 子家의 이름이고, 夷는 太子의 이름이다.〈杜注〉
5) 〔역주〕 以請陳侯于楚 而朝諸君 : 楚子에게 陳侯가 晉나라에 朝見하는 것을 허락하도록 요청하여, 함께 가서 晉나라에 朝見한 것이다.〈杜注〉 陳나라가 晉나라에 조현하려 하였으나 楚나라가 두려워 감히 하지 못하였다. 그러므로 楚나라에 요청한 것이다.〈附注〉
6) 〔역주〕 蕆 : 楊伯峻의 ≪春秋左傳注≫에 "蕆에는 完成의 뜻이 있으니, '蕆陳事'는 陳나라가 晉나라에 복종하는 일을 매듭지은 것이다."라고 한 말에 의거하여 번역하였다.
7) 〔역주〕 夷與孤之二三臣相及於絳 : '孤之二三臣'은 燭之武·歸生이 스스로를 이른 것이다. 絳은 晉나라 國都이다.〈杜注〉 서로 계속해 晉나라에 朝聘했다는 말이다.〈附注〉
8) 〔역주〕 今大國曰 爾未逞吾志 : 너희(鄭)가 우리(晉)를 섬김이 우리의 뜻을 즐겁게 하기에 부족하다는 말이다.〈附注〉
9) 〔역주〕 畏首畏尾 身其餘幾 : 머리와 꼬리에 두려움이 있다면 一身 중에 두렵지 않을 곳이 얼마 되지 않는다는 말이다.〈杜注〉 鄭나라가 비록 小國이지만 북으로는 晉나라를 두려워하고 남으로는 楚나라를 두려워하니 그 중간에 두려워하지 않는 곳이 얼마 되지 않는다는 것을 비유한 말이다.〈附注〉
10) 〔역주〕 鹿死不擇音 : 音은 쉴 수 있는 그늘이다. 옛날에는 글자의 聲이 같으면 모두 서로 假借해 썼다.〈杜注〉 사슴이 죽을 때 그늘진 곳을 선택하지 않는다는 것을 말하여

鄭나라가 이미 滅亡하게 되었으니 服從할 나라를 선택하지 않을 것임을 비유한 것이다.〈附注〉

11) 〔역주〕 德則其人也 : 恩德으로 우리를 대해주면 사람의 도리로 섬긴다는 말이다.〈杜注〉

12) 〔역주〕 鋌而走險 急何能擇 : 鋌은 빨리 달리는 모양이다. 다급하면 사슴이 험한 곳으로 달아나듯이 楚나라의 그늘로 들어가겠다는 말이다.〈杜注〉

13) 〔역주〕 命之罔極 亦知亡矣 : 晉나라의 命이 끝이 없다는 말이다.〈杜注〉 지나치게 가혹한 晉나라의 명령이 끝이 없으니 鄭나라도 멸망을 면하지 못할 줄을 안다는 말이다.〈附注〉

14) 將悉敝賦以待於儵(조) 唯執事命之 : 儵는 晉나라와 鄭나라의 接境에 있는 땅이니, 군대를 거느리고서 晉나라를 막고자 한다는 말이다.〈杜注〉 賦는 군대이다. 옛날에 田賦에 따라 군대를 냈기 때문에 군대를 '賦'라고 한 것이다.〈附注〉

15) 〔역주〕 晉鞏朔行成於鄭 : 晉나라는 그 書信의 내용에 感服하였기 때문에 大夫 鞏朔을 보내어 鄭나라와 和親을 맺은 것이다.〈附注〉

16) 〔역주〕 趙穿公(婿)〔壻〕*)池爲質焉 : 趙穿은 卿이고, 公壻 池는 晉侯의 사위이다.〈杜注〉

*) 〔역주〕 (婿)〔壻〕 : 저본에는 '婿'로 되어 있으니 통용한다.

文公 17년, 晉侯가 黃父에서 閱兵하고서 드디어 다시 扈에서 諸侯와 회합하였다. 이때 晉侯가 鄭伯을 接見하지 않았으니, 〈이는 鄭나라가〉 楚나라에 붙어 두 마음을 품고 있었기 때문이다. 鄭나라 子家가 執訊에게 書信을 주어 〈晉나라로 가서〉 趙宣子에게 다음과 같이 告하게 하였다.

"寡君이 卽位한 지 3년 뒤에 蔡侯를 불러 함께 晉君을 섬기자고 청하여 11월에 蔡侯를 뒤따라 晉나라로 가서 執事에게 朝見하였으며, 12년 6월에 歸生이 寡君의 嫡子 夷를 輔佐해 楚나라에 가서 陳侯가 〈晉君에게 조현하는 것을 허락하도록〉 청하여 陳侯를 晉나라에 조현시켰으며, 14년 7월에 寡君이 또 晉나라에 조현하여 陳나라가 晉나라를 섬기는 일을 매듭지었으므로 15년 5월에 陳侯가 우리나라에서 출발해 가서 晉君께 조현하였으며, 작년 正月에 燭之武가 太子 夷를 데리고 가서 晉나라에 조현하였으며, 8월에 寡君이 또 가서 조현하였습니다. 楚나라와 매우 가까운 거리에 있는 陳나라와 蔡나라가 晉나라에 두 마음을 품지 않는 것은 우리나라 때문입니다. 晉君을 이처럼 섬긴 우리나라로서도 어째서 罪를 면하지 못한다는 말입니까?

寡君이 재위 기간에 〈晉나라의 先君〉 襄公께 一次 조현하였고 〈現在의〉 晉君(靈公)께 再次 조현하였으며, 太子 夷와 寡君〔孤〕의 몇몇 신하도 연달아 〈晉나라의 國都〉 絳

으로 갔습니다. 우리가 비록 小國이지만 晉나라를 섬김에는 이상 더할 수 없이 성심을 다하였는데 지금 大國에서는 '너희들의 섬김이 우리의 뜻에 만족하지 않다.'고 하시니, 우리나라는 망하게 될지언정 이상 더 잘 섬길 수는 없습니다. 옛 사람의 말에 '머리가 어찌 될까 두려워하고 꼬리가 어찌 될까 두려워한다면 몸에 두려워하지 않는 부분이 얼마나 되겠는가?'라고 하였고, 또 '사슴이 죽을 때는 그늘진 곳을 가리지 않는다.'고 하였습니다.

소국이 대국을 섬김에 있어 대국이 恩德으로 대해주면 소국은 사람의 도리로 대국을 섬기지만, 은덕으로 대해주지 않으면 〈죽게 된〉 사슴처럼 아무것도 가리지 않을 것입니다. 빨리 달려 험한 곳으로 달아날 때 위급한데 어느 겨를에 그늘진 곳을 가리겠습니까? 晉나라가 요구하는 명이 끝이 없으니 우리도 나라가 망하리라는 것을 압니다. 그러므로 장차 우리의 군대를 모두 동원해 鯈에서 기다리겠으니, 執事께서는 분부를 내리기 바랍니다."

이에 晉나라는 鞏朔을 보내어 鄭나라와 和親을 맺게 하고서 趙穿과 公壻 池를 鄭나라에 人質로 보냈다.

井有餘潤이라하야 **圃者不爲之增畦**하고 **車有餘載**라하야 **馭者不爲之增槖**이라 **天下之理**는 **惟厚於養而薄於求**하니 **然後可以相待而至於無窮**이라 **先王之有天下也**에 **分地分民**하야 **以建諸侯**하고 **圭焉而朝**하며 **鼎焉而食**하며 **輅焉而趨**하며 **鼐焉而燕**하고 **臺其門**하고 **觀其闕**하니 **秋毫皆君賜也**라 **雖朝薦幣而暮奉籩**이라도 **猶不足以答天地大德**이어늘 **而先王制爲五服六年一朝之典**하니 **夫豈欲佚諸侯而驕之哉**아 **蓋在我者常欲有餘**하고 **在彼者常欲不足**하야 **使諸侯養其忠而不得盡展**하고 **蓄其力而不得盡施**하니 **此所以傳百世而無不軌不物之患**[1]**也**니라

1) 〔역주〕 不軌不物之患 : '不軌不物'은 器用衆物이 법도에 맞지 않는 것을 이른다. 즉 법도에 맞지도 않고 제대로 꾸미지도 못하는 근심이라는 말이다. ≪春秋左氏傳≫ 隱公 5년에 자세히 보인다.

우물에 물이 많이 남았다 하여 남새를 가꾸는 자가 남새밭을 늘리지 않고, 수레에 짐을 실을 공간이 많이 남았다 하여 마부가 짐을 더 싣지 않는다. 天下의 이치는 오직 길러주는 상대에게 후대하고 요구하는 상대에게 박대하니, 그런 뒤에야 서로 대우하여

영원히 화평할 것이다.

先王이 천하를 소유했을 적에 땅과 백성을 나누어 제후를 세우고서 홀〔圭〕을 주어 朝見하게 하고, 솥〔鼎〕을 주어 밥을 지어먹게 하고, 수레〔輅〕를 주어 타게 하고, 큰솥〔鼐〕을 주어 〈음식을 장만해〉 잔치를 벌리게 하고, 또 성문에 樓臺를 세워주고 대궐에 樓觀을 세워주었으니 미세한 것까지 모두 천자의 하사품이 아닌 것이 없다. 그러니 비록 아침에 폐백을 바치고 저녁에 籩豆를 올려 제사를 모시더라도 오히려 천지와 같은 큰 은덕을 보답하기 부족한데 先王이 五服의 諸侯는 6年마다 한 차례씩 조현하는 법을 제정하였으니, 이것이 어찌 제후들이 안일에 빠져 교만해지기를 바란 것이겠는가. 이는 나(선왕)에게 있는 것(하사하는 恩典)은 항상 여유 있게 주고자 하고, 저(제후)에게 있는 것(보답)은 항상 모자라게 받고자 하여, 제후로 하여금 충심을 배양하되 다 펼칠 수 없게 하고, 재물을 축적하되 다 사용〔施用〕할 수 없게 한 것이니, 이것이 백세를 전하여도 器用衆物이 법도에 맞지 않는〔不軌不物〕 근심이 없었던 이유이다.

晉於鄭何益哉아 嘗建置其社稷乎아 未嘗也라 嘗擁立其君長乎아 未嘗也라 雖時有涓滴之惠나 然干戈相尋하니 德不償怨이라 彼其所以龜塗蓍道하야 君臣相望於晉之郊者가 豈得已哉아 特畏其力焉耳라 晉人猶不饜其多求於鄭하니 鄭不勝其求하야 移書以直之하니 晉人氣褫(사)神奪하야 僕僕然行成遣質하야 惟恐不及이라 以大國之尊으로 而下行小國之事하야 甘受屈辱而不敢辭는 蓋求之太(盡)〔甚〕[1]이 固有以招之也라 周不能歲朝諸侯로되 而晉則能之하니 晉之拊循諸侯가 過於周則可커니와 (乎)〔不〕[2]然則執訊之辱이 不發於鄭이면 亦必發於他國也라 過任之事는 父不能得之子요 無已之求는 君不能得之臣이온 況俱號爲諸侯者乎아

1) 〔역주〕 (盡)〔甚〕 : 저본에는 '盡'으로 되어 있으나, 三民書局本에 의거하여 '甚'으로 바로잡았다.

2) 〔역주〕 (乎)〔不〕 : 저본에는 '乎'로 되어 있으나, 三民書局本에 의거하여 '不'로 바로잡았다.

晉나라가 鄭나라에 무슨 도움이 있었는가. 鄭나라의 社稷을 세워주었는가? 그런 적이 없다. 鄭나라의 임금을 옹립해주었는가? 그런 적이 없다. 비록 때로 작은 은혜가 있었으나 항상 전쟁을 일으켰으니 그 작은 은혜〔德〕가 원한을 보상할 수 없었다. 그러나 저 鄭나라가 도중에서 길흉을 점쳐가며 군신의 발길을 晉나라 교외에 끊임없이 이

었던 것은 어찌 기꺼이 원해서이겠는가. 다만 晉나라의 힘이 두려워서 일 뿐이다. 그런데도 晉人은 오히려 만족하지 못하고 鄭나라에 많은 것을 요구하였으므로 鄭나라는 그 요구를 감당할 수 없어 서신을 보내어 자국의 사정을 사실대로 말하니, 晉人은 혼비백산하여 급히 달려와 강화를 맺고 인질을 보내되 오직 미치지 못할까 두려워하였다. 존엄한 대국으로서 낮은 소국의 행위를 하여 굴욕을 감수하고 감히 사절하지 못했으니, 이는 〈대국으로서 소국에게〉 너무 심하게 요구한 것이 부른 화이다.

〈천자국인〉 周나라는 해마다 諸侯의 朝見을 받을 수 없었으나 〈제후국인〉 晉나라는 받을 수 있었으니, 晉나라가 제후를 慰撫한 것이 周나라보다 낫다고 하면 괜찮겠지만, 그렇지 않다면 편지를 보내어 따지는 모욕이 鄭나라에서 일어나지 않았다면 반드시 다른 나라에서 일어났을 것이다. 힘에 부치는 일을 요구하면 아비도 자식에게 얻을 수 없고, 끝없이 요구하면 임금도 신하에게 얻을 수 없는 것인데, 하물며 똑같이 제후로 불리는 자이겠는가.

雖然이나 **晉楚俱大國也**요 **鄭介晉楚之間者也**로되 **鄭之於晉**에 **其抗辭以對者**가 **蓋非一端**이라 **如壞館・登(埤)〔陴〕・爭承・問後之類**[1]는 **行行然每不肯爲晉下**로되 **至於事楚**하얀 **則異是矣**라 **飭車而朝**하고 **走幣而使**하야 **惟恐少忤其意**하니 **敢抗辭以對者殆無幾何**라 **其勇於晉而怯於楚乎**아 **曰 晉**은 **中國也**니 **可告語者也**요 **楚**는 **蠻夷也**니 **不可告語者也**ㄹ새라 **鄭有晉憾**이로되 **猶敢訴焉**이나 **至於楚**하얀 **則不敢訴而敢叛**이라 **二者孰爲得失哉**아 **以迹而論**이면 **則楚恭而晉倨**요 **以心而論**이면 **則晉親而楚疏**라 **人徒見鄭之君臣入楚之境**에 **貌恭心肅**하고 **遂以爲畏〔楚〕**[2]요 **入晉之境**에 **辭費說煩**하고 **遂以爲慢〔晉〕**[3]이니 **抑不知爲晉楚謀者**가 **寧受其畏乎**아 **寧受其慢乎**아 **必知所去取矣**라 **諫疏不至於朝**하고 **訴諜不至於府**하야 **晏然靖謐**하야 **號爲無事**를 **以晉楚之事格之**면 **無乃猶有可察者乎**아

1) 〔역주〕 如壞館登(埤)〔陴〕[*]爭承問後之類 : 壞館, 登陴, 爭承은 모두 ≪春秋左氏傳≫에 보인다. '壞館'은 襄公 31년에 鄭나라 子産이 晉나라에 사신으로 갔으나, 晉侯가 만나주지 않자 客館의 담장을 허물어 항거한 일이고, '登陴'는 昭公 18년에 鄭나라에 火災가 발생하였을 때 子産이 사람들에게 武器를 나누어주고 성가퀴에 올라가게 한 일이고, '爭承'은 昭公 13년에 子産이 晉나라와 結盟할 때에 貢賦의 等次(多寡)를 爭論한 일이다. 問後는 미상이다.

*)〔역주〕(埤)〔陴〕: 저본에는 '埤'로 되어 있으나, ≪春秋左氏傳≫에 의거하여 '陴'로 수정하였다.
2)〔역주〕〔楚〕: 저본에는 '楚'가 없으나, 四庫全書本에 의거하여 보충하였다.
3)〔역주〕〔晉〕: 저본에는 '晉'이 없으나 三民書局本에 의거하여 보충하였다.

비록 그러나 晉나라와 楚나라는 모두 大國이요, 鄭나라는 晉나라와 楚나라 사이에 끼인 小國이다. 그런데도 鄭나라가 晉나라에 항거하는 말로 대답한 것이 한두 가지가 아니다. 예컨대 客館의 담장을 허문 일, 성가퀴에 올라간 일, 貢賦의 等次(多寡)를 쟁론한 일, 후사를 물은 일 따위는 鄭나라가 매양 빳빳하게 대하고 晉나라에 낮추려 하지 않은 일이다. 그러나 楚나라를 섬김에는 이와 달라 수레를 정비해 달려가서 조현하고 폐백을 가지고 달려가 부림을 받되 오직 조금이라도 楚나라의 뜻을 거스를까 두려워하였으니 감히 대항하는 말로 대답한 적이 거의 없었다. 鄭나라가 어째서 晉나라에는 용감하고 楚나라에는 겁을 먹었던 것인가. 나는 다음과 같이 생각한다.

晉나라는 중원(문명)의 나라이니 禮義의 말로 서로 고할 수 있는 상대이고, 楚나라는 蠻夷(야만)이니 예의의 말로 서로 고할 수 있는 상대가 아니기 때문이다. 鄭나라는 晉나라에게 원한이 있었으되 오히려 〈예의의 말로〉 감히 하소연 하였고, 楚나라에게는 감히 하소연하지 못하였으나 감히 배반하였다. 두 가지 중에 득실이 어떠한가. 事迹으로 논하면 〈鄭나라가〉 楚나라에게는 공손하고 晉나라에게는 거만하며, 用心으로 논하면 〈鄭나라가〉 晉나라는 친근하게 여기고 楚나라는 소원하게 여긴 것이다. 사람들은 다만 鄭나라 군신이 楚나라 국경을 들어갈 때에 외모가 공손하고 마음이 엄숙한 것만을 보고서 마침내 鄭나라가 楚나라를 두려워한다고 여겼으며, 〈鄭나라 군신이〉 晉나라 국경을 들어갈 때에 말이 장황하고 언설이 번다한 것만을 보고서 마침내 鄭나라가 晉나라에 거만하다고 여겼다. 그러나 晉나라와 楚나라를 위하여 도모하는 자가 鄭나라의 두려워함을 받아들일지 거만함을 받아들일지는 모르겠으나, 반드시 무엇을 버리고 무엇을 취할지는 알겠다. 諫疏가 조정에 이르지 않고 訴諜이 관부에 이르지 않으면 편안하고 조용하여 천하가 무사하다고 불리는 것을 晉나라와 楚나라의 일을 가지고 비교해 본다면 바로 오히려 살필 만한 점이 있지 않겠는가.

23-04 郱歜閻職弑齊懿公 郱歜과 閻職이 齊 懿公을 시해하다

【左傳】 文十八年이라 齊懿公之爲公子也에 與郱歜之父爭田이나 弗勝하다 及卽位하야 乃

掘而刖之하고 而使歜僕하며 納閻職之妻하고 而使職驂乘하다 夏五月에 公游于申池에 二人浴于池러니 乃謀弑懿公하야 納諸竹中[1]하고 歸하야 舍爵而行[2]하다

1)〔역주〕納諸竹中 : 懿公의 尸體를 申池 가의 대밭에 버린 것이다.〈附注〉

2)〔역주〕舍爵而行 : 舍爵은 宗廟에 告한 뒤에 술을 마시고서 술잔을 내려놓는 것이다. 이는 齊人이 懿公을 미워하니 두 사람이 두려울 것이 없었다는 말이다.

文公 18년, 齊 懿公이 公子로 있을 때 邴歜의 아비와 土地를 다투었으나 이기지 못한 일이 있었다. 懿公은 卽位한 뒤에 〈邴歜의 아비의 尸體를 무덤에서〉 파내어 그 발목을 자르고는 그 아들 邴歜을 僕(御者)으로 삼았으며, 閻職의 아내를 탈취해〔納〕〈제 여자로 삼고는〉 閻職을 驂乘으로 삼았다.

여름 5월에 懿公이 申池에서 水泳할 때 두 사람도 申池에서 목욕을 하다가, 마침내 懿公을 弑害하여 그 시체를 대발 속에 버리고 돌아와 종묘에 고한 뒤 술을 마시고는 술잔을 내려놓고서 도주하였다.

事有出於常情之外者하니 非人之所不能及이면 則必不能及人者也라 肘腋怨讐[1]와 腹心仇敵을 曠懷大度로 高出於常情之外니 夫豈常人所及哉리오 智不踰於常人이로되 而欲爲非常人之事는 則必愚者也요 闇者也니 發褚以示盜者也요 決隄以俟溺者也요 跣足於雄虺之榛이요 而裸身於餓虎之蹊者也라 至於姦雄凶猾之人하얀 每持寧我負人無人負我[2]之語하야 睚眦之怨을 必削株拔根無噍類乃止라 彼豈不知含洪光大爲盛德事哉리오 蓋思其上者慨然以爲不可學이요 至其下者輾然以爲不足學也라

1)〔역주〕肘腋怨讐 : 팔꿈치나 겨드랑이처럼 가까운 신변에서 뜻하지 않게 환란을 일으키는 원수를 이른다.

2)〔역주〕寧我負人無人負我 : 이 말은 三國 魏 武帝 曹操가 陳宮에게 한 말이니, ≪三國志≫〈魏志〉 권1의 "太祖(曹操)가 이에 성명을 바꾸고서 샛길로 동쪽으로 돌아갔다.〔太祖 乃變易姓名 間行東歸〕"라는 문장 아래의 注에 보인다. 曹操가 董卓에게서 달아나던 중 陳宮을 만나 함께 부친(曹嵩)의 벗인 呂伯奢의 집에 묵다가, 집안사람들이 자신을 고발하고자 모의하는 것으로 오해하여 일가를 모두 살해하였다. 이에 曹操가 달아나던 중 마침 집으로 돌아오는 呂伯奢를 만났는데, 집에 도착하면 자신이 벌인 일을 보고 고발할까 두려워 呂伯奢까지 살해하고는 이 말을 하였다고 한다.

일에는 常情 밖에서 나온 것이 있는데, 만일 非常한 사람이 미칠 수 있는 것이 아니

면 반드시 보통사람이 미칠 수 없다. 팔꿈치나 겨드랑이처럼 신변 가까이 있는 원수나 심복이면서 배반한 원수에 대해 넓은 가슴과 큰 도량으로 〈품어주는 것은〉 상정을 크게 벗어나는 일이니 어찌 보통사람이 미칠 수 있는 바이겠는가? 지혜가 보통사람보다 뛰어나지 못하면서 비상한 사람의 일을 하고자 한다면 이는 반드시 어리석고 어두운 자이니, 돈주머니를 열어서 도둑에게 보이고 제방을 터서 빠져죽기를 기다리며, 맨발로 큰 독사가 우글대는 풀숲을 걷고 알몸으로 굶주린 호랑이가 다니는 길에 서 있는 자일 것이다.

권력을 남용해 세상을 속이는 흉포하고 교활한 사람은 매양 '차라리 내가 남을 저버릴지언정 남이 나를 저버리게 하지 않는다.'는 말을 마음에 새기고서, 눈 한번 흘긴 작은 원한까지 반드시 풀을 베어내고 뿌리를 뽑아버리듯이 씨를 말린 뒤에야 〈그 보복을〉 멈춘다. 저 사람인들 어찌 포용심이 광대한 것이 盛德의 일임을 몰랐겠는가마는 실은 윗자리에 있는 자에게는 배울 만한 게 없다고 개탄하고, 아랫자리에 있는 자에게는 배울 것이 못 된다고 비웃었기 때문이다.

齊懿公奪閻職之妻하며 刖邴歜之父하고 而復(부)親近二人者하야 與之狎昵이라가 卒屠其軀하니라 意者컨대 懿公豈不分菽麥者耶아 則戕君竊國엔 機略初不在人後로되 乃於人情易(이)見之利害엔 舛錯如此하니 世未有知其說者라 抑不知懿公之事를 他人視之면 若不近人情이나 而懿公實未嘗不用其情也라 彼懿公身爲公族而弑其君[1]하니 於其父子親族之間에 亦已薄矣요 至於宗族하야 殘忍鷙暴하야 慦(녑)然無情하니 推己之情하야 而謂人皆然이라 此其所以日親歜職이나 而不料其果於復讐也라 人怪懿公之不近人情이요 而不知懿公之禍가 正坐以己之情而度(탁)人之情也라 請以太子劭之事로 實之하노라

(邵)〔劭〕[2]與弟濬俱謀逆에 潘妃者는 濬之母로 而劭之所欲殺也라 劭將殺其母而親其子하니 疑若非人之情이라 抑不知劭濬之情同於悖逆이라 元嘉之變에 潘妃既戮이나 而濬之附劭有加於前이라 兄梟弟獍이니 何其異軀而同情也[3]오 商人[4]之待歜職이 正如劭之待濬하야 自謂人皆如己라하고 不復(부)置疑하니 此吾所以推懿公之禍가 正在於用情也라

1) 〔역주〕 彼懿公身爲公族而弑其君 : 齊 桓公 사후 다섯 公子의 난이 있었는데, 齊 懿公은 이중 네 번째 난의 장본인이다. 그는 이복형인 齊 昭公이 죽은 뒤 그 아들 舍가 군위에 오르자

舍를 죽이고 제후가 되었다.

2) 〔역주〕(邵)〔劭〕 : 저본에는 '邵'로 되어 있으나, ≪南史≫에 의거하여 '劭'로 바로잡았다.

3) 何其異軀而同情也 : 南史宋文帝紀[*)]

≪南史≫ 〈宋文帝紀〉에 보인다.

*) 〔역주〕 南史宋文帝紀 : 太子 劉劭는 南朝 劉宋 文帝의 장자이며, 元嘉 5년에 황태자가 되었고 생모는 元皇后이다. 始興王 劉濬은 宋 文帝의 次子로, 潘妃의 소생이다. 元皇后는 투기가 심해 潘妃가 宋 文帝의 총애를 받자 원한을 품고 죽었는데, 이 일로 태자 劉劭가 潘妃와 劉濬을 미워하자 劉濬은 화를 입을까 두려워 뜻을 굽혀 劉劭를 섬겼다. 얼마 후 태자 劉劭가 文帝와 潘妃를 시해하고 즉위한 뒤에 劉濬을 侍中으로 삼았는데, 얼마 되지 않아 두 사람 모두 피살되었다.

4) 〔역주〕 商人 : 齊 懿公의 이름이다.

齊 懿公은 閻職의 아내를 탈취하고 邴歜의 아비의 〈尸體를 무덤에서 파내어〉 그 발목을 자르고도 다시 두 사람을 가까이 두어 그들과 함께 지내다가 끝내 죽임을 당하였다. 생각건대 懿公이 어찌 菽麥도 구분하지 못하는 자였겠는가. 그가 군주를 시해하고 나라를 훔칠 때는 그 기지와 모략이 애당초 남에 뒤지지 않았는데, 도리어 보통사람도 쉽게 판단할 수 있는 利害에 있어서는 常情과 어긋나게 행동한 것이 이와 같았으니 〈그런데도〉 세상에 그 사정을 아는 이가 없었다. 이는 아마도 懿公의 일을 다른 사람들이 보기에는 사람의 상정에 부합하지 않는 것 같으나 실제로는 懿公이 자기의 심정을 쓰지 않은 적이 없다는 것을 알지 못해서인 듯하다.

저 懿公은 公族의 몸으로 그 군주를 시해하였으니 부자와 친족 사이에 정이 이미 박절하였다. 종족에 대해서도 잔인하고 난폭하여 아무 감정도 없었으니, 자기의 심정을 미루어 다른 사람들도 모두 그럴 것으로 여겼다. 이것이 날마다 邴歜과 閻職을 가까이 하고, 저들이 과연 원수를 갚을 것으로 생각하지 못한 까닭이다. 사람들은 懿公의 행위가 사람의 상정에 부합하지 않는 것만을 괴이하게 여기고, 懿公의 화가 바로 자기의 심정으로 다른 사람의 심정을 헤아린 탓인 줄은 모른다. 〈南朝 劉宋의〉 太子 劉劭의 일을 가지고 한번 實證해보겠다.

태자 劉劭와 그 아우 劉濬이 함께 반역을 꾀할 때에 潘妃는 劉濬의 어미로 劉劭가 죽이고자 한 상대였다. 劉劭가 劉濬의 어미를 죽이고 그 자식을 가까이 두려하였으니, 〈사람들은 이를〉 사람의 상정이 아닌 것 같다고 의심하였으나 劉劭와 劉濬이 같은 마음으로 패역한 줄을 모른 것이다. 元嘉의 변란 때 潘妃가 이미 죽었으나 劉濬은 이전보다 더 태자 劉劭에게 붙었다. 형은 〈어미를 잡아먹는〉 올빼미였고 아우는 〈아비를 잡아먹는〉 못된 짐승이었으니 어쩌면 그리도 몸은 서로 다르나 심보는 서로 같았는가? 商人(齊 懿公)이 邴歜과 閻職을 대한 것이 바로 劉劭가 劉濬을 대한 것과 같아, 스스로 '사람의 심정은 모두 나와 같다.'고 여기고 다시 의심하지 않았으니, 이것이 내가 齊 懿公의 화를 추구하면서 〈그 이유가〉 바로 그 심정을 쓴 데에 있다고 한 까닭이다.

吾考傳之所載호니 **二子旣戕懿公**하고 **舍爵而行**하야 **略無所憚**하고 **而又竊有所感焉**이라 **當懿公謀逆之時**하야 **貸粟之際**에 **曲澤私德**하니 **僞聲虛譽**하야 **營丘之民奔走而歌舞之**라 **故能以支代宗而竊其國**이라 **居位未幾**에 **以凶虐而殺其身**하나 **向日之受其姑息者**에 **竟無一人仗戈以赴其急**하고 **推刃之人**이 **緩步出郊**하야 **略無所憚**이라 **至於是然後**에 **知區區之小惠果不足恃也**라 **齊懿公罪惡貫盈**하야 **本無足責**이나 **吾特表而出之**하야 **以爲好行小惠者之戒**하노라

내가 《春秋左氏傳》에 기록된 것을 고찰해봄에, 〈邴歜과 閻職〉 두 사람이 齊 懿公을 시해하고나서 종묘에 고한 뒤 술을 마시고는 술잔을 내려놓고서 도주하여 조금도 꺼리는 바가 없었으니, 더욱 속으로 느끼는 바가 있었다. 齊 懿公이 반역을 도모할 때에 〈私財를 탕진하였으므로〉 公家의 곡식을 貸借해 빈민을 구제하는 즈음에 사사로운 은덕을 두루 베푸니, 거짓 명성이 자자하여 營丘(齊나라의 수도)의 백성들이 달려와 노래 부르고 춤추며 〈즐거워하였다.〉 그러므로 支庶로써 嫡子를 대신해 나라를 탈취할 수 있었다. 재위한 지 얼마 되지 않아 흉악한 짓을 자행함으로 인해 살해당하였으나 지난날 그의 은혜를 입은 자 중에 끝내 무기를 들고 달려와 그를 危難에서 구제한 자는 한 사람도 없었고, 그를 살해한 범인들은 느린 걸음으로 교외로 나가 조금도 두려워함이 없었다. 일이 이에 이른 뒤에 구구한 작은 은혜는 과연 믿을 것이 못됨을 알겠다. 齊 懿公의 罪惡은 차고 넘쳐서 본래 질책할 가치도 없으나, 나는 특별히 드러내어 작은 은혜 베풀기를 좋아하는 자의 경계로 삼는다.

23-05 襄仲殺惡及視及叔孫惠伯 立宣公[1] 襄仲이 惡과 視와 叔孫惠伯를 살해하고 宣公을 세우다

1) 襄仲殺惡及視及叔孫惠伯 立宣公 : 註在十七卷[*]

≪春秋左氏傳≫에 대한 本註는 本書 권17에 보인다.

*) 〔역주〕 註在十七卷 : 저본에는 ≪春秋左氏傳≫에 대한 본주가 권17의 제2-2편에 중복되므로 거듭 인용하지 않았다. 그러나 ≪譯註 東萊博議 4≫에 수록되어 있으므로 편의상 번역문만 아래와 같이 첨부한다.

文公 18년, 文公의 二妃 敬嬴이 宣公을 낳았다. 敬嬴은 文公의 사랑을 받으면서도 사사로이 襄仲을 섬겼다. 宣公이 장성하자 敬嬴은 宣公을 襄仲에게 부탁하였다. 〈文公이 죽은 뒤에〉 襄仲이 그를 임금으로 세우려 하니 叔仲이 반대하였다. 襄仲은 齊侯를 만나 〈宣公을 임금으로 세워주기를〉 청하니, 齊侯는 새로 즉위하였으므로 魯나라와 가까이 지내고자 하여 襄仲의 요청을 허락하였다.

겨울 10월에 襄仲이 惡과 視를 죽이고서 宣公을 세웠다. 經에 "子가 卒하였다.〔子卒〕"라고 기록한 것은 사실을 숨긴 것이다. 襄仲이 君命으로 惠伯(叔仲)을 부르니, 그의 宰臣(家臣의 長) 公冉務人이 가지 못하도록 말리며 말하기를 "들어가시면 반드시 죽을 것입니다."라고 하니, 惠伯이 "임금의 命에 죽는 것이 신하의 도리이다."라고 하였다. 公冉務人이 말하기를 "임금의 命이라면 죽어야 되지만 임금의 명이 아닌데 무엇 때문에 따르려 하십니까."라고 하였다.

惠伯이 그 말을 듣지 않고 들어가니 襄仲은 그를 죽여 말똥 속에 묻었다. 公冉務人이 惠伯의 妻子를 모시고서 蔡나라로 달아났다. 얼마 뒤에 〈魯나라는 惠伯의 아들을 세워〉 叔仲氏로 삼고서 惠伯의 官位를 承繼시켰다〔復〕.

夫人 姜氏가 齊나라로 돌아갔으니 大歸한 것이다. 齊나라로 돌아갈 적에 울면서 저자를 지나며 말하기를 "하늘이시여, 襄仲이 도리를 어기고서 嫡子를 죽이고 庶子를 임금으로 세웠습니다."라고 하니 저자의 사람들도 모두 울었다. 이로 인해 魯人은 그를 哀姜이라고 불렀다.

天下之亂은 無形者不可討요 無志者不果討며 無助者不能討니 合是三無라야 亂之所以成也라 匿機閉鍵하고 覆阱韜戈하며 城府高深하야 不見(현)纖隙을 是謂無形이요 視國傳舍하고 視君奕棋하며 小寇不詞하고 大寇不禦를 是謂無志요 膽壯形羸하고 志强勢弱하야 孑然孤立하야 莫救危亡을 是謂無助라 發於彼者有形하고 立於我者有志하며 資於外者有助면 亦何姦之不消며 何難之不平哉리오 宜消而長하고 宜平而傾하니 此君子之所以

深嗟而屢歎也라

天下의 반란은 형체가 없으면 토벌할 수 없고, 〈토벌하려는〉 의지가 없으면 감히 토벌할 수 없으며, 돕는 이가 없으면 토벌할 수 없으니, 이 세 가지 '없음〔無〕'이 합쳐지는 것이 바로 반란이 형성되는 원인이다.

기밀을 숨기고 빗장을 채우며 함정을 덮어 가리고 무기를 감추며, 성을 높이 쌓고 해자를 깊이 파서 작은 틈도 보이지 않는 것을 '형체가 없음〔無形〕'이라고 한다. 나라를 여관처럼 보고 임금을 장기판의 말처럼 보아 작은 도적을 꾸짖지 않고 큰 도적을 막지 않는 것을 '의지가 없음〔無志〕'이라고 한다. 담은 크지만 몸은 파리하고 의지는 군세나 형세는 약하며, 형세가 외로워 위급에 도움을 받을 곳이 없는 것을 '돕는 이가 없음〔無助〕'이라고 한다.

반란이 이미 저쪽에서 발생하였고, 내 쪽에 반란을 평정할 뜻이 확고하며, 외부에 원조를 구하고 또 도움을 받을 곳이 있다면 어떤 간악함인들 소멸시키지 못할 것이며, 어떤 危難인들 평정시키지 못하겠는가. 응당 소멸되어야 할 것이 도리어 자라나고 응당 평정되어야 할 것이 도리어 위태롭게 되니, 이것이 군자가 깊이 누차 차탄한 이유이다.

叔仲惠伯之禍를 吾嘗三復其事而悲之호라 惠伯受遺輔政에 履危疑之朝하니 固當蚤警暮戒하고 大布耳目하야 剪荊棘於萌芽之始하고 殪虎兕於蠕(연)動之初하야 雖深譎沈隱之謀라도 猶必鉤考而披抉之니 況襄仲親以殺嫡立庶之計顯語惠伯가 不訊而承하고 不索而獲이니 是天發其姦하야 賜惠伯以討亂之機也라 惠伯撫機不發하니 見亂之形코도 恬不爲備라 意者컨대 惠伯沈浮婉阿하야 無徇國之志歟아 惡視之難에 殺身就義하야 凜然不負其意하니 謂惠伯無徇國之志者는 誣也라 有徇國之志而見逆國之形이면 是宜忠憤俱發하야 百舍一赴하야 如注坡馬하고 如縱壑魚하며 如解絛鷹하고 靡容晷刻之緩이어늘 顧乃束手待斃하고 噤無所爲하니 殆惠伯困於無助하고 畏襄仲之多助하야 而不敢發也ㄴ저

叔仲惠伯이 당한 화에 대하여 나는 일찍이 그 일을 반복하여 생각하면서 슬퍼하였다. 惠伯은 遺命을 받고 국정을 보좌할 때에 위태롭고 불안한 조정에 있었으니, 본래 朝夕으로 경계하고 耳目(첩자)을 많이 배치하여 가시나무(어려운 일)가 처음 싹틀 때에 제거하고 호랑이와 무소(逆臣)가 처음 준동할 때에 죽여 없애듯이 하여 비록 깊은

속임수와 은밀한 음모라도 오히려 반드시 찾아내어 파헤쳐야 했다. 더구나 襄仲이 직접 적자를 죽이고 서자를 세울 계획을 惠伯에게 버젓이 말한 데이겠는가. 이는 訊問하지 않고도 〈襄仲의 죄를〉 승인 받고 수색하지 않고도 〈사정을〉 획득한 것이니, 하늘이 그 姦計를 들추어내어 惠伯에게 반란을 토벌할 기회를 준 것이다. 그런데도 惠伯은 기회를 쥐고 움직이지 않았으니, 반란이 형성된 것을 보고도 편안히 여겨 대비하지 않은 것이다.

생각건대 惠伯은 세속을 따라 부침하고 主見이 없어서 국난에 목숨 바칠 의지가 없었던 것인가? 惡과 視 두 사람이 화난을 당했을 때에 〈惠伯은〉 정의를 위해 목숨을 바쳐 遺命을 저버리지 않은 엄숙한 뜻을 보였으니 惠伯에게 국난에 목숨 바칠 의지가 없었다고 한다면 무함이다. 이미 국난에 목숨 바칠 의지가 있었는데 나라에 반역할 형세를 보았다면 당연히 忠心과 義憤이 동시에 발작하여, 백 리 길을 한달음에 내달아 마치 말을 비탈길에 풀어놓은 것처럼 〈쏜살같이 달려 내려가고〉 물고기를 바다에 풀어놓은 것처럼 〈급히 헤엄쳐 가고,〉 묶인 매의 끈을 풀어놓은 것처럼 〈하늘 높이 날아올라가서〉 잠시도 지체하지 않아야 할 것이다. 그런데 도리어 손을 놓고 죽음을 기다리고 입을 닫고 아무 일도 하지 않았으니, 이는 아마도 惠伯이 자신을 돕는 이가 없음을 곤란하게 여기고 襄仲을 돕는 이가 많음을 두려워하여 감히 발동하지 못한 듯하다.

襄仲所恃爲助者는 **獨齊耳**라 **出姜實齊女**니 **而子惡齊之自出也**라 **齊所以不顧其親而從其請者**는 **特以襄仲專政**이니 **欲以親魯耳**라 **惠伯若亟遣使於齊**하야 **援姻戚之義**하고 **明利害之數**하야 **以感動齊侯**면 **則齊未必不翻然改計**리라 **蓋棄至親之甥而卽甚疏之人**을 **齊必不爲也**요 **捨己立之君而待將簒之賊**을 **齊又不爲也**며 **墮救患之名而取黨姦之謗**을 **齊又不爲也**리라 **惠伯儻如前所陳**하야 **以曉齊侯**면 **則齊知子惡有惠伯爲之內主**하고 **又知襄仲不能專魯之權**이니 **則安肯捨此而助彼乎**아

襄仲이 믿었던 조력자는 齊나라 뿐이다. 出姜(哀姜)은 실제로 齊侯의 딸이고 태자 惡은 齊女(出姜)의 소생이다. 齊나라가 그 친속을 돌아보지 않고 襄仲의 요청을 따른 것은 이때 襄仲이 魯나라의 정권을 전담하였으니 이 기회를 이용해 魯나라와 친근히 지내고자 해서일 뿐이었다. 惠伯이 만약 급히 齊나라에 사신을 보내어 인척의 의리로 구원을 요청하고 이해를 설명해 齊侯를 감동시켰다면 齊나라는 틀림없이 불현듯 계획을

변경하였을 것이다. 至親의 생질을 버리고 소원한 사람을 즉위시키는 짓을 齊나라는 반드시 하지 않았을 것이며, 자기가 세운 임금을 버리고 장차 찬탈할 國賊을 기다리는 짓을 또 齊나라는 하지 않았을 것이며, 환란을 구제했다는 명성을 무너뜨리고 간사한 무리의 비방을 취하는 짓을 또 齊나라는 하지 않았을 것이다. 惠伯이 만약 앞에서 진술한 말로 齊侯를 曉諭했다면 제후는 태자 惡에게는 조정 안에서 그를 위해 계책을 주도하는 惠伯이 있다는 것을 알고, 또 襄仲은 魯나라의 정권을 독점할 수 없다는 것을 알았을 것이니 〈제나라가〉 어찌 태자 惡을 버리고 襄仲을 도왔겠는가.

襄仲이 **旣失齊助**면 **則塊然几上肉耳**라 **僑如倚晉傾魯**에 **氣蓋一國**이나 **晉人朝悔**에 **而僑如夕走**[1]라 **惠伯**이 **誠能厚結齊驩**하야 **以孤襄仲之援**이면 **吾見臨淄之擔未反**에 **而東門之室已虛矣**리라 **釋此不爲**하고 **乃**(**隕身皁棧**)〔**捐身命**하야 **甘**〕[2]**與草木同腐**하니 **此君子所以深爲惠伯惜也**라

1) 僑如倚晉傾魯……而僑如夕走：成十六年[*]
　《春秋左氏傳》 成公 16년의 일이다.

*) 〔역주〕 成十六年：僑如(宣伯)는 魯나라 成公의 모후인 穆姜(宣公의 부인)과 사통한 인물이다. 穆姜은 成公을 폐위하고 僑如를 魯나라 군주로 세우고자 하였다. 僑如는 魯나라에서 季氏와 孟氏를 축출하고 그들의 家産을 奪取하고자 했을 뿐만 아니라 晉侯에게 뇌물을 써서 成公을 讒訴하였는데, 결국 그의 음모가 드러나 魯나라에서 축출당해 齊나라로 도망갔다.

2) 〔역주〕 (隕身皁棧)〔捐身命 甘〕：저본에 '隕身皁棧'으로 되어 있으나, 四庫全書本에 의거하여 '捐身命 甘'으로 수정하였다.

襄仲이 이미 齊나라의 도움을 잃었다면 그는 상 위에 놓인 고깃덩이일 뿐이다. 僑如가 晉나라의 도움을 믿고 魯나라를 傾覆하려 할 때에 그 기세가 온 나라를 덮을 만 하였으나, 晉人이 아침에 후회하자 僑如는 저녁에 달아났다. 惠伯이 진실로 두터운 교분으로 齊나라의 환심을 사서 襄仲의 원조를 고립시켰다면 나는 齊나라〔臨淄〕에 간 사신이 돌아오기 전에 東門氏(襄仲)의 집이 이미 폐허로 변한 것을 보았을 것이다. 그런데 이것을 버리고서 하지 않고 끝내 생명을 버려 기꺼이 초목과 함께 썩어가는 것을 원했으니, 이것이 군자가 惠伯을 위하여 깊이 애석해하는 이유이다.

嗚呼라 **襄仲泄謀於人**하니 **在法當敗**요 **公室連姻於齊**하니 **在法當親**이라 **惠伯**은 **可討不**

討하야 **而使襄仲轉敗爲成**하고 **可附不附**하야 **而使齊侯變親爲怨**하니 **雖有區區之心**이나 **何救龜玉之毁乎**[1]리오 **是以君子惡徒善**[2]하나니라

1)〔역주〕何救龜玉之毁乎 : 龜玉之毁은 국운이 쇠퇴하였음을 이른다. 거북은 龜甲이며, 귀갑과 옥은 국가의 중요한 기물이다. ≪論語≫ 〈季氏〉에 "호랑이와 들소가 우리에서 뛰쳐나오며, 귀갑과 옥이 궤 속에서 망가졌다면 이것이 누구의 잘못이겠느냐?〔虎兕出於柙 龜玉毁於櫝中 是誰之過與〕"라고 하였다.

2)〔역주〕是以君子惡徒善 : 徒善은 실천이 없는 善이다. ≪孟子≫ 〈離婁 上〉에 "한갓 善만 가지고는 정사를 할 수 없으며, 한갓 법만 가지고는 스스로 행해질 수 없다.〔徒善不足以爲政 徒法不能以自行〕"라고 하였다.

아! 襄仲이 남에게 계책을 누설하였으니 法理에 있어 실패하는 것이 마땅하고, 魯나라 公室이 齊나라와 통혼하였으니 법리에 있어 친근한 것이 마땅하다. 惠伯은 토벌해야 하는데 토벌하지 않아 襄仲으로 하여금 패망을 돌려 성공하게 하였고, 依附해야 하는데 의부하지 않아 齊侯로 하여금 姻親이 변하여 원수가 되게 하였으니, 비록 구구한 마음(국가의 위란을 구제할 마음)이 있었으나 어찌 龜玉이 훼손되는 것을 구원할 수 있었겠는가? 이러므로 군자는 한갓 선한 마음만 있고 선한 행동이 없는 것을 미워한다.

23-06 季文子出莒僕 季文子가 莒나라의 僕을 국경 밖으로 내쫓다

【左傳】 **文十八年**이라 **莒紀**[1]**公生太子僕**하고 **又生季佗**러니 **愛季佗而**(出)〔黜〕[2]**僕**하고 **且多行無禮於國**하니 **僕因國人以弑紀公**하고 **以其寶玉來奔**하야 **納諸宣公**하니 **公命與之邑曰 今日必授**하라 **季文子使司寇出諸竟曰 今日必達**[3]하라 **公問其故**한대 **季文子使太史克對曰 先大夫臧文仲教行父事君之禮**를 **行父奉以周旋**하야 **弗敢失隊**(추)니이다 **曰 見有禮於其君者**어든 **事之**를 **如孝子之養父母也**하고 **見無禮於其君者**어든 **誅之**를 **如鷹鸇之逐鳥雀也**라하며 **先君周公制周禮曰 則**(칙)**以觀德**[4]하고 **德以處事**[5]하며 **事以度**(탁)**功**[6]하고 **功以食民**이라하고 **作誓命曰 毁則**(칙)**爲賊**이요 **掩賊爲藏**[7]이요 **竊賄爲盜**요 **盜器爲姦**이니 **主藏之名**하고 **賴姦之用**이 **爲大凶德**이라 **有常無赦**가 **在九刑**[8]**不忘**이라하니이다 **行父還觀莒僕**컨대 **莫可則也**니이다 **孝敬忠信爲吉德**이요 **盜賊藏姦爲凶德**이니 **夫莒僕**은 **則其孝敬**이면 **則弑君父矣**요 **則其忠信**이면 **則竊寶玉矣**요 **其人**은 **則盜賊也**요 **其器**는 **則姦兆**[9]**也**니 **保而利之**면 **則主藏也**요 **以訓則昏**하야 **民無則**(칙)**焉**[10]이니 **不度於善**하고 **而皆在於凶德**이라 **是以去之**니이다

1) 〔역주〕 紀 : 紀는 號이다. 莒나라는 夷狄이어서 諡號가 없기 때문에 別號가 있다.〈杜注〉
2) 〔역주〕 (出)〔黜〕 : 저본에는 '出'로 되어 있으나, 十三經注疏 ≪春秋左傳正義≫에 의거하여 '黜'로 바로잡았다.
3) 〔역주〕 今日必達 : 오늘 안으로 반드시 莒僕을 국경 밖으로 내보내라는 말이다.〈附注〉
4) 〔역주〕 則(칙)以觀德 : 文公 6년 傳에 '導之以禮則'이란 말이 있으니, 여기의 則도 '禮則'으로 보는 것이 옳을 듯하다. 사람을 관찰할 때 그 사람의 행동이 예칙에 맞는가를 가지고서 그 사람의 덕을 관찰한다는 말이다. 덕에는 吉德도 있고 凶德도 있으니, 행동이 예칙에 맞으면 길덕이 되지만 그렇지 않으면 흉덕이 된다.
5) 〔역주〕 德以處事 : 이미 吉德을 가졌다면 그 사람의 才器에 맞는 官職을 주어 업무를 처리하게 한다는 말이다.
6) 〔역주〕 事以度(탁)功 : 처리한 일의 成果를 가지고서 공로의 有無와 大小를 평가한다는 말이다.
7) 〔역주〕 掩賊爲藏 : 藏은 賊이 훔친 贓物을 보관하고 적을 숨겨 주는 '窩主'와 같은 말이다.
8) 〔역주〕 九刑 : 周代의 刑書를 이르나, 전하지 않는다. ≪春秋左氏傳≫ 昭公 6년에 "夏나라 때 政令을 어지럽히는 자가 있자 禹刑을 지었고, 商나라 때 政令을 어지럽히는 자가 있자 湯刑을 지었고, 周나라 때 政令을 어지럽히는 자가 있자 九刑을 지었으니, 세 刑法이 생긴 것은 모두 末世였습니다.〔夏有亂政 而作禹刑 商有亂政 而作湯刑 周有亂政 而作九刑 三辟之興 皆叔世也注〕"라고 하였다.
9) 〔역주〕 姦兆 : 姦의 범주에 속하는 물건이라는 말이다.
10) 〔역주〕 民無則(칙)焉 : 이로써 교훈하면 昏亂하여 한 가지 일도 백성들의 본보기가 될 만한 것이 없다는 말이다.〈附注〉

文公 18년, 莒紀公이 太子 僕을 낳고 또 季佗를 낳았더니, 季佗를 총애하여 태자 僕을 廢黜하고 또 國人들에게 무례한 짓을 많이 하였다. 僕이 國人의 도움으로 紀公을 弑害하고는 莒나라의 寶玉을 가지고 魯나라로 도망해와서 그 보옥을 魯 宣公에게 바치니, 宣公은 僕에게 城邑을 주라고 명하며 "오늘 안으로 반드시 주라."고 하였는데, 季文子는 司寇를 시켜 그를 國境 밖으로 내쫓게 하며 말하기를 "오늘 안으로 반드시 국경 밖까지 도달하도록 하라."고 하였다. 宣公이 그 까닭을 물으니, 季文子는 太史 克을 보내어 대답하였다.

"先大夫 臧文仲이 저에게 가르쳐준 임금 섬기는 예를, 저는 받들어 따라 감히 失墜하지 않았습니다. 先大夫가 말하기를 '임금에게 禮가 있는 자를 보거든 孝子가 어버이를 봉양하듯이 그를 섬기고, 임금에게 無禮한 자를 보거든 매가 새를 뒤쫓아 낚아채듯이 그를 주살하라.'고 하였으며, 先君 周公께서 ≪周禮≫를 지어 말하기를 '禮則으로써 그 사람의 德을 관찰하고 덕으로써 일을 처리하고, 일로써 功績을 헤아리고 공적으로써 백성을 먹인다.'고 하였고, 또 〈誓命〉을 지어 말하기를 '법을 파괴하는 자를 「賊」이라 하고, 적을 숨겨주는 자를 「藏」이라 하며, 재물을 훔치는 자를 「盜」라 하고, 寶器를 훔치는 자를 「姦」이라 하니, 主藏(窩主)의 이름을 가지고 훔쳐온 寶器를 탐하는 것은 큰 凶德이 된다. 이런 자에게는 規定한 형벌〔常刑〕이 있어 용서할 수 없다는 말이 ≪九刑≫에 실려 있으니 잊을 수 없다.'고 하였습니다.

제가 莒僕(莒나라 僕)을 두루 살펴보니〔還觀〕 본받을 만한 점이 하나도 없습니다. 孝·敬·忠·信이 吉德이고 盜·賊·藏·姦이 凶德인데, 저 莒僕은 孝敬으로 말하면 君父를 弑害한 자이고 忠信으로 말하면 나라의 寶玉을 훔친 자이고, 그 사람으로 말하면 盜賊이고 그 寶器로 말하면 姦兆이니 그 사람을 보호하고 그 寶器를 탐하면 主藏이 되고, 이로써 백성을 敎訓하면 백성들은 혼란하여 본받을 바가 없습니다. 莒僕의 행위는 善에 속하지 않고 모두 흉덕에 속하기 때문에 쫓아보낸 것입니다.

魯道衰而權移於季氏[1)]하니 **議者徒見其專權之禍**하고 **而不見其竊權之由**[2)]라 **吾讀左氏書**[3)]라가 **至季文子出莒僕之事**[4)]하고 **然後知季氏竊權之始**가 **蓋在此也**[5)]라 **權**은 **君之所司也**[6)]라 **堂陛甚高**하고 **扃鐍**(경휼)**甚嚴**하며 **操柄甚尊**하니 **人臣豈能一旦徒手而奪之哉**[7)]리오 **必有隙焉**이라야 **然後能乘之**[8)]요 **必有名焉**이라야 **然後能假之**[9)]며 **必有術焉**이라야 **然後能攘之**[10)]니 **吾於莒僕之事**에 **未嘗不三嘆文子之險且譎也**로라 **宣公簒立**[11)]하니 **大臣未附**하고 **國人未信**[12)]하야 **其權未有所屬**[13)]이라 **此千載一時之大隙也**[14)]라 **以季子之富强**으로 **投其隙而攫取其權**하니 **誰曰不克**이리오 **然取之太迫**하야 **則君不安於上**하고 **民不厭於下**하니 **雖劫而留之**라도 **其權終有時而還**이라 **故因莒僕之事**[15)]하야 **借其名**[16)]하고 **閟其術**[17)]하야 **嘿收一國之權於掌中**이나 **而人不悟**[18)]하니라 **深矣哉**라 **文子之謀也**[19)]여

1) 魯道衰而權移於季氏 : 季氏 魯公子季文之後 文子名行父 始專魯權

季氏는 魯나라 公子인 季文子의 후손이다. 季文子의 이름은 行父이며 비로소 魯나라의 권세를 전횡하였다.

2) 議者徒見其專權之禍 而不見其竊權之由 : 引入主意

이 글의 주제를 끌어와 썼다.

3) 吾讀左氏書：左傳之書

≪春秋左氏傳≫의 글이다.

4) 至季文子出莒僕之事：見本題註

본편의 주에 보인다.

5) 然後知季氏竊權之始 蓋在此也：此一篇主意

본편의 主意이다.

6) 權 君之所司也：諸侯主一國之權柄

제후가 일국의 大權을 主宰한다는 말이다.

7) 堂陛甚高……而奪之哉：發明人臣所以竊權之由

신하가 대권을 절취하는 원인을 드러내어 밝혔다.

8) 必有隙焉 然後能乘之：宣公簒位 是可乘之隙也

宣公이 찬탈하여 즉위한 것은 틈을 탈 수 있었기 때문이다.

9) 必有名焉 然後能假之：莒僕弑君 是可假之名也

莒僕이 군주를 시해한 것은 명분을 빌릴 수 있었기 때문이다.

10) 必有術焉 然後能攘之：託大義以逐莒僕 是文子攘權之術也

大義에 의탁하여 莒僕을 축출한 것이 季文子가 대권을 훔친 방법이다.

11) 宣公簒立：宣公 文公之庶子也 襄仲殺太子惡及次子視 而立宣公

宣公은 文公의 庶子이다. 襄仲이 太子 惡과 次子 視를 살해하고 宣公을 옹립했다.

12) 大臣未附 國人未信：上自大臣 下至國人 皆未信服

위로 大臣으로부터 아래로 國人에 이르기까지 모두 믿음으로 복종하지 않았다는 말이다.

13) 其權未有所屬：魯國之權 未有所付

魯나라의 대권이 속한 곳이 없었다는 말이다.

14) 此千載一時之大隙也：應前可乘之隙

앞의 "틈을 탈 수 있었기 때문이다."라고 한 것에 호응한다.

15) 故因莒僕之事：僕(餞)〔殘〕*)其君 與宣公簒立之事 相類

僕이 자신의 군주를 해친 일과 宣公이 찬탈하여 즉위한 일이 서로 유사하다는 말이다.

*)〔역주〕(餞)〔殘〕: 저본에 '餞'으로 되어 있으나, 문맥을 살펴 '殘'으로 수정하였다.

16) 借其名：陽假去惡之名 應前名字

악행을 제거한다는 명분을 버젓이 빌린 것이다. 앞(可假之名)의 '名'자와 호응한다.

17) 閟其術：陰行盜權之術 應前術字

대권을 훔치는 방법을 은밀히 행한 것이다. 앞(攘權之術)의 '術'자와 호응한다.

18) 嘿收一國之權於掌中 而人不悟：所以議者不見竊權之由

의론하는 자들이 대권을 훔친 이유를 알지 못했기 때문이다.

19) 深矣哉 文子之謀也 : 以其用心深險 用計詭譎 故人不悟
〈季文子의〉 마음 씀이 매우 음험하고 도모함이 교활하기 때문에 사람들이 알지 못했다는 말이다.

魯나라의 治道가 쇠퇴하여 大權이 季氏에게 옮겨갔는데, 이에 대해 의론하는 자들은 단지 季氏가 대권을 독점한 禍만 보고 대권을 절취한 원인은 보지 못한다. 나는 ≪春秋左氏傳≫을 읽다가 季文子가 莒나라의 태자 僕을 축출한 일에 이른 뒤에야 季氏가 대권을 절취하기 시작한 것이 이때에 있었다는 것을 알았다.

대권은 임금이 관장하는 것이다. 군주가 거처하는 궁전의 섬돌이 매우 높고, 방비가 매우 삼엄하며 쥐고 있는 권한이 지극히 존귀하니 신하가 어찌 하루아침에 맨손으로 그것을 탈취할 수 있겠는가? 반드시 틈이 생긴 뒤에야 그 틈을 이용할 수 있고, 반드시 명분이 있은 뒤에야 그 명분을 빌릴 수 있으며, 반드시 방법이 있은 뒤에야 그 자리를 훔칠 수 있으니, 나는 莒僕의 일에서 季文子의 음험하고 교활함에 여러 번 탄식하지 않은 적이 없었다.

宣公이 君位를 찬탈하여 임금이 되자 大臣들이 따르지 않고 國人들이 믿지 않아 나라의 대권이 귀속된 곳이 없었다. 이때야말로 좀처럼 만나기 어려운 좋은 기회였다. 부강한 季文子가 그 틈을 이용해 정권을 탈취하니 〈季文子가〉 성공하지 못할 것이라고 누가 말하였겠는가? 그러나 탈취한 것이 너무 박절하여 군주는 위에서 불안해하고 백성은 아래에서 만족해하지 못하였으니, 비록 위협하여 머물러 있게 하여도 그 정권은 마침내 돌아갈 때가 있었을 것이다. 그러므로 莒僕의 일로 인하여 그 명분을 빌리고 그 방법을 은밀히 운용하여 묵묵히 일국의 정권을 손바닥 안에 거두어들였으되 사람들이 깨닫지 못하였으니, 심오하였구나! 季文子의 모략이여.

莒僕弑君竊寶[1)]로되 宣公不惟納之[2)]하고 而又欲封之[3)]하니 是固群臣之所當爭也[4)]라 文子託去惡之名[5)]하야 改君命而使司寇斥僕於境外[6)]하야 以嘗試宣公意[7)]하야 以謂君苟怒我耶[8)]ㄴ댄 則吾固可自附於忠憤愛君之徒[9)]요 君苟聽我耶[10)]ㄴ댄 則魯之大柄이 自是歸我矣[11)]리라 退不失譽[12)]하고 進不失權[13)]이니 君有從違라도 我無增損[14)]이니 其自爲計乃如此[15)]라

1) 莒僕弑君竊寶 : 題註

본편의 주〈에 보인다.〉

2) 宣公不惟納之：受其寶

〈莒僕이 가지고 온〉 보옥을 받았다는 말이다.

3) 而又欲封之：與之邑

〈莒僕에게〉 성읍을 하사하였다는 말이다.

4) 是固群臣之所當爭也：當諫宣公

마땅히 宣公에게 간언할 일이라는 말이다.

5) 文子託去惡之名：不諫而用其術

간언을 하지 않고 〈權柄을 훔치는〉 방법을 썼다는 말이다.

6) 改君命而使司寇斥僕於境外：宣公命今日必授 文子擅改授字爲達字 使掌刑獄之卿 逐莒僕於魯國境外

宣公이 "오늘 안으로 반드시 주라〔授〕."고 명령하였는데, 季文子가 '주라〔授〕'를 "〈국경 밖까지〉 도달하도록 하라〔達〕."로 멋대로 고쳐서 형옥을 담당한 관리에게 莒僕을 魯나라 國境 밖으로 내쫓게 하였다.

7) 以嘗試宣公意：以此事 鉤探宣公之心意

이 일을 가지고 宣公의 심중을 탐색해보고자 하였다는 말이다.

8) 以謂君苟怒我耶：若宣公怒我之所爲

만약 宣公이 내가 한 일에 대해 분노할 경우를 말한 것이다.

9) 吾固可自附於忠憤愛君之徒：我亦可以得此美名

나는 또한 이런 아름다운 명예를 얻을 수 있다는 말이다.

10) 君苟聽我耶：若宣公從我之所爲

만약 宣公이 내가 한 일을 들어줄 경우를 말한 것이다.

11) 魯之大柄 自是歸我矣：我則可以得此實利

나는 이런 실제적인 이익을 얻을 수 있다는 말이다.

12) 退不失譽：君怒則得名

임금이 분노하면 명예를 얻는다는 말이다.

13) 進不失權：君聽則得利

임금이 들어주면 이익을 얻는다는 말이다.

14) 君有從違 我無增損：結上兩端

위 두 단서를 매듭지었다.

15) 其自爲計乃如此：發出文子心術

季文子의 심보를 드러낸 말이다.

莒僕은 군주를 시해하고 보옥을 훔쳤으되 宣公은 〈그가 가져온 보옥을〉 받아들였을 뿐만 아니라 또 그에게 城邑을 봉해주고자 하였으니, 이는 본래 여러 신하들이 마땅히 간쟁해야 할 일이다. 그러므로 季文子는 惡人을 제거한다는 명분을 가탁하여 임금의 명령을 개정하고 司寇에게 莒僕을 국경 밖으로 축출하게 하여, 선공의 마음을 시험해 보았다. 그의 생각에 "만일 임금께서 내가 한 일에 대해 분노하신다면 나는 진실로 자연스럽게 忠節에 울분하고 임금을 사랑하는 부류〈라는 명예를 받을 것〉이고, 만일 임금께서 내가 한 일을 따르신다면 이는 魯나라의 대권이 저절로 나에게 돌아오는 것이다. 퇴출되어도 명예를 잃지 않고 진출하면 權柄을 잃지 않을 것이니, 임금이 따르든 어기든 나에게는 아무 손해가 없다."고 여겼으니, 그 자신을 위한 계책이 끝내 이와 같았다.

自古之盜權者는 **皆覬成而惡敗**[1]하니 **蓋成則受大福**[2]하고 **敗則蹈大禍**[3]ㄹ새라 **未有如文子之計**면 **不幸不成**이나 **猶不失蹇諤之稱者**[4]하니 **其爲計可謂高出古人之右矣**[5]라 **旣而宣公果惑於史克之對**[6]하야 **終莫能詰**[7]하니 **一時上下皆爲所眩**[8]하야 **君嘉其直**[9]하고 **人誦其忠**[10]하야 **而不知國命已移於**(窴窴)〔**冥冥**〕**之中**[11]이라 **更千百載**[12]에 **觀者猶以斥莒僕爲文子之美**[13]하고 **莫有辨其爲竊權之始者**[14]하니 吁[15]라 **死諸葛可以走生仲達**[16]하고 **死姚崇可以**〔筭〕**中生張說**(열)[17]이나 **孰謂旣死之文子餘欺遺譎**이 **尙能欺千百歲之後乎**[18]아 **至其後世子孫**하야 **取卞城費舞佾設撥之類**[19]의 **狼縱之迹**이 **若泥中之鬪獸**하니 **蓋得文子之粗者也**라

1) 自古之盜權者 皆覬成而惡敗：轉說 文子盜權 高於古人

화제를 전환하여 季文子가 권세를 도적질하는 것이 古人보다 뛰어남을 말하였다.

2) 成則受大福：古人所以覬成

古人이 성공을 바라는 이유이다.

3) 敗則蹈大禍：古人所以惡敗

古人이 패배를 꺼리는 이유이다.

4) 不幸不成 猶不失蹇諤之稱者：獨文子雖盜權不成 不惟免禍 且得忠直之名 ○易王臣蹇蹇*1) 史記 趙簡子曰 不聞周舍之諤諤*2)

유독 季文子는 비록 권세를 도적질하는 데 성공하지는 못할지라도, 화를 면할 뿐만 아니라 충성을 다하고 강직하다는 명예까지 얻을 것이라는 말이다.

○≪周易≫에 "왕의 신하가 어렵고 어렵도다."라고 하였고, ≪史記≫ 〈趙世家〉에 "趙簡子가 말하기를 '周舍처럼 바른말하는 소리를 들어보지 못했다.' 하였다."라고 하였다.

*1) 〔역주〕 王臣蹇蹇 : ≪周易≫ 蹇卦 六二의 爻辭로, 신하가 어려운 상황에 있으면서도 충정을 행하는 것은 자신의 안위를 위해서가 아님을 설명한 말이다.

*2) 〔역주〕 不聞周舍之諤諤 : ≪史記≫ 〈趙世家〉에 다음과 같은 내용이 보인다. 戰國時代 趙簡子의 신하인 周舍가 直諫을 잘했는데, 그가 죽은 뒤에 趙簡子는 조회를 때마다 불쾌하게 여겼다. 어떤 大夫가 그 까닭을 묻자, 趙簡子가 "내가 들으니 양 천 마리의 가죽보다는 여우 한 마리의 겨드랑이 털이 훨씬 낫다고 하였는데, 〈지금〉 여러 대부들이 조회할 때마다 〈나의 말에 대해〉 옳다고 하는 소리만 들릴 뿐 周舍처럼 바른말하는 소리는 들리지 않는다. 그래서 내가 근심하는 것이다.〔吾聞 千羊之皮 不如一狐之腋 諸大夫朝 徒聞唯唯 不聞周舍之鄂鄂 是以憂也〕"라고 하였다.

5) 其爲計可謂高出古人之右矣 : 此文子之所以險譎

이는 季文子가 음험하며 교활한 이유이다.

6) 旣而宣公果惑於史克之對 : 文子使史克答公 而公不復敢(부)詰

季文子가 史克을 시켜 宣公에게 대답하게 하였는데, 宣公은 감히 다시 캐묻지 못했다.

7) 終莫能詰 : 詰 問也

詰은 캐묻는다는 뜻이다.

8) 一時上下皆爲所眩 : 史克之言正大 故能眩惑上下

史克의 말은 공명정대하기 때문에 上下를 현혹시킬 수 있었다는 말이다.

9) 君嘉其直 : 上爲所眩

윗사람(임금)이 현혹된 경우이다.

10) 人誦其忠 : 下爲所眩

아랫사람(신하·백성)이 현혹된 경우이다.

11) 不知國命已移於(瞑瞑)〔冥冥〕[*)]之中 : 君有命而臣下敢擅自改易 宣公不能正其罪 自是大權落季氏之手矣

임금이 내린 명령을 신하가 감히 제멋대로 스스로 바꿨으나, 宣公은 그 죄를 바로잡을 수 없었다. 이때부터 대권이 季氏의 수중으로 떨어진 것이다.

*) 〔역주〕 (瞑瞑)〔冥冥〕 : 저본에 '瞑瞑'로 되어 있으나, 四庫全書本·三民書局本에 의거하여 '冥冥'으로 바로잡았다.

12) 更千百載 : 自彼時以至今日

그 당시부터 지금에 이르기까지를 이른다.

13) 觀者猶以斥莒僕爲文子之美 : 史克之言而惟可以欺當時 猶且可以欺後世

史克의 말은 오직 당시 사람들을 속일 수 있을 뿐만 아니라, 여전히 후세사람들도 속일 수 있다는 말이다.

14) 莫有辨其爲竊權之始者 : 應起語議者不見其竊權之由

〈앞의〉 "의론하는 자들이 대권을 훔친 원인을 알지 못했다."라고 한 말에 호응한다.

15) 吁 : 引事證

역사적 증거를 인용하고자 하는 말이다.

16) 死諸葛可以走生仲達 : 諸葛亮與司馬懿對 壘渭南相守百餘日 亮數挑戰 懿不出 亮卒于軍中 長史楊儀整軍而出 百姓奔告司馬懿 懿追之 姜維令儀 反旗鳴鼓 若將向懿者 懿領軍退不敢逼 於是楊儀結陣而去 入谷然後發喪 百姓爲之諺曰 死諸葛走生仲達 懿聞之曰 吾能料生 不能料死故也

諸葛亮과 司馬懿가 마주하여 渭水 남쪽에 보루를 쌓고 서로 대치한지 100여 일이 되었다. 諸葛亮이 여러 번 싸움을 걸었으나 司馬懿가 출전하지 않았는데 諸葛亮이 군중에서 졸하였다. 長史 楊儀가 군대를 정돈하여 물러가자 백성들이 달려가 司馬懿에게 고하니 司馬懿가 추격하였는데, 姜維가 楊儀로 하여금 깃발을 돌리고 북을 울려서 진군하게 하고 司馬懿를 공격할 것처럼 하니, 司馬懿가 군대를 거두고 후퇴하여 감히 핍박하지 못하였다. 이에 楊儀가 진영을 구축하고 떠나서 斜谷에 들어온 뒤에야 喪을 발표하였다. 백성들이 이 때문에 속담을 만들어 이르기를 "죽은 諸葛亮이 산 仲達(司馬懿의 字)을 패주시켰다." 하니, 司馬懿가 이 말을 듣고 말하기를 "나는 그가 산 것만 헤아렸지, 죽은 것은 헤아리지 못했기 때문이다." 하였다.

17) 死姚崇可以〔筭〕*1)中生張說(열) : 姚元崇*2)將死 戒其子曰 疾果不救 則以吾平生好玩所寶 置於張丞相 彼得之 當爲吾作神道碑 旣而 張說果受其子獻 而爲之撰其碑 後旣覺 乃曰 死姚崇尙能以計中生張說

姚元崇이 죽으려 할 때에 아들에게 경계하여 말하기를 "내 병이 결국 낫지 못하면 내가 평소 아끼던 보옥을 張丞相(張說)이 보는 곳에 두어라. 張說이 그것을 갖게 되면 나를 위해 神道碑를 지어줄 것이다."라고 하였다. 얼마 후 張說이 과연 그 아들이 바치는 보옥을 받고 그를 위해 비문을 지어주었다. 나중에 자초지종을 알고 곧 말하기를 "죽은 姚崇이 오히려 산 張說의 마음을 계산하여 맞췄다." 하였다.

*1) 〔역주〕〔筭〕: 저본에는 '筭'이 없으나, 四庫全書本・三民書局本에 의거하여 보충하였다.

*2) 〔역주〕姚元崇 : 650~721. 唐나라 玄宗 때 재상을 지냈으며, 玄宗을 보좌하여 '開元之治'라 불리는 태평성세를 연 공로자로 평가받고 있다. 원래 이름은 姚元崇이었으나, 玄宗의 연호 '開元'의 '元'을 避諱해서 姚崇으로 고쳤다.

18) 孰謂旣死之文子餘欺遺謚 尙能欺千百歲之後乎 : 以此見文子之術深

이것으로 季文子가 〈권력을 훔치고자 한〉 술수가 깊음을 알 수 있다.

19) 〔역주〕取卞城費舞佾設撥之類 : 取卞는 魯나라 성읍으로, 季武子가 襄公이 楚나라에 간 틈을 타 식읍으로 취한 곳이다. 城費의 費는 魯나라 季氏 집안의 私邑이다. 이곳에 성을 쌓아

專權의 야욕을 드러내었다. 舞佾의 佾은 八佾舞로 천자가 쓰는 예악인데, 대부인 季氏가 자기 집의 뜰에서 팔일무를 행했다. 設撥의 撥은 일설에 紼과 같은 말이라고 하였다. 紼은 장사지낼 때 관을 끌어 구덩이로 들이는 끈인데, 후세에는 관을 끄는 큰 끈을 가리키는 말로 널리 쓰인다.

예로부터 대권을 훔치는 자는 모두 성공을 기대하고 실패를 싫어하였으니 이는 성공하면 큰 복을 받지만 실패하면 큰 화를 입기 때문이다. 季文子의 계책처럼 불행히 성공하지 못하고서도 오히려 충직하다는 칭송을 잃지 않은 경우는 없었으니 그의 계책이 古人보다 뛰어나다고 할 수 있다. 이윽고 宣公은 과연 史克의 대답에 미혹되어 끝내 〈명령을 바꾼 죄를〉 힐책하지 않았으니 한 시대의 上下가 모두 현혹되어 임금은 그의 곧음을 가상히 여기고 人民은 그의 충심을 칭송할 뿐, 나라의 命運이 이미 모르는 사이에 〈다른 사람의 수중으로〉 옮겨간 줄을 알지 못하였다. 천백 년이 지난 뒤에 〈≪春秋左氏傳≫을〉 읽는 자들도 오히려 莒僕을 축출한 일을 季文子의 아름다운 일로 여기고 〈그 일이 季文子가〉 대권을 절취한 시작이었다는 것을 변별하는 자가 없었다.

아! 죽은 諸葛亮이 산 仲達(司馬懿의 字)을 패주시키고, 죽은 姚崇이 산 張說의 마음을 계산하여 맞췄으나, 이미 죽은 季文子가 이런 속임수를 남겨서 오히려 천백 년 뒤의 사람들을 속일 줄을 누가 생각이나 했겠는가. 그 후손에 이르러 卞邑을 절취하고 費邑에 성을 쌓으며 팔일무를 추고 靈轝에 撥을 설치한 따위의 〈예를 범한〉 행위가 낭자하여, 마치 진흙탕 속에서 싸우는 짐승과 같았으니, 이는 季文子의 조악한 計謀를 배웠기 때문이다.

諸葛亮

姚崇

吾詳考史克之對[1]컨대 歷數莒僕之罪[2]하니 言雖指僕이나 而意譏宣公[3]이라 宣公負簒弑之惡[4]하니 實魯之僕耳[5]니 聞克之言하고 其顙能無泚乎[6]아 克內則陰中宣公之隱以脇之[7]하고 外則盛稱文子之功以誑之[8]라 一脅一誑하야 捭闔箝制[9]하니 眞季氏徒也[10]라 然克之辭浮麗夸靡[11]어늘 學者或咀其華而忘其實[12]하니 吾請摘其妄以示之[13]하노라 克首稱先大夫臧文仲敎行父事君之禮[14]를 行父奉以周旋[15]하야 弗敢失墜[16]하고 見無禮於其君者[17]어든 誅之如鷹鸇之逐鳥雀也[18]라 嗚呼라 行父尙記文仲之敎乎[19]아 前日襄仲之難[20]에 嗣主受弑[21]하니 無禮於君이 孰大於是[22]리오 行父乃恬若不見者[23]하니 文仲之敎何在也[24]오 不鷹鸇於襄仲하고 而鷹鸇於莒僕[25]이라 可憐哉[26]로다 克之繆妄不情에 若此類甚衆[27]하니 姑發其一以告學者하야 使無惑焉[28]하노라

1) 吾詳考史克之對：此下卞論史克之妄 極爲精當

이 이하의 글은 史克의 망령된 행동을 변론하였으니, 매우 정밀하고 적절한 논리이다.

2) 歷數莒僕之罪：數其弑君父竊寶玉之罪

임금을 시해하고 보옥을 훔친 죄를 數罪한 것이다.

3) 言雖指僕 而意譏宣公：此說極是

이 말이 매우 옳다.

4) 宣公負簒弑之惡：弑太子惡而奪其位

〈宣公이〉 太子 惡을 시해하고 그 자리를 탈취했다는 말이다.

5) 實魯之僕耳：宣公卽魯國之莒僕也

宣公은 바로 魯나라에 있어서의 莒僕에 해당한다는 말이다.

6) 聞克之言 其顙能無泚乎：必內自愧而汗出於額

반드시 속으로 부끄러워 이마에 땀이 났을 것이라는 말이다.

7) 克內則陰中宣公之隱以脇之：脅宣公而使之畏

宣公을 위협하여 두렵게 하였다는 말이다.

8) 外則盛稱文子之功以誑之：誑宣公而使之信 如謂舜有大功二十而爲天子 行父去一凶人 於舜之功二十之一也 此是誑語

宣公을 속여 믿게 한 것은 마치 舜임금에게 20가지의 큰 공적이 있어서 천자가 되었는데, 行父(季文子)는 흉악한 한 사람을 제거하였으니 舜임금의 공에 비하면 20분의 1에 해당한다는 말과 같다. 이것이 속이는 말이다.

9) 一脅一誑 捭闔箝制：捭闔謂誑 箝制謂脅

닫힌 것을 열어주는 수사법을 '속임〔誑〕'이라 하고, 재갈을 물려 제재하는 수사법을 '위협〔脅〕'이라 한다.

10) 眞季氏徒也：言史克眞季文子之死黨

史克은 실제로 季文子의 死黨(死生을 같이하는 도당)이라는 말이다.

11) 然克之辭浮麗夸靡：有此文采

이와 같이 문장에 꾸밈이 있음을 이른다.

12) 學者或咀其華而忘其實：悅其文而不察其心

꾸밈만을 좋아하고 속마음을 살피지 않는다는 말이다.

13) 吾請摘其妄以示之：示學者 毋爲所惑

배우는 자에게 제시하여 미혹되는 바가 없게 하고자 한다는 말이다.

14) 克首稱先大夫臧文仲教行父事君之禮：臧文仲 臧孫辰也 史克言文子受教於臧文仲

臧文仲은 臧孫辰이다. 史克은 季文子가 臧文仲에게서 가르침을 받았다고 말하였다.

15) 行父奉以周旋：奉行文仲所教

臧文仲이 가르쳤던 바를 받들어 행하였다는 말이다.

16) 弗敢失墜：失墜猶遺忘也

失墜는 빠뜨려 망각한다는 말과 같다.

17) 見無禮於其君者：簒弑之人

시해하고 찬탈한 사람을 가리킨다.

18) 誅之如鷹鸇之逐鳥雀也：言殺之不赦 鷹鸇皆鷙鳥名

죽여서 용서하지 않는다는 말이다. 鷹과 鸇은 모두 맹금류의 이름이다.

19) 行父尙記文仲之教乎：發明史克之妄

史克이 함부로 말했음을 밝혔다.

20) 前日襄仲之難：襄仲 公子遂

襄仲은 公子 遂이다.

21) 嗣主受弑：太子惡已立爲君而襄仲弑之

太子 惡이 즉위하여 임금이 되자 襄仲이 시해하였다.

22) 無禮於君 孰大於是：其罪與莒僕同

그 죄가 莒僕과 똑같다는 말이다.

23) 行父乃恬若不見者：坐視大變 而不討弑

큰 변란을 좌시하고 군주를 시해한 자를 토벌하지 않았다는 말이다.

24) 文仲之教何在也：所謂奉以周旋弗敢失墜者 眞謬語矣

이른바 가르침을 받들어 두루 행하고 감히 실추시키지 않았다는 것이 실제로는 속이는 말이었다는 말이다.

25) 不鷹鸇於襄仲 而鷹鸇於莒僕：在吾國則縱之 在他人則逐之
우리나라의 죄인은 용서해주고 다른 나라 죄인은 축출한다는 말이다.

26) 可憐哉：文采粲然
글의 꾸밈이 찬란하다.

27) 克之繆妄不情 若此類甚衆：若此類者不一而足
이와 같은 종류가 한두 가지가 아니라 많다는 말이다.

28) 姑發其一以告學者 使無惑焉：恐學者咀其華而忘其實故也
배우는 자가 그 화려함만 완미하고 그 실상은 잊는 것을 두려워하기 때문에 〈이 글로써 밝힌다는〉 말이다.

내가 〈宣公의 물음에 대한〉 史克의 대답을 자세히 살펴보건대 莒僕의 죄를 낱낱이 열거하였으니 말은 비록 莒僕을 지칭하였으나 의도는 宣公을 비난한 것이다. 宣公은 임금을 시해하고 君位를 찬탈한 죄악을 졌으니, 실제로 魯나라의 태자 僕일 뿐이다. 史克의 말을 듣고 그의 이마에 땀이 나지 않을 수 있었겠는가? 史克이 속으로는 은밀히 宣公의 감춰진 죄악을 정확히 지적하여 위협하고, 겉으로는 季文子의 공을 성대하게 칭찬하여 〈宣公을〉 기만하였다. 한편으로는 기만하고 한편으로는 위협하여 속이고 위협한 것이 참으로 季氏의 門徒이다. 그러나 史克의 언사가 실속 없이 화려하고 과대하게 포장하였는데 배우는 자들은 그 화려함만을 완미하고 실제의 내용은 실상을 잊으니, 나는 季文子의 망언을 적출하여 학자들에게 보여주고자 한다.

史克은 宣公에게 우선 "先大夫 臧文仲이 저에게 가르쳐준 임금 섬기는 예를, 저는 받들어 따라 감히 失墜하지 않았습니다. 〈선대부께서 말하기를〉 '임금에게 無禮한 자를 보거든 매가 새를 뒤쫓아 낚아채듯이 그를 주살하라'고 하였습니다."라고 하였다. 아! 行父(季文子)는 여전히 臧文仲의 가르침을 기억하고 있는가? 지난날 襄仲의 난리에서 先主를 계승한 군주가 시해를 당하였으니 임금에게 무례함이 이보다 심한 것이 어디 있겠는가? 그런데도 行父는 보지 못한 것처럼 편안히 있었으니, 臧文仲의 가르침이 어디에 남아 있는가? 襄仲에게는 매가 새를 뒤쫓아 낚아채듯이 하지 않으면서, 莒僕에게는 그렇게 하였으니, 가련하다. 史克이 巧詐하고 진실하지 못했음이여! 그에게는 이와 같은 일이 매우 많으나, 우선 그중 한 가지를 드러내어 배우는 자들에게 일러주어 미혹되는 일이 없게 하노라.

23-07 宋公殺母弟須及昭公子 宋公이 母弟 須와 昭公의 아들을 죽이다

23-07-01 宋公殺母弟須及昭公子 宋公이 母弟 須와 昭公의 아들을 죽이다

【左傳】 文十八年이라 宋武氏〔之族〕[1]이 道昭公子하야 將奉司城須以作亂[2]하다 十二月에 宋公殺母弟須及昭公子하고 使戴莊桓之族攻武氏於司馬子伯之館하야 遂出武穆之族하고 使公孫師爲司城하다 公子朝卒에 使樂呂爲司寇하야 以靖國人하다

1) 〔역주〕〔之族〕: 저본에는 '之族'이 없으나, ≪春秋左氏傳≫에 의거하여 보충하였다.
2) 〔역주〕 道昭公子 將奉司城須以作亂 : 文公이 昭公을 弑害하였기 때문에 武氏의 宗族이 昭公의 아들을 유인하여 亂을 일으키려 한 것이다. 司城 須는 文公의 아우이다.〈杜注〉

文公 18년, 宋나라 武氏의 宗族이 昭公의 아들을 유인하여 司城 須를 받들고서 亂을 일으키려 하였다. 12월에 宋 文公이 母弟 須와 昭公의 아들을 죽이고서 戴公·莊公·桓公의 宗族에게 司馬 子伯의 館舍로 가서 武氏를 공격하게 하고는, 드디어 武公과 穆公의 종족을 축출하고서 公孫 師를 司城으로 삼았다. 公子 朝가 죽자 樂呂를 司寇로 삼아 國人을 안정시켰다.

23-07-02 武氏之族以曹師伐宋 武氏의 宗族이 曹나라의 군대를 거느리고 와서 宋나라를 치다

【左傳】 宣三年이라 宋文公卽位三年에 殺母弟須及昭公子하다 武氏之謀也라하야 使戴桓之族攻武氏於司馬子伯之館하고 盡逐武穆之族하니 武穆之族以曹師伐宋하다 秋에 宋師圍曹하니 報武氏之亂也라

宣公 3년, 宋 文公이 卽位한 지 3년이 되던 해에 母弟 須와 昭公의 아들을 죽였다. 〈須의 叛亂이〉 武氏의 計略에서 나왔다 하여, 戴公과 桓公의 宗族에게 司馬 子伯의 館舍로 가서 武氏를 공격하게 하고, 武公과 穆公의 종족을 모두 축출하니, 武公과 穆公의 종족이 曹나라의 군대를 거느리고 와서 宋나라를 쳤다. 가을에 宋軍이 曹나라를 포위하였으니, 이는 武氏의 叛亂을 도운 것을 報復하기 위함이었다.

【主義】 宋昭公以無道見弑어늘 而武氏於道昭公子爲亂이나 猶數年而後定者는 何哉오 盖怨君者는 民之不得已요 愛君者는 乃民之本心이니 怨心旣息而思君之心復(부)生이라 故

見其遺嗣에 惻怛興憐이어늘 而奸宄乘之하니 亦足以爲亂也라

宋 昭公이 無道로 인해 시해를 당하였는데, 武氏가 昭公의 아들을 유인하여 난을 일으켰는데도 오히려 몇 년 뒤에야 평정된 것은 어째서인가? 대체로 임금을 원망하는 것은 백성이 부득이해서이며 임금을 사랑하는 것은 곧 백성의 본심이니, 원망하는 마음이 이미 그치자 임금을 생각하는 마음이 다시 일어난 것이다. 그러므로 임금의 아들을 보자 불쌍히 여겨 연민이 일어난 것인데, 간사한 무리들이 그 기회를 이용하였으니 이들 또한 난리를 일으키기에 충분하다.

身後之愛憎으로 可以驗身前之臧否라 聞其名而共慕之하고 見其嗣而共恤之면 是人也가 必有遺愛在民者也요 聞其名而共詆之하고 見其嗣而共疾之면 是人也가 必有遺釁在人者也라 故是非善惡之辨은 至於子孫而後定[1)]이라 以朱之淫而賓於虞[2)]하고 以盈之材而亡於晉[3)]하니 非尙論其先이면 果何以致之哉리오

1) 至於子孫而後定 : 遺愛在民 則民見其子孫而恤之 遺毒在民 則民見其子孫而疾之

백성에게 남긴 사랑이 있다면 백성이 그의 자손을 보고 불쌍히 여길 것이고, 백성에게 남긴 해독이 있다면 백성이 그의 자손을 보고 미워할 것이라는 말이다.

2) 以朱之淫而賓於虞 : 見尙書*)

≪書經≫ 〈皐陶謨〉에 보인다.

*) 〔역주〕 見尙書 : 朱는 丹朱로 堯임금의 아들이다. 丹朱가 어리석었으나 舜임금은 그를 맞이하여 祭禮의 上賓으로 대우했다.

3) 以盈之材而亡於晉 : 見晉書*)

≪國語≫ 〈晉書〉에 보인다.

*) 〔역주〕 見晉書 : 盈은 欒盈으로 欒族은 春秋時代 晉나라의 巨族이다. 欒盈의 父는 欒黶이며, 祖父는 欒書로 晉나라 백성들에게 두터운 신임을 받았다. 晉 平公이 정권을 쇄신한다는 핑계로 欒盈을 축출하였는데 이 과정에서 그의 추종자들이 피살되었으나, 欒盈 자신은 先祖가 晉나라에 공이 있다는 이유로 목숨을 부지하여 추방만 당했다.

死後에 사랑을 받느냐, 증오를 받느냐에 따라 그 사람이 생전에 행한 일의 善惡을 징험할 수 있다. 그 사람의 이름을 듣고 백성들이 함께 사모하며, 그 사람의 자손을 보고 백성들이 함께 가엾게 여긴다면 이 사람은 반드시 백성에게 남긴 사랑이 있는 것이다. 그 사람의 이름을 듣고 백성들이 함께 비난하며, 그 사람의 자손을 보고 백성들이 함께 미워한다면 이 사람은 반드시 백성들에게 남긴 원한이 있는 것이다. 그러므로 〈한 사람의〉 是非·善惡에 대한 변별은 반드시 자손에 이른 뒤에야 판정할 수 있다. 丹朱는 음란하였으나 虞舜에게 上賓의 대우를 받았고, 欒盈은 재주가 있었으나 晉나라에서 도망하였으니, 만약 위로 그 선조의 공덕을 추론하지 않는다면 과연 어째서 이런 후대를 받았는지를 알 수 있겠는가.

宋昭公之無道也하야 不能其大夫至于君祖母[1)]하니 衆叛親離而殞其身者也라 人亡而虐不亡하고 骨朽而惡不朽라 其平日之所踐歷은 猶將削其迹而去之나 況所謂子孫者는 豈有措足之地乎아 然武氏道昭公子而爲亂[2)]하니 雖不克成[3)]이나 然餘殃流毒이 更三四年而後息이라 使宋人果憾昭公이면 則眇然弱息이 焉能搖民心하고 傾國勢[4)]하야 震盪讙動一至於此리오 殆未有知其說者也라 生而向이나 死而背者는 世固嘗有是矣어니와 曷嘗聞生則厭之라가 死則懷之者乎아 彼昭公은 果何以得此於民哉[5)]아 君天也[6)]니 民之於君에 固有不可解於心者[7)]리 昭公雖無道나 然嘗託在君位矣[8)]라 君民之間은 蓋自有不膠漆而固者[9)]니 前日之怨이 豈民之本心哉[10)]리오마는 物有以迫之ㄹ새라 鈇焉鉞焉則怨[11)]하고 桁焉楷焉則怨[12)]하며 畋焉游焉則怨[13)]하고 臺焉囿焉則怨[14)]이나 至於身沒之後에 鈇鉞弊[15)]하고 桁楷朽[16)]하며 畋遊弛[17)]하고 臺囿荒[18)]이면 前日之怨이 窅(요)然空然하야 墮於眇茫하야 〔漫〕不見蹤跡[19)]이라 氷泮則水生[20)]하고 塵盡則鑑徹[21)]이니 怨去則思來[22)]라 斯民始怵惻悽慘[23)]하야 追惟疇昔君臣之義[24)]하야 見其遺嗣[25)]하고 惻怛興憐[26)]이라 故姦宄(귀)乘之[27)]하야 猶足疑誤群聽[28)]하니 此眞民之本心也[29)]라

1) 〔역주〕 不能其大夫至于君祖母 : 宋 昭公이 무도하자 그의 조모인 宋襄夫人(王姬)이 昭公에게 孟諸로 사냥을 나가게 하고서 기회를 엿보아 죽이려 하였다. 昭公은 그 陰謀를 알아챘으나 그대로 사냥을 떠났다. 蕩意諸가 말하기를 "어째서 諸侯國으로 도망가지 않으십니까?"라고 하니, 昭公이 말하기를 "나는 나의 大夫로부터 君祖母와 國人에게까지 信任을 받지 못하였으니, 어느 諸侯가 나를 받아주겠는가?〔不能其大夫至于君祖母以及國人 諸侯誰納我〕"라고 하고 王姬가 보낸 사자의 공격을 받아 죽었다.(≪春秋左氏傳≫ 文公 16년)

2) 武氏道昭公子而爲亂 : 道與導同 事見題註

道는 유도한다〔導〕는 말과 같다. 이 일은 본편의 註에 보인다.

3) 雖不克成 : 隨爲宋文公所殺

따라서 宋 文公에게 피살당했다는 말이다.

4) 焉能搖民心 傾國勢 : 人心爲其所動 國勢爲其所憂

민심이 그로 인해 동요되고 國勢가 그로 인해 근심스럽게 되었다는 말이다.

5) 果何以得此於民哉 : 何以動民之思

어떻게 백성의 생각(그리움)을 움직일 수 있었느냐는 말이다.

6) 君天也 : 解說上文 疑難君者民之所天

윗글을 해설한 것이다. 임금은 백성이 하늘로 여기는 대상이라는 말을 힐난한 듯하다.

7) 民之於君 固有不可解於心者 : 愛君之心 本不容釋

임금을 사랑하는 마음은 본래 풀어버릴 수 없다는 말이다.

8) 然嘗託在君位矣 : 民嘗君之以爲天矣

백성은 일찍이 임금을 하늘로 여긴다는 말이다.

9) 蓋自有不膠漆而固者 : 所以不可解於心

마음속에서 풀어버릴 수 없는 〈情이 있기〉 때문이다.

10) 前日之怨 豈民之本心哉 : 怨君者 出於不得已

임금을 원망하는 것은 부득이한 일에서 나온다는 말이다.

11) 鈇焉鉞焉則怨 : 鈇鉞以戮之 故民怨

작두와 도끼로 죽이기 때문에 백성이 원망한다는 말이다.

12) 桁焉楷焉則怨 : 桁楷以囚之 故民怨

차꼬와 형틀로 가두기 때문에 백성이 원망한다는 말이다.

13) 畋焉游焉則怨 : 遊觀田獵 以妨民事 故民怨

유람하고 사냥하여 백성의 농사를 방해하기 때문에 백성이 원망한다는 말이다.

14) 臺焉囿焉則怨 : 築臺疏囿 以勞民力 故民怨

樓臺를 짓고 苑囿를 만들어 백성을 힘을 수고롭게 하기 때문에 백성이 원망한다는 말이다.

15) 鈇鉞弊 : 利者鈍矣

날카로운 것이 무뎌졌다는 말이다.

16) 桁楷朽 : 堅者朽矣

견고한 것이 썩는다는 말이다.

17) 畋游弛 : 無復(부)妨民事矣

다시 백성의 농사일을 방해함이 없다는 말이다.

18) 臺囿荒 : 無復(부)勞民力矣

다시 백성의 힘을 수고롭게 함이 없다는 말이다.

19) 前日之怨……〔漫〕*) 不見蹤跡 : 致怨之物旣空 怨君之心自息

원망하게 된 일이 이미 부질없어 임금을 원망하는 마음이 저절로 잠잠해졌다는 말이다.

*) 〔역주〕〔漫〕 : 저본에는 '漫'이 없으나, 四庫全書本·三民書局本에 의거하여 보충하였다.

20) 氷泮則水生：流者 水之本質

흐르는 것이 물의 본질이다.

21) 塵盡則鑑徹：明者 鑑之本質

밝은 것이 거울의 본질이다.

22) 怨去則思來：思者 民愛君之本心

그리움은 백성이 임금을 사랑하는 본래의 마음이다.

23) 斯民始怵惻悽慘：思其君而不見

임금을 그리워하지만 보지 못하기 때문이다.

24) 追惟疇昔君臣之義：天理復(부)還

天理가 다시 회복된 것이다.

25) 見其遺嗣：幸見先君之子

先君의 아들을 봄을 다행으로 여긴다는 말이다.

26) 惻怛興憐：憫恤之心 不期而生

측은하게 여기는 마음이 기약하지 않아도 생겨난다는 말이다.

27) 故姦宄(귀)乘之：如武氏族道昭公子爲亂

예컨대 武氏의 족속이 昭公의 아들을 유도하여 난을 일으킨 경우이다.

28) 猶足疑誤群聽：盖因民思昭公故也

백성이 昭公을 생각하였기 때문이다.

29) 此眞民之本心也：此見怨君非民本心

여기에서 임금을 원망하는 것이 백성의 본심이 아님을 알 수 있다.

宋 昭公은 無道하여 자기의 大夫로부터 君祖母까지 잘 섬기지 못하였으니, 대중이 배반하고 친척이 떠나서 그 몸을 죽게 만든 자이다. 사람은 죽어 없어져도 잔학함은 없어지지 않고, 뼈는 썩어 없어져도 악행은 썩지 않는다. 〈한 번 악행을 행하고 나면〉 그가 평소 행한 이력이 오히려 그 흔적을 깎아 없앨 수 있지만, 하물며 이른바 자손들은 어찌 수족을 둘 곳이 있겠는가? 그런데도 武氏는 昭公의 아들을 인도하여 난을 일으키려 하였으니, 비록 성공은 못했지만 그 재앙과 해독의 여파가 3, 4년이 지난 뒤에야 잠잠해졌다. 가령 宋人이 과연 昭公에게 유감이 있었다면 유약한 어린 아들이 어떻게 민심을 동요시키고 國勢를 경도시켜 흔들리고 시끄러워 끝내 이 지경에 이르게 할 수 있었겠는가? 아마도 그 이유를 아는 자는 없을 것이다.

〈임금이〉 살아 있을 때는 사람들이 모두 마음을 기울여 사모하다가〔傾向〕 죽은 뒤에 배반하는 경우는 세상에 본래 있어왔지만, 임금이 살아있을 때는 싫어했다가 죽은 뒤에 그리워하는 자가 있다는 말을 언제 들어본 적이 있는가? 그런데 저 昭公은 과연 어떻게 백성들에게 이처럼 그리워함을 얻었는가? 임금은 〈백성들 마음속의〉 하늘이니 백성은 임금에 대해 본래 마음속에 풀어버릴 수 없는 情이 있다. 昭公이 비록 無道하나 일찍이 임금의 자리에 앉아 군민의 寄託을 받았던 자이다. 임금과 백성 사이는 본래 膠漆처럼 굳게 맺어지는 것은 아니나 지난날의 원망이 어찌 백성의 본심이겠는가? 〈그렇다면 어째서 백성이 군주를 원망하는가?〉 사물의 핍박을 받아서이다. 鈇鉞을 사용해 인민을 살육하면 백성들은 원망하고, 形具를 백성의 신상에 씌우면 백성들은 원망하며, 임금이 사냥에 빠져 정사를 돌보지 않으면 백성들은 원망하고, 樓臺와 苑囿를 즐기고 백성을 돌보지 않으면 백성들은 원망한다. 그러나 임금이 죽은 뒤에 부월이 녹슬고 형구가 망가지며 사냥이 폐지되고 누대와 원유가 황폐해지면, 지난날의 원망도 적막하고 공허하여 아득한 옛일로 잊혀서 전혀 흔적도 찾아볼 수 없게 된다. 얼음이 풀리면 물이 흐르고 티끌이 사라지면 거울이 밝아지듯이, 원망이 사라지면 그리움이 생긴다. 이 백성들이 비로소 두렵고 비통한 생각이 나서 지난날 군신의 의리를 회상하다가, 임금의 후손을 만나자 불쌍히 여겨 연민하는 마음이 일어난 것이다. 그러므로 간사한 무리들이 그 틈을 이용하여 오히려 여러 사람들의 의심을 불러일으켰으니, 이것이 백성의 진정한 본심이다.

惜乎[1]라 **怨在身前**[2]이요 **思在身後**[3]라 **昭公親當今日之怨**[4]이나 **而不及待他日之思**[5]하니 **此其所以履危亡而莫救歟**[6]ㄴ저 **當昭公將弑之際**에 **傍徨四顧**면 **無非仇敵**이니 **塗窮勢極**하야 **自赴阬阱**이라 **抑不知民心本未嘗忘昭公**[7]이나 **特奪於殘虐〔而〕不暇思耳**[8]라 **使昭公奮發悔悟**[9]하야 **改前之爲**[10]면 **則民將移其身後之思於身前**[11]이리니 **向之鴟鴞**[12]는 **皆鸞鳳也**[13]요 **向之堇葛**[14]은 **皆參術也**[15]며 **向之碪質**[16]은 **皆几席也**[17]요 **向之仇敵**[18]은 **皆姻婭也**[19]라 **遷善之門**은 **翻手可闢**[20]이요 **適治之路**는 **擧足可登**[21]이언마는 **乃延頸待斃**하야 **自謂無策**[22]이라하니 **愚矣哉**[23]로다

1) 惜乎：此下轉一新意

이 아래에서 또 다른 새로운 뜻으로 문장을 전환하였다.

2) 怨在身前：民之怨君 在君未死之前

백성이 임금을 원망하는 것은 임금의 생전 행적에 달려 있다는 말이다.

3) 思在身後：民之思君 在君已死之後

백성이 임금을 그리워하는 것은 임금이 죽은 뒤에 해당한다는 말이다.

4) 昭公親當今日之怨：正當群怨之衝

바로 여러 원망들의 공격을 당하였다는 말이다.

5) 不及待他日之思：後雖見思 已無及矣

비록 훗날 그리워함을 받았을지라도 이미 때에 미치지 못했다는 말이다.

6) 此其所以履危亡而莫救歟：當將弑之時 得罪於君祖母 以至於大夫國人 無可容身之也

〈昭公이〉 시해를 당하려 할 때에 君祖母에게 죄를 얻고 大夫와 國人에게까지 신임을 받지 못하여 몸을 의지할 곳이 없었다는 말이다.

7) 抑不知民心本未嘗忘昭公：此言昭公尙有救解之道

이는 昭公에게 오히려 목숨을 살릴 수 있는 방도가 있었음을 말한 것이다.

8) 特奪於殘虐〔而〕*)不暇思耳：愛君本心 爲一時怨心之所蔽

임금을 사랑하는 것이 〈백성의〉 본심인데 한때 원망하는 마음에 가려진 것이라는 말이다.

*) 〔역주〕〔而〕: 저본에는 '而'가 없으나, 三民書局本에 의거하여 보충하였다.

9) 使昭公奮發悔悟：一念自新

'한결같은 생각으로 스스로 새롭게 하였다면'의 뜻이다.

10) 改前之爲：變虐民之事 爲仁民之政

'백성에게 잔학하게 했던 일을 바꾸어 백성을 사랑하는 정치를 하였더라면'의 뜻이다.

11) 則民將移其身後之思於身前：一觸其幾 斯民愛君之心復還 不待身後而始思之

한번 그 기미를 건드리면 백성이 임금을 사랑하는 마음이 회복되어 몸이 죽기 전에 비로소 그를 생각해주었을 것이라는 말이다.

12) 向之鴟鴞：惡禽

凶鳥이다.

13) 皆鸞鳳也：變爲祥禽

〈凶鳥가〉 바뀌어 상서로운 새가 되었을 것이라는 말이다.

14) 向之堇葛：毒藥

독약이다.

15) 皆參術也：變爲良藥

〈독약이〉 바뀌어 좋은 약이 되었을 것이라는 말이다.

16) 向之碪質：就戮之地

戮刑을 당할 처지를 이른다.

17) 皆几席也：變爲安身之地

〈처지가〉 바뀌어 몸을 편안하게 할 수 있는 곳이 된다는 말이다.

18) 向之仇敵：仇讐之人
원수지간의 사람이다.

19) 皆姻婭也：變爲親戚之人
〈원수지간이〉 바뀌어 친척 같은 사람이 된다는 말이다.

20) 遷善之門 飜手可闢：一反手間 可開遷善之門
한번 손을 뒤집는 사이에 改過遷善의 문을 열 수 있다는 말이다.

21) 適治之路 擧足可登：一擧足間 可登適治之路
한번 발을 드는 사이에 치세의 길로 오를 수 있다는 말이다.

22) 乃延頸待斃 自謂無策：昭公不然 明知孟諸之禍 勢蹙途窮 自赴死地
昭公은 그렇게 하지 않다가 孟諸의 禍에 형편이 위축되고 길이 막혔음을 확신하고 스스로 死地로 나아갔다는 말이다.

23) 愚矣哉：深責昭公不能改圖
昭公이 개과천선하여 살기를 도모하지 못했음을 깊이 꾸짖는 말이다.

애석하다! 〈임금에 대한〉 원망은 생전에 있는 것이고 그리워함은 사후에 있는 것이다. 昭公이 당일의 원한을 〈피하지 않고〉 직접 당면하였음에도 훗날 〈백성들이 그를〉 그리워함을 기대하는 데에는 미치지 못하였으니, 이것이 그가 위태로운 지경에 처했는데도 아무도 구원해주는 이가 없었던 이유이다. 昭公이 시해 당하려 할 때에 방황하며 사방을 둘러보아도 원수 아닌 이가 없었으니 길이 막히고 事世가 극한에 이르러 스스로 함정으로 뛰어든 것이다. 아니면 민심은 본래 昭公을 잊은 적이 없으나 다만 그의 잔혹했던 일에 잠시 마음을 빼앗겨 그리워할 겨를이 없었던 것인지 모르겠다.

가령 昭公이 분발하고 잘못을 깨우쳐 지난날의 행위를 고쳤다면 백성들은 장차 그에 대한 사후의 사념을 생전으로 옮겼을 것이니, 지난날의 〈惡鳥인〉 솔개와 올빼미는 모두 난새와 봉새 같은 〈상서로운〉 새가 되었을 것이고, 지난날의 독성 있는 칡뿌리는 모두 인삼과 삽주 같은 良藥이 되었을 것이며, 지난날의 목을 치는 形具는 모두 안석처럼 편안히 몸을 기댈 수 있는 곳이 되었을 것이고, 지난날의 원수는 모두 친척과 같은 사람이 되었을 것이다. 改過遷善의 문은 손만 뒤집으면 열 수 있고 治世로 가는 길은 발만 들면 오를 수 있는데도 〈昭公은〉 목을 늘이고 죽기만을 기다리며 스스로 방책이 없다고 하였으니, 참으로 어리석다 하겠다.

東萊博議 卷24

24-01 晉不競於楚 晉나라가 楚나라와 경쟁하지 못하다

【左傳】宣元年이라 晉荀林父以諸侯之師伐宋하니 宋及晉平하다 晉又會諸侯于扈하야 將爲魯討齊라가 皆取賂[1]而還하니 鄭穆公曰 晉不足與也라하고 遂受盟于楚하다 晉侯侈하니 趙宣子爲政하야 驟諫而不入이라 故不競於楚하니라

1) 〔역주〕皆受賂 : 魯 文公 15년에 있었던 扈의 會合에서는 晉나라가 齊나라의 賂物을 받고 撤軍하였고, 17년에 있었던 扈의 회합에서는 晉나라가 宋나라의 뇌물을 받고 철군하였기 때문에 '皆(모두)'라고 한 것이다.

宣公 원년, 晉나라의 荀林父가 諸侯의 군대를 거느리고 가서 宋나라를 討伐하니, 宋나라가 晉나라와 和平하였다. 또 晉나라가 諸侯와 扈에서 會合하여 魯나라를 위해 齊나라를 토벌하려 하다가 〈두 차례〉 모두 賂物을 받고 돌아가니, 鄭 穆公이 말하기를 "晉나라는 國交를 맺을 만한 나라가 못 된다."라고 하고서, 楚나라의 盟約을 接受하였다. 晉侯의 奢侈가 심하니, 趙宣子가 執政으로서 누차 諫하였으나 받아들이지 않았다. 그러므로 〈國力이 衰弱하여〉 楚나라와 競爭하지 못한 것이다.

下流固惡之所歸也라 擧夏之惡皆歸桀하고 擧商之惡皆歸紂면 雖有龍逢(방)[1]比干[2]之徒라도 持一簣而障橫流하야 終莫能遏其歸也리라 君子不幸而立暴君之朝하야 蹙頞疾首하며 坐視其君爲惡之所歸而不能遏은 則有之矣어니와 (恬)〔怙〕亂[3]肆行하야 推惡於君하고 忍以其君爲歸惡之地者는 是誠何心哉아

1) 〔역주〕龍逢(방) : 夏桀의 신하로 酒池肉林으로 세월을 보내는 桀王을 간하다가 죽임을 당한 충신이다.

2) 〔역주〕比干 : 商紂의 庶兄으로 炮烙之刑을 일삼는 紂王을 간하다가 죽임을 당한 충신이다.

3) 〔역주〕(恬)〔怙〕[*]亂 : 怙亂은 남의 화란을 자기의 이익으로 믿음이다.

*) 〔역주〕(恬)〔怙〕: 저본에는 '恬'로 되어 있으나, 四庫全書本・三民書局本에 의거하여 '怙'로 바로잡았다.

下流(행위가 비루하고 악행을 일삼는 자)는 본래 惡名이 돌아가는 바이다. 온 夏나

라의 죄악을 모두 桀에게 돌리고, 온 商나라의 죄악을 모두 紂에게 돌린다면 비록 關龍逢·比干 같은 충신이 있다 하더라도 한 삼태기의 흙을 가지고 범람하는 물을 막는 것과 같아 끝내 그에게 돌아가는 악명을 막을 수 없을 것이다. 군자가 불행히 폭군의 조정에 출사하게 되면 이마를 찌푸리고 골머리를 앓으면서 그 임금이 악명이 돌아가는 대상이 되는 것을 좌시하고 막지 않은 이는 있었지만, 남의 환란을 제 이익으로 여기고 제멋대로 행동하여 저의 악행을 임금에게 떠넘겨 잔인하게 그 임금을 악명이 돌아가는 곳으로 만드는 자는 참으로 무슨 심보인가?

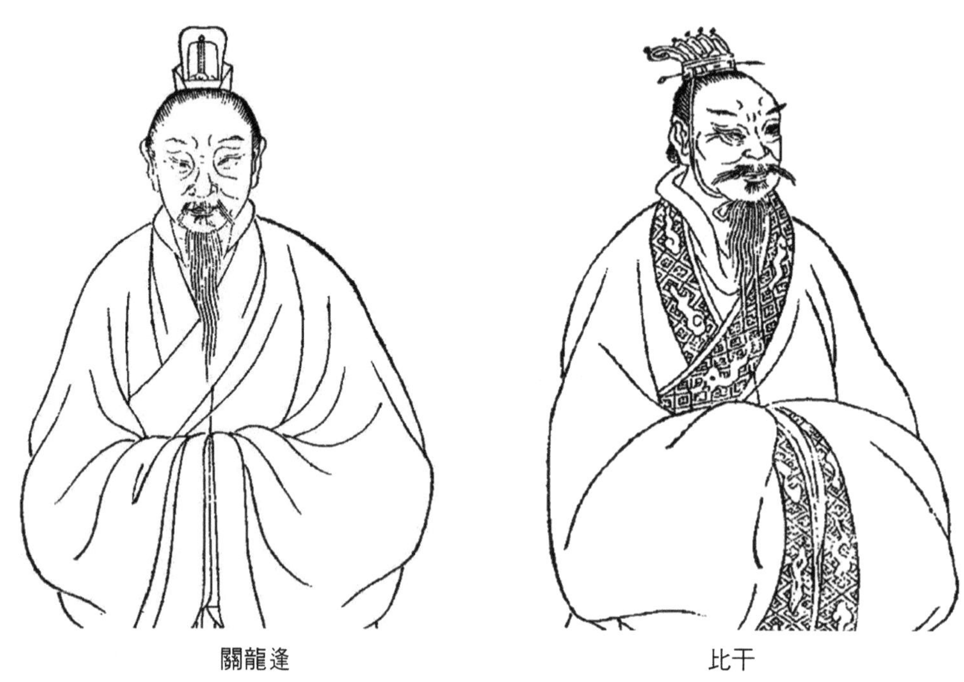

關龍逢　　比干

晉靈公[1]之不君하니 固衆惡之所歸也라 侈以敗國하고 貪以失隣은 皆靈公之實惡이요 而非所謂歸惡也라 吾獨怪荀林父[2]는 當時號賢大夫로되 伐宋之役에 亦取賂而還하야 浸失鄭之助하고 而成楚之强이라 意者컨대 迫於靈公之暴하야 而不得騁耶아 則林父是役에 秉鉞專征하니 本非有所牽制也라 固宜指弑君之罪하야 以明大義於天下어늘 顧乃怵於小利하야 遷延退却하니 林父非不自愛重者어늘 胡爲而甘受貪惏之名也哉아 其心必謂靈公之貪侈聞於天下하니 吾雖受賂而(罪)〔還〕[3]이라도 諸侯必以罪靈公而不罪我라 幸有靈公以爲歸惡之地하니 固可借靈公自解하야 以逃巽懦苟得之責이라 此其所

以取賂而無所憚也니라 不然이면 則林父前嘗事襄公矣에 何爲而不取賂耶아 後嘗事成公矣에 何爲而不取賂耶아 不前不後라가 而獨取賂於靈公之朝者는 蓋襄成失德이 不聞於諸侯하니 於是時受賂면 則惡名必歸於己요 至於靈公하야는 則素負貪侈之名하니 宜林父得以嫁其惡也라 左氏載晉失諸侯하야 不競於楚之由에도 亦不過歸罪靈公之侈하고 初無一言罪其臣이라 果不出林父之所料하니 則林父之爲謀亦密矣라

1) 〔역주〕 晉靈公 : 晉 襄公의 아들로 이름은 夷皐이다. 임금답지 못한 짓을 많이 하였다.
2) 〔역주〕 荀林父 : 中行桓子이다. 晉나라의 中軍將이며 뒤에 中行氏가 되었다.
3) 〔역주〕 (罪)〔還〕 : 저본에는 '罪'로 되어 있으나, 三民書局本에 의거하여 '還'으로 바로잡았다.

晉 靈公이 임금의 도리를 행하지 않았으니 본래 각종 악명이 돌아가는 바이다. 사치로 인해 나라를 쇠퇴하게 하고 탐욕으로 인해 이웃나라를 잃은 것이 모두 靈公의 실제의 죄악이고 이른바 남이 돌린 악명이 아니다. 내가 유독 괴이하게 여기는 점은 荀林父는 당시에 賢大夫로 불렸으되, 宋나라를 정벌하는 전쟁에서 그 역시 뇌물을 받고 돌아와서 점점 鄭나라의 도움을 잃어 楚나라를 강국으로 만들어준 것이다.

생각건대 이는 靈公의 폭압에 몰리어 자기의 생각을 펼치지 못해서인가? 荀林父가 이번 정벌에 專權을 쥐었으니 본래 견제할 자가 있던 것이 아니었다. 〈그러니 宋人이〉 임금을 시해한 죄를 지적하여 천하에 대의를 밝히는 것이 마땅한데, 도리어 작은 이익에 꾀여 시간만 끌다가 퇴각하였다. 荀林父가 자중자애하지 않는 자가 아닌데, 무엇 때문에 기꺼이 탐욕스럽다는 악명을 받으려 했겠는가? 그는 마음속으로 반드시 '靈公의 탐욕과 사치는 천하에 소문이 났으니, 내가 비록 뇌물을 받고 돌아가더라도 諸侯들은 반드시 靈公에게 죄를 돌리고 나에게 죄를 돌리지 않을 것이다. 다행히 靈公이 있어 죄를 돌릴 곳이 있으니, 靈公을 빌려 스스로 해명하여 나약하고 부정하게 재물을 취한다〔苟得〕는 책망을 피하는 것이 당연하다.'고 생각했을 것이니, 이것이 그가 거리낌없이 뇌물을 취한 원인일 것이다.

그렇지 않다면 荀林父가 전에 襄公을 섬길 적엔 어째서 뇌물을 취하지 않았으며, 뒤에 成公을 섬길 적엔 어째서 뇌물을 취하지 않았겠는가? 전에도 취하지 않고 뒤에도 취하지 않다가 유독 靈公의 시대에만 뇌물을 취한 이유는, 襄公과 成公의 실덕이 제후에게 알려지지 않았으니 이때에 뇌물을 받으면 악명이 반드시 자기(荀林父)에게 돌아올 것이고, 靈公으로 말하면 본래 재물을 탐하고 사치를 좋아한다는 악명을 지고 있었

으니, 荀林父가 그 악명을 전가할 곳을 얻은 것이 당연하다. 左氏는 晉侯가 제후의 도움을 잃어 楚나라와 경쟁하지 못한 이유를 기재하면서도 역시 靈公의 사치에 죄를 돌리고 처음부터 그 신하에게 죄를 돌리는 말은 한 마디도 없었다. 과연 荀林父의 예상을 벗어나지 않았으니 荀林父의 計謀 또한 치밀하다.

嗚呼라 **莊蹻**[1]**爲盜於楚**에 **而楚之盜皆託之莊蹻**하니 **莊蹻宜得此名者也**어니와 **己實爲盜**하고 **而歸莊蹻以盜名者**도 **是亦一莊蹻也**[2]라 **靈公爲惡於晉**에 **而晉之惡皆託之靈公**하니 **靈公宜得此名者也**어니와 **己實爲惡**하고 **而歸靈公以惡名者**도 **是亦一靈公也**라 **況林父被服名教**하야 **習知君臣之義**로 **而忍爲此**하니 **其惡殆甚於靈公矣**라

1) 〔역주〕 莊蹻 : 楚 莊王의 아우로, 이름난 大盜이다.

2) 是亦一莊蹻也 : 莊蹻楚威王時爲將

莊蹻는 楚 威王 때 장군이 되었다.

아! 莊蹻가 楚나라에서 도둑질을 하자, 楚나라에서 발생하는 절도사건은 모두 莊蹻의 짓으로 돌렸으니 莊蹻가 이런 악명을 얻은 것이 당연하다. 그러나 자기가 실지로 도둑질을 하고서 도둑이라는 이름을 莊蹻에게 돌리는 자도 또한 하나의 다른 莊蹻일 뿐이다.

靈公이 晉나라에서 악행을 저지르자 晉나라의 악명을 모두 靈公에게 돌렸으니, 靈公이 이런 악명을 얻은 것이 당연하다. 그러나 자기가 실지로 악행을 저지르고서 악명을 靈公에게 돌리는 자 또한 하나의 다른 靈公일 뿐이다. 더구나 荀林父는 名教에 감화되어 군신간의 의리를 잘 아는 사람으로서 이런 짓을 차마 하였으니 그 죄악이 靈公보다 자못 심하다.

䲹鷖(오혜)**昏出**하고 **鵂鶹夜號**라 **乘闇妄動**은 **物多有之**나 **吾不意林父亦爲此態也**라 **或曰君淫亦淫**하고 **君奢亦奢**라 **古之人固有自毁而分謗者**[1]하니 **安知林父之不爲此耶**아 **曰謗**은 **可止而不可分**이니 **分謗所以增謗也**라 **君有失**이면 **猶望臣正之**하고 **君有過**면 **猶望臣規之**어늘 **苟同君之惡**하야 **自謂分謗**이라하야 **上下相濟**하야 **混然一體**면 **則復**(부)**何望焉**이리오 **一君之侈縱**도 **民且告病**이온 **諸臣又爲侈縱以附益之**면 **民何以堪乎**아 **是其於謗不能分之使薄**하고 **適以增之使多也**라 **一炬之火**가 **炎崗燎原**하야 **鬱攸蓬勃**이어늘 **或**

者乃分爲數炬하야 欲以殺火之勢면 有是理乎아 故曰 分謗者는 所以增謗也라호라

1) 古之人固有自毁而分謗者：齊管仲
齊나라 管仲을 가리킨다.

생쥐는 밤에 나와서 활동하고 올빼미는 밤에 운다. 어두운 때를 노려 멋대로 행동하는 이런 물건이 많이 있으나, 나는 荀林父도 이런 짓을 하리라고는 생각지 못하였다. 혹자가 말하기를 "임금이 음란하면 자기(신하)도 음란하게 행하고, 임금이 사치하면 자기도 사치해야 한다. 옛 사람에는 본래 스스로 〈행실이나 명예를〉 무너뜨려 임금의 비방을 분담한 자가 있었으니, 荀林父도 이렇게 한 것이 아닌 줄을 어찌 알겠는가?"라고 하기에 내가 이렇게 말하였다.

"비방은 저지해야지 분담해서는 안 되니, 비방을 나누는 것이 비방을 보태는 방법이기 때문이다. 임금에게 실수가 있으면 오히려 신하가 바로잡기를 바라고, 임금에게 과오가 있으면 오히려 신하가 간하기를 바란다. 〈그런데 신하된 자가 도리어〉 임금의 죄악에 附和하여 스스로 〈그 행동이〉 비방을 나누는 것이라 여겨, 임금과 신하가 서로 도와 완전히 한통속이 된다면 〈그런 나라에〉 다시 무슨 희망이 있겠는가? 임금 한 사람의 사치와 방종에도 백성들은 오히려〔且〕 疾苦를 호소하는데 신하들까지 또 사치와 방종을 덧보탠다면 백성들이 어찌 감당하겠는가? 이것은 〈신하가 임금의〉 비방을 나누어 가볍게 하지 못하고 다만 비방을 보태어 많게 할 뿐이다. 한 자루의 횃불이 산과 들을 태워도 치솟는 불길이 거센 법인데, 어떤 사람이 〈한 자루의 횃불을〉 여러 개의 횃불로 나누어 불의 기세를 줄이고자 한다면 이런 이치가 있을 수 있는가? 그러므로 비방을 나누는 것이 비방을 보태는 방법이라고 한 것이다."

24-02 鄭人獲狂狡 鄭人이 狂狡를 사로잡다

【左傳】 宣二年이라 春에 鄭公子歸生이 受命于楚伐宋하다 戰于大棘하야 宋師敗績하니 囚華元하다 狂狡輅鄭人에 鄭人入于井이어늘 倒戟而出之하니 獲狂狡[1]하다 君子曰 失禮違命하니 宜其爲禽也라 戎은 昭果毅以聽之之謂禮[2]라 殺敵爲果요 致果爲毅니 易之면 戮也라

1) 〔역주〕 獲狂狡：狂狡가 창날 쪽을 자기가 잡고 자루를 鄭人에게 주어, 그 자루를 잡고 우물에서 나오도록 허락하였다가 도리어 鄭人의 포로가 된 것이다.〈附注〉

2) 〔역주〕 昭果毅以聽之之謂禮：이 句의 뜻은 果敢하고 剛毅한 정신을 발휘하여 항상 마음

속에 깊이 새겨 행동으로 나타내는 것이 禮라는 것이다.〈楊注〉

宣公 2년, 봄에 鄭나라의 公子 歸生이 楚나라의 命을 받고 宋나라를 토벌하였다. 大棘에서 戰爭하다가 宋軍이 大敗하니, 〈鄭軍이〉 華元을 사로잡았다. 狂狡가 鄭軍을 맞아 싸울 때 鄭人이 우물 안으로 피하자 狂狡가 창자루〔戟〕를 거꾸로 하여 〈우물 속으로 넣어〉 그를 건져주니, 〈鄭人은 우물에서 나와서 그 창으로 위협하여〉 狂狡를 사로잡았다. 이에 대해 君子는 다음과 같이 論評하였다.

"禮(作戰規則)를 잃고 命을 어겼으니 생포되는 것이 당연하다. 전쟁에는 果敢하고 剛毅한 정신을 발휘하여 항상 마음속에 깊이 새겨 행동으로 드러내는 것을 禮라 한다. 敵을 죽이는 것이 '果敢'이고, 과감을 다하는 것이 '剛毅'이니, 이를 어기면 刑戮을 받는다."

戟

君子之與邪說辨也는 **不得已也**라 **矞**(율)**宇嵬瑣**에 **一世皆傾**이라 **辨之則吾道存**하고 **不辨則吾道喪**하니 **此其勢不得不與之辨也**라 **世皆知其非而吾猶辨焉**은 **是得已而不已也**라 **然天下之患**은 **每自不辨始**하니라 **一粟在地**면 **有時而生**하고 **一說在世**면 **有時而行**이니 **彼其說雖淺謬狂僻**하야 **夫人皆知其非**나 **然要有是說存於世**면 **今日棄之**라도 **安知他日無取之者乎**아 **今日鄙之**라도 **安知他日無慕之者乎**아 **君子徒見始之人不彼信也**하고 **遂不復**(부)**置之齒頰間**하니 **抑不知是說在世**면 **自根而芽**하고 **自芽而葉**하야 **浸長浸興**하야 **日以滋大**하야 **百年之外**와 **數傳之餘**엔 **終必誤人而後止**리라 **吾是以知邪說果不可使有也**로라

君子가 邪說을 말하는 무리와 論辨하는 것은 부득이 해서이다. 狡詐하고 奸邪한 〈異端의 사설〉에 온 세상 사람이 모두 경도되니, 이를 논변하면 우리의 道가 보존되겠지만 논변하지 않으면 우리의 도가 喪亡하고 말 것이다. 이렇고 보면 그 형세가 저들과 변론하지 않을 수가 없다. 세상 사람들 모두가 사설의 옳지 않음을 아는데도 내가 오히려 논변하는 것은 바로 논변하지 않아도 되는데 논변하는 것이지만, 천하의 근심거리는 매양 논변하지 않는 데서 비롯하였다.

한 알의 곡식 씨앗이 땅에 떨어져 있으면 언젠가는 싹이 틀 때가 있듯이 일종의 說이 세상에 남아 있으면 언젠가는 행해질 때가 있다. 저들의 사설이 비록 淺陋하고 荒謬하며 광망하고 괴벽하여 사람들이 모두 그 설이 옳지 않음을 알더라도, 만약 이런 사설이 세상에 존재한다면 오늘은 버림을 받는다 해도 후일에 취할 자가 없을 줄을 어찌 알겠으며, 오늘은 천시한다 해도 후일에 사모할 자가 없을 줄을 어찌 알겠는가?

그런데 군자는 한갓 처음에 사람들이 믿지 않는 것만을 보고서 드디어 다시 이를 논변하지〔齒頰〕 않으니, 이는 이 설이 세상에 남아 있으면 마치 뿌리에서 싹이 나오고 싹이 자라서 지엽이 되듯이 점점 자라서 무성해지고 날마다 성장하여 백년 뒤와 몇 세대를 지난 뒤에는 마침내 반드시 사람들을 그르치고야 말 것임을 모르는 것이다. 나는 이로 인해 사설은 과연 세상에 남겨두어서는 안 된다는 것을 알았다.

宋襄公持不重傷不擒二毛之說以敗於泓[1]에 **擧國皆咎之**하니 **其說不足以移人可知矣**라 **褢糧坐甲**은 **固敵是求**라 **非我殺彼**면 **則彼殺我**어늘 **當是之時**하야 **反欲縱敵以爲仁**하니 **其迂暗至此**라 **尙足與之辨乎**아 **況國人皆知咎公**하니 **必無肯蹈其覆轍者**리라 **是襄公之說**이 **適以自誤**요 **而不足以誤人**이니 **固君子之所不必辨也**라 **三四世之後**에 **乃有狂狡者**하야 **生長於宋**하야 **聞襄公之風而悅之**하야 **大棘之役**에 **與鄭人戰**할새 **不忍鄭人之入於井**하야 **倒戟而出之**라가 **反爲鄭人所獲**하니 **祖襄公之餘論**이라가 **自取俘(勇)〔虜〕**[2]라 **然則襄公之說**은 **近不能移當時之國人**하고 **遠乃能誤後世之狂狡**하니 **是知邪說不足以惑當時者**라도 **未必不能惑後世**라 **君子之與邪說辨**에 **其可以當時之從違爲斷乎**아

1) 宋襄公持不重傷不擒二毛之說以敗於泓：僖二十二年
僖公 22년에 보인다.

2) 〔역주〕 (勇)〔虜〕: 저본에는 '勇'으로 되어 있으나, 四庫全書本 · 三民書局本에 의거하여 '虜'로 바로잡았다.

宋 襄公이 '상처를 입은 敵을 거듭 상해하지 않고 반백의 老兵을 포로로 잡지 않는다.'는 설(주장)을 고집하다가 泓의 전투에서 패배하자, 온 나라 사람이 모두 그를 책망하였으니, 그 설이 사람들의 생각을 바꾸지 못했음을 알 수 있다. 양식을 싸매고 갑옷을 입은 채 앉아서 적을 기다리는 것은 본래 敵을 잡기 위함이다. 우리가 적을 죽이지 않으면 적이 우리를 죽일 것인데, 이런 때에 도리어 적을 놓아주어 仁을 행하고자 하였으니 그의 우매함이 이 지경에 이르렀다. 그런데도 오히려 더불어 논변할 가치가 있겠는가. 더구나 온 나라 사람이 모두 宋 襄公에게 죄를 돌려야 함을 알았으니 반드시

宋 襄公이 거짓 仁으로 군대를 잃다〔宋襄公假仁失衆〕

다시 전철을 답습하려는 자가 없었을 것이다.

그렇고 보면 襄公의 이 설이 단지 자신만을 그르쳤을 뿐 남을 그르치지는 못하였으니 본래 군자가 논변할 필요가 없었다. 그런데 3, 4대가 지난 뒤에 마침내 狂狡란 자가 宋나라에서 生長하면서 宋 襄公의 사상〔風〕을 듣고 좋아하여, 大棘의 전쟁에서 鄭人과 교전할 때에 우물로 뛰어든 鄭人을 차마 그냥 버려둘 수 없어서 창자루를 거꾸로 하여 〈우물 안으로 집어넣어〉 그를 구출하였다가 도리어 鄭人에게 사로잡혔으니, 狂狡는 宋 襄公이 전에 남긴 말을 모방하였다가 포로로 잡힘을 자초하였다. 그렇다면 襄公의 설이 가까이로는 당시 國人들의 생각도 변화시키지 못하고 멀리로는 후세의 狂狡를 그르쳤으니, 나는 이로써 당시를 현혹시킬 만하지 못한 邪說이라도 반드시 후세를 현혹시킬 수 없는 것이 아니라는 것을 알았다. 군자가 사설을 말하는 무리와 논변함에 있어 어찌 당시의 從違(순종과 위배)로써 판단해서야 되겠는가.

凡天地之間에 **有是物必有嗜之者**하고 **有是說必有從之者**나 **動人之物不必眞**이요 **動人之說不必異**라 **昌歜羊棗**는 **品凡味劣**하야 **更千百年**히 **未嘗得俎豆於柤梨橘柚之間**이나 **忽有嗜之者**하야 **至終身不能忘**[1]이라 **異端邪說之在天下**에 **固有鄙陋乖誤**하야 **不足以欺愚眩衆者**라 **然安知世無偏好獨嚮**이 **若狂狡之於宋襄乎**아 **吾是以益知異端邪說果不可存於世也**로라

1) 昌歜羊棗……至終身不能忘 : 文王嗜昌歜 曾晳嗜羊棗
周 文王은 昌歜(沈菜)을 즐기고, 曾晳은 대추를 좋아하였다.

무릇 천지 사이에는 이 사물이 있으면 반드시 좋아하는 자가 있고, 이 설이 있으면 반드시 따르는 자가 있다. 그러나 사람을 감동시키는 사물이라 하여 반드시 참된 것이 아니고, 사람을 감동시키는 설이라 하여 반드시 괴이한 것이 아니다. 昌歜(沈菜)과 羊棗(대추)는 물품이 평범하고 맛이 低劣하여 천백년이 지나는 동안 俎豆에 담겨 柤·梨·橘·柚 사이에 놓인 적이 없었으나, 갑자기 즐기는 자가 나와서 종신토록 잊지 못하였다. 천하에 있는 異端의 邪說이 본래 비루하고 터무니없어서 어리석은 무리도 속일 수 없다. 그러나 세상에 특별히 좋아하고 홀로 사모하여 狂狡가 宋 襄公을 추종하듯이 하는 자가 없을 줄을 어찌 알겠는가? 나는 이로 인해 이단의 사설은 과연 세상에 남겨두어서는 안 된다는 것을 더욱 자세히 알게 되었다.

自道術旣裂로 異端邪說起如蝟毛하니 所聞者는 可得而攻이어니와 所不聞者는 烏乎而攻之리오 所見者는 可得而攻이어니와 所不見者는 烏乎而攻之리오 今欲禽獮草(芟)〔薙〕[1]하야 使無一說之存於世는 難矣哉라 曰 是不難하니 其本在正人心而已라 孟軻氏出하야 與諸子辨에 獨捔擧楊墨二家以例하고 其餘同時如列禦寇莊周者는 未嘗問也며 同時如申不害商鞅者도 未嘗問也며 同時如鄒衍公孫龍者도 未嘗問也라 孟氏豈縱敵爲吾道累哉리오 蓋人心一正이면 則詖淫邪遁之辭가 殲蕩無遺니 固不待歷詆而徧攻之也라 一日旣升에 群陰皆伏하고 一雨旣浹에 群物皆濡라 牖牖而燭之하고 畦畦而漑之면 則天之爲天也蓋勞리라

1)〔역주〕(芟)〔薙〕: 저본에는 '芟'으로 되어 있으나, 四庫全書本·三民書局本에 의거하여 '薙'로 바로잡았다.

道術이 분열된 뒤로 異端의 邪說이 벌떼처럼 일어나서 〈세상을 어지럽히니,〉 들은 말은 옳고 그름을 변별해 바로잡을 수 있으나 듣지 못한 것은 어떻게 바로잡을 수 있겠으며, 본 것(행위)은 옳고 그름을 변별해 바로잡을 수 있으나 보지 못한 것은 어떻게 바로잡을 수 있겠는가? 지금 풀을 베어내고 짐승을 잡듯이 하여 하나의 사설도 세상에 남아 있지 않게 하기는 어렵다. 〈그렇지만〉 나는 어렵지 않다고 생각하니, 그 근본은 人心을 바르게 하는데 달렸을 뿐이다.

孟軻(孟子)가 나와서 諸子와 변론할 때에 유독 간략하게 楊朱와 墨翟 二家만을 들어 〈그 밖의 各家의〉 例로 삼았고, 동시대의 列禦寇나 莊周 같은 사람은 물은 적이 없고, 동시대의 申不害나 商鞅 같은 사람도 물은 적이 없고, 동시

墨翟

대의 鄒衍이나 公孫龍 같은 사람도 물은 적이 없었다. 孟子가 어찌 고의로 적을 놓아주어 우리 儒道에 누를 끼치려 하였겠는가?

인심이 한번 바로잡히면 편벽되고 음탕하며 사악하고 회피하는 언사가 남김없이 모두 없어질 것이니 본래 일일이 나무라고 두루 공격할 필요가 없다. 태양이 뜨면 陰氣가 모두 숨고, 비가 촉촉이 내리면 생물이 모두 젖는 것과 같다. 만약 햇볕이 창마다 비추고 비가 이랑마다 내려야 한다면 하늘이 하늘노릇하기가 수고로울 것이다.

莊子

24-03 鄭伐宋囚華元 鄭나라가 宋나라를 쳐서 華元을 사로잡다

【左傳】 宣二年이라 春에 鄭公子歸生이 受命于楚伐宋하니 宋華元樂呂御之하다 二月壬子에 戰于大棘이라가 宋師敗績하니 囚華元하고 獲樂呂[1] 及甲車四百六十乘俘二百五十人하고 馘百人하다 狂狡輅[2] 鄭人에 鄭人入于井이어늘 倒戟而出之한대 獲狂狡하다 君子曰 失禮違命하니 宜其爲禽也로다 戎은 昭果毅以聽之之謂禮라 殺敵爲果요 致果爲毅니 易之면 戮也라 將戰에 華元殺羊食士러니 其御羊斟不與[3]하다 及戰曰 疇昔之羊은 子爲政이어니와 今日之事는 我爲政이라하고 與入鄭師하다 故敗하니라 君子謂羊斟은 非人也라 以其私憾으로 敗國殄民하니 於是刑孰大焉가 詩所謂人之無良者[4]가 其羊斟之謂乎ㄴ저 殘民以逞이로다

1) 〔역주〕 囚華元 獲樂呂 : '獲'은 生捕와 死獲에 공통으로 쓴다. 經에서 '獲華元'이라고 말하였기 때문에 傳에서는 특별히 그를 잡은 것을 '囚'라고 기록하여 생포임을 밝혔다.

2) 〔역주〕 輅 : 맞아 싸움이다. 狂狡가 맞아 싸우려하자, 鄭人이 우물 안으로 들어가 狂狡의 攻擊을 피하였다. 그러자 狂狡는 창날 쪽은 자기가 잡고 자루를 鄭人에게 주어 그 자루를 잡고 우물에서 나오게 하였다가 도리어 鄭人의 포로가 되었다.

3) 〔역주〕 其御羊斟不與 : '不與'는 양고기를 먹이는 데 참여시키지 않은 것이다.〈附注〉

4) 〔역주〕 詩所謂人之無良者 : 詩는 ≪詩經≫ 〈小雅 角弓篇〉이다. 불량한 사람은 서로 원망

함으로 인해 敗亡한다는 뜻을 취한 것이다.〈杜注〉

宣公 2년, 봄에 鄭나라의 公子 歸生이 楚나라의 命을 받고 宋나라를 토벌하니, 宋나라 華元과 樂呂가 방어하였다. 2월 壬子日에 大棘에서 전쟁하다가 宋軍이 大敗하니, 〈鄭軍이〉 華元을 사로잡고 樂呂의 屍身과 甲車 460乘과 捕虜 250人을 獲得하고 100人의 귀를 잘랐다. 宋나라 狂狡가 鄭軍을 맞아 싸울 때 鄭人이 우물 안으로 피하자, 狂狡가 창자루를 거꾸로 하여 〈우물 안으로 넣어〉 그를 건져주었는데, 〈鄭人이 우물에서 나와서 그 창으로 위협하여〉 狂狡를 사로잡았다. 이에 대해 君子는 다음과 같이 論評하였다.

"禮(作戰規則)를 잃고 命을 어겼으니 생포되는 것이 당연하다. 전쟁에는 果敢하고 剛毅한 정신을 발휘하여 항상 마음속에 깊이 새겨 행동으로 드러내는 것을 禮라 한다. 敵을 죽이는 것이 '果敢'이고, 과감을 다하는 것이 '剛毅'이니, 이를 어기면 刑戮을 받는 것이다."

전쟁하려 할 때 華元이 羊을 잡아 군사들을 먹였는데, 그의 御者 羊斟은 그 자리에 참여시키지 않았다. 交戰할 때에 미쳐 羊斟이 말하기를 "어제 양을 잡아 먹일 때의 일은 그대가 主宰하였지만 오늘의 일은 내가 주재한다."고 하고서, 〈수레를 몰아〉 華元과 함께 鄭軍의 陣營으로 달려 들어갔기 때문에 宋軍이 敗北한 것이다. 君子는 다음과 같이 논평하였다.

"羊斟은 사람도 아니다. 사사로운 怨恨으로 국가가 전쟁에 패배하고 백성이 害를 입게 하였다. 〈그의 行爲가 이와 같았으니〉 이보다 더 큰 刑罰을 받을 罪가 어디 있겠는가? ≪詩經≫에 이른바 '善良하지 못한 사람'이란 것이 바로 羊斟 같은 자를 이름일 것이다. 그는 宋나라 백성을 해쳐 자신의 私憾을 풀었다."

【主義】 華元殺羊食士에 而不及其御하니 蓋厚待羊斟이요 而非薄之也라 豈料羊斟不察其意하고 反驅車而納之死地哉아

華元이 羊을 잡아 군사들을 먹일 때에 그 御者에게 미치지 않은 것은 羊斟을 후대한 것이지 박대한 것이 아니다. 그런데 羊斟이 그 뜻을 살피지 못하고서 도리어 수레를 달려 그를 죽을 곳으로 몰아넣을 줄을 어찌 料量이나 했겠는가.

天下之情[1)]엔 固有厚之而薄하고 薄之而厚者[2)]하니 不可不察也[3)]라 子弟與鄉人皆在

席[4)]엔 觴酒豆肉[5)]을 必先鄕人而後子弟[6)]하니 豈人情固厚於疏而薄於親乎[7)]아 蓋疏則相責[8)]이라 故不可不與요 親則相恕[9)]라 故可以不與라 其待鄕人엔 物至而情不至[10)]하니 所謂厚之而薄者也[11)]요 其待子弟엔 物不至而情至[12)]하니 所謂薄之而厚者也[13)]라 凡人情相與[14)]가 至於無間[15)]이면 則用之不懌[16)]하고 置之不慍[17)]하며 予之不辭[18)]하고 奪之不怨[19)]하야 曠然相期於形骸之外[20)]어늘 夫豈以薄物細故而遽爲向背哉[21)]아

1) 天下之情：相與之情

서로 사귀는 정이다.

2) 固有厚之而薄 薄之而厚者：或似厚而實薄 或似薄而實厚

후한 것 같으나 사실은 박하고, 박한 것 같으나 사실은 후하다는 말이다.

3) 不可不察也：一篇主意在此

이 한 편의 主意가 여기에 있다.

4) 子弟與鄕人皆在席：設此事以爲喩

이 일을 가설하여 비유한 것이다.

5) 觴酒豆肉：假使有一觴之酒一豆之肉

'가령 한 잔의 술과 한 그릇의 고기가 있다면'의 뜻이다.

6) 必先鄕人而後子弟：先疏後親

소원한 이에게 먼저 주고 친근한 이에게 뒤에 줌이다.

7) 豈人情固厚於踈而薄於親乎：設問

문제를 제기한 것이다.

8) 蓋疏則相責：解說

이에 대해 설명하겠다는 말이다.

9) 故不可不與 親則相恕：相責則不容不先 相恕則可以後之

서로 꾸짖기 때문에 먼저 주지 않을 수 없고, 서로 용서하기 때문에 뒤에 주어도 된다.

10) 物至而情不至：雖先之實疏之

비록 먼저 준다 하더라도 사실은 소원히 여김이다.

11) 所謂厚之而薄者也：先之則似厚 疏之則實薄

먼저 주면 후대하는 것 같고, 소원히 여기면 실로 박대한다.

12) 其待子弟 物不至而情至：雖後之實親之

비록 뒤에 주어도 사실은 친근히 여긴다.

13) 所謂薄之而厚者也：後之則似薄 親之則實厚

뒤에 주면 박대하는 것 같고, 친근하게 여기면 사실은 후대함이다.

14) 凡人情相與 : 相與 猶曰相處

相與는 相處란 말과 같다.

15) 至於無間 : 無間 謂相忘*)

無間은 相忘을 이른다.

*) 〔역주〕 相忘 : 형식에 구애되지 않는 절친한 사이를 이른다.

16) 則用之不懌 : 不以用我而喜

나를 써준다 해서 기뻐하지 않음이다.

17) 置之不慍 : 不以捨我爲怒

나를 버린다 해서 노여워하지 않음이다.

18) 予之不辭 : 不以有所與而辭之

증여한 것이 있다 하여 사양하지 않음이다.

19) 奪之不怨 : 不以有所奪而怨之

빼앗긴 것이 있다 하여 원망하지 않음이다.

20) 曠然相期於形骸之外 : 相忘之至

相忘함이 지극하다.

21) 夫豈以薄物細故而遽爲向背哉 : 發盡主意 以著羊斟之罪

主意를 다 드러내어 羊斟의 죄를 밝혔다.

천하의 人情에는 본래 〈속으로는〉 후하나 〈겉으로는〉 박한 자가 있고, 〈겉으로는〉 박하나 〈속으로는〉 후한 자가 있으니 밝게 살피지 않아서는 안 된다. 子弟와 마을 사람이 동석했을 경우, 술을 채운 잔이나 고기를 담은 접시를 반드시 마을 사람에게 먼저 대접한 뒤에 자제에게 준다. 이것이 어찌 인정이 본래 소원한 자에게 후하고 친근한 자에게 박해서이겠는가? 대체로 소원하면 서로 꾸짖기 때문에 후하게 주지 않을 수 없고, 친근하면 서로 이해하기 때문에 후하게 주지 않아도 되기 때문이다.

마을 사람을 대우함에는 물건은 가지만 정은 가지 않으니 이것이 이른바 '속으로는 후하나 겉으로는 박하다.'는 것이고, 자제를 대우함에는 물건은 가지 않지만 정은 가니 이것이 이른바 '겉으로는 박하나 속으로는 후하다.'는 것이다. 무릇 사람의 정이 서로 흉허물 없는 사이에 이르면 쓰임을 받아도 즐거워하지 않고 버림을 받아도 노여워하지 않으며, 물건을 주어도 사양하지 않고 빼앗겨도 원망하지 않고서 마음을 비우고 정신으로 교유하기를 기대하는데, 어찌 하찮은 물건과 미세한 일로 인해 갑자기 向背를 정하였는가.

華元殺羊食士[1)]에 **而其御羊斟不與**[2)]하니 **人皆以爲待羊斟之薄**[3)]이나 **吾獨以爲待羊斟之厚焉**[4)]이라하노라 **元之意**[5)]는 **豈不以斟爲吾御幾年矣**[6)]오 **左執鞭**하고 **右奉轡**[7)]하야 **(朝)〔旦〕則皆出**하고 **暮則皆入**[8)]하며 **險夷寒暑**[9)]와 **升降驟馳**[10)]에 **無不與吾俱**[11)]하니 **相悉已深**하고 **相信已熟**[12)]이어늘 **今日饗士**[13)]에 **吾肘腋同體之人**[14)]에 **豈計一杯羹以爲輕重**[15)]이리오 **姑及疏者遠者可也**[16)]라 **羊雖不及**[17)]이나 **然親厚之意**는 **固已踰百牢而豐五鼎矣**[18)]리오 **斟不知享其意**[19)]하고 **而徒欲享其食**[20)]하야 **忿戾勃興**[21)]하야 **驅車趨敵**[22)]하야 **投華元於死地**[23)]하야 **覆喪師徒而不顧**로다 **元待之以君子之心**[24)]이나 **斟報之以小人之行**[25)]하니 **非特負元**이라 **乃負國也**[26)]로다

1) 華元殺羊食士：入事 華元將戰 烹羊以享士卒
〈여기부터〉 본편의 일로 들어간다. 華元이 출정하려 할 때 양을 잡아서 군사들을 먹인 것이다.

2) 其御羊斟不與：羊斟爲華元御車而不與分羊之列
羊斟이 華元의 御者가 되었으나 양고깃국을 나누어주는 대열에 참여하지 못한 것이다.

3) 人皆以爲待羊斟之薄：外似薄之
겉으로 보기에는 박대하는 것 같다.

4) 吾獨以爲待羊斟之厚焉：以情而言 所謂薄之而厚者也
情으로써 말하면 이른바 '겉으로는 박하나 실제로는 후하다'는 것이다.

5) 元之意：推原[*)]華元之意
華元의 뜻을 推原한 것이다.

*) 〔역주〕 推原：本原을 추구함이다.

6) 豈不以斟爲吾御幾年矣：服役已久
복역한 지가 이미 오래되었다는 말이다.

7) 左執鞭 右奉轡：轡 馬繩也 執鞭奉轡 御者之事
轡는 말고삐이다. 채찍을 잡고 고삐를 쥐는 것은 御者의 일이다.

8) (朝)〔旦〕[*)]則皆出 暮則皆入：出入未嘗不同
나가고 들어옴을 함께 하지 않은 적이 없다는 말이다.

*) 〔역주〕 (朝)〔旦〕：저본에는 '朝'로 되어 있으나, 四庫全書本·三民書局本에 의거하여 '旦'으로 바로잡았다.

9) 險夷寒暑：涉歷險夷之地 衝冒寒暑之氣
험난한 곳과 평탄한 곳을 두루 돌아다니고, 차고 더운 기후를 무릅썼다는 말이다.

10) 升降驟馳：升降高下 驟馳坦途

높고 낮은 곳을 오르내리고, 평탄한 길을 달렸다는 말이다.

11) 無不與吾俱 : 未嘗離吾左右

내 좌우를 떠난 적이 없다는 말이다.

12) 相悉已深 相信已熟 : 相與至於無間

서로의 친분이 흉허물 없는데 이르렀다는 말이다.

13) 今日饗士 : 烹羊之擧 特爲士卒設耳

양을 잡은 것은 다만 사졸들을 위해 베풀었을 뿐이다.

14) 吾肘腋同體之人 : 謂羊斟爲御

御者가 된 羊斟을 이른다.

15) 豈計一杯羹以爲輕重 : 旣已相忘 必不以此薄物爲意

이미 相忘하는 사이라면 반드시 미세한 일로 인해 마음을 쓰지 않을 것이라는 말이다.

16) 姑及疏者遠者可也 : 且均及於士卒可也

우선〔且〕 사졸에게 고루 나누어주어야 한다는 말이다.

17) 羊雖不及 : 不分及於羊斟

羊斟에게 나누어주지 않은 것이다.

18) 然親厚之意 固已踰百牢而豐五鼎矣 : 其意之厚 踰於百牢 豐於五鼎 所謂薄之而厚者也

그 情意의 두터움이 百牢보다 지나치고 五鼎보다 풍성함이니, 이른바 '겉으로는 박해도 실제로는 후하다.'는 것이다.

19) 斟不知享其意 : 承上意字 轉責羊斟

윗글의 〈元之意라 한〉 '意'자를 이어받아 방향을 바꾸어 羊斟을 꾸짖은 것이다.

20) 徒欲享其食 : 但以口腹爲重

단지 口腹(음식)만을 중하게 여긴 것이다.

21) 忿戾勃興 : 逞其怨怒

자기의 원망과 분노를 함부로 드러냄이다.

22) 驅車趨敵 : 御華元之車以入鄭師

華元의 수레를 몰고서 鄭나라 軍中으로 들어간 것이다.

23) 投華元於死地 : 致爲鄭人所執

鄭軍에게 사로잡히는 결과를 초래했다는 말이다.

24) 元待之以君子之心 : 以厚待斟

후함으로써 羊斟을 대우한 것이다.

25) 斟報之以小人之行 : 以薄報元

박함으로써 華元에게 보복한 것이다.

26) 非特負元 乃負國也 : 不特負元而喪主將 抑且負國而敗宋師

華元을 배반해 主將을 잃었을 뿐만 아니라, 더구나〔抑且〕 나라를 저버려 宋軍을 패배하게 하였다는 말이다.

華元이 양을 잡아 군사들을 먹일 때 자기의 御者 羊斟을 참여시키지 않았으니, 이에 대해 사람들은 모두 羊斟을 박대했다고 하지만 나는 홀로 羊斟을 후대했다고 생각한다. 華元의 생각은 어찌 "羊斟이 나의 어자노릇을 한 지가 몇 해인가. 왼손엔 채찍을 잡고 오른손엔 고삐를 잡고서 아침이면 함께 나가고 저녁이면 함께 들어왔으며, 험준하고 평탄한 곳을 달릴 때, 추울 때나 더울 때, 오르내리거나 달릴 때에 나와 함께하지 않은 적이 없었다. 서로를 아는 것이 이미 깊고 서로를 믿는 것이 이미 익숙한데, 오늘 군사들을 먹이는 자리에서 나와 한 몸처럼 가까운 사람이 어찌 국 한 그릇이 있고 없고를 따져서 대우의 경중으로 삼겠는가? 그러니 우선 소원한 자들에게 주는 것이 옳다. 羊斟이 비록 〈이 자리에〉 참여하지 못했으나 그를 친후하게 여긴 뜻은 본래 이미 百牢를 초과하고 五鼎보다 풍성하다."고 여긴 것이 아니겠는가? 그런데 羊斟은 그의 심후한 뜻을 누리지 못하고 다만 그 음식만을 누리고자 하였다. 그러므로 갑자기 분한 마음이 일어나서, 수레를 몰고 적진으로 달려가 華元을 死地에 던져넣어 〈宋나라〉 군대를 전멸시키고도 돌아보지 않았다. 華元은 군자의 마음으로 대우했는데 羊斟은 소인의 행위로 보복하였으니, 이는 華元만을 저버린 것이 아니라 바로 나라를 저버린 것이다.

議者或謂元御下寡恩[1)]하야 **以起羊斟之怒**[2)]라하니라 **吾觀元之爲人**[3)]이 **樂易**(이)**慈祥之氣**가 **溫然可挹**[4)]이라 **其免於囚虜而歸**[5)]하야 **再與斟遇**[6)]에도 **猶慰解勉勞**[7)]하야 **若恐傷其意者**[8)]하고 **下至隷役之嘲**譙하야도 **亦逡巡退避而不校**하니 **則元豈寡恩者哉**아 **元尙能恕斟於旣爲變之後**[9)]어늘 **乃不能撫斟於未交兵之前**[10)]가 **無是理也**라 **此吾所以論元之待斟**이 **蓋厚而非薄也**[11)]라

1) 議者或謂元御下寡恩 : 設疑反難 盖卽分羊一事 疑華元御下 事事少恩

의문을 제기하며 반복적으로 論難한 것이 바로 양고깃국을 나누는 한 가지 일이었으니, 아마도 華元이 아랫사람을 대할 때에 일마다 恩情이 적었던 듯하다.

2) 以起羊斟之怒 : 羊斟之怒 元實激之

羊斟의 분노는 실로 華元이 불러일으킨 것이다.

3) 吾觀元之爲人 : 又與華元分解

또 華元을 도와 해명한 것이다.

4) 樂易(이)慈祥之氣 溫然可挹 : 知非慘刻少恩之人

잔인하고 악독하여 恩情이 적은 사람이 아님을 알았다는 말이다.

5) 其免於囚虜而歸 : 自鄭師逃歸

鄭나라 군영에서 도망쳐 돌아온 것이다.

6) 再與斟遇 : 傳稱見叔牂卽此時也 羊斟字叔牂

≪春秋左氏傳≫ 宣公 2년에 "叔牂을 만났다.〔見叔牂〕"라는 것이 보이니, 바로 이때이다. 羊斟의 자가 叔牂이다.

7) 勞 : 去聲*)

去聲이다.

*) 〔역주〕 去聲 : 勉勞의 '勞'자를 거성으로 읽어야 한다는 말이니, '慰勞'의 뜻이 된다.

8) 若恐傷其意者 : 不責羊斟之罪 但曰子之馬然*)

羊斟의 죄를 꾸짖지 않고, 다만 "그대의 말이 그리한 것인가?"라고 했을 뿐이다.

*) 〔역주〕 子之馬然 : ≪春秋左氏傳≫ 宣公 2년에 의하면 華元이 도망해 돌아와서 성문으로 들어오다가 우연히 叔牂(羊斟)을 만나 말하기를 "자네의 말이 그리한 것인가?〔子之馬然〕"라고 하니, 羊斟이 "말이 그리한 것이 아니라 사람(자신)이 그리한 것입니다."고 대답하고는 魯나라로 망명하였다고 한다.

9) 元尙能恕斟於旣爲變之後 : 不殺而縱其來奔

華元은 羊斟을 죽이지 않고, 그가 魯나라로 도망해오도록 놓아주었다는 말이다.

10) 乃不能撫斟於未交兵之前 : 以此信華元非御下少恩者

이로 인해 華元이 아랫사람을 대하는 데 은정이 적은 자가 아님을 믿게 되었다는 말이다.

11) 此吾所以論元之待斟 蓋厚而非薄也 : 收照主意

〈결론적으로〉 이 글의 主意에 照應한다.

의논하는 사람 중에 어떤 이는, 華元이 아랫사람을 대하는 데 은정이 적어서 羊斟의 분노를 불러일으켰다고 한다. 그러나 내가 華元의 사람됨을 관찰하건대 화락하고 平易(까다롭지 않음)하고 자상한 기상이 온후하여 손으로 움킬 수 있다. 그가 포로의 신세를 면하고 돌아와서 다시 羊斟과 만났을 때에도 오히려 위로하고 권면하면서 마치 그의 마음을 다치게 할까 두려워하는 것 같았고, 아래로 노복의 비웃음이나 꾸짖음에도 멈칫멈칫 물러나고 따지지 않았으니, 華元이 〈아랫사람을 대하는 데〉 어찌 은정이 적었다고 할 수 있는가? 華元은 羊斟이 변란을 일으킨 뒤에도 오히려 용서하였는데, 鄭나라와 교전하기 이전에 〈그가 느낀 서운함을 알았다면〉 어찌〔乃〕 羊斟을 어루만지지 못하였겠는가? 이럴 리는 없다. 이 점이 바로 내가 華元이 羊斟을 대우한 것이 후하였고

박하지 않았다고 논하는 까닭이다.

然元亦不能無罪焉[1)]이라 日與斟周旋[2)]이로되 不知其肺腑[3)]하고 猶以君子待之[4)]하니 一罪也[5)]요 簞食豆羹에 見於色之人[6)]이어늘 乃與共載[7)]하야 託於死生하니 二罪也[8)]요 情意未孚[9)]而遽忘彼我하야 以示無間[10)]하니 三罪也[11)]라 明不足以燭姦[12)]하고 誠不足以動物[13)]하니 何適而不逢禍哉[14)]아 惜乎라 華元有君子之資而未嘗學也[15)]여

1) 然元亦不能無罪焉：結尾却略貶華元二罪
글의 말미에 도리어 華元의 두 가지 죄를 약간 폄훼하였다.

2) 日與斟周旋：相從已久
서로 어울린 지가 이미 오래되었다는 말이다.

3) 不知其肺腑：尙不知其心中之蘊
오히려 그 마음속에 간직하고 있는 생각을 알지 못한다는 말이다.

4) 猶以君子待之：待以意而不以物
情意로 대우하고 물질로 대우하지 않았다는 말이다.

5) 一罪也：此不知人之罪
이것은 사람을 알아보지 못한 죄이다.

6) 簞食豆羹 見於色之人：人而如此褊狹之甚
사람으로서 이처럼 편협함이 심하다는 말이다.

7) 乃與共載：乃使之爲御士
도리어 그로 하여금 御者가 되게 한 것이다.

8) 二罪也：此輕任人之罪
이것은 사람을 가벼이 신임한 죄이다.

9) 情意未孚：此心未能相信
이것은 마음을 서로 믿을 수 없다는 말이다.

10) 以示無間：便謂可以相忘
문득 형식을 벗어난 가까운 사이라고 하느냐는 말이다.

11) 三罪也：此信非其人之罪
이것은 믿을 만하지 못한 사람을 믿은 죄이다.

12) 明不足以燭姦：致知不至 反爲人之所欺
사물을 연구해 지식을 넓힌 것〔致知〕이 지극하지 못하면 도리어 남에게 속임을 당한다.

13) 誠不足以動物：力行無素 不爲人之所服

평소에 힘써 행한 것이 없기 때문에 사람들이 복종하는 대상이 되지 못했다는 말이다.

14) 何適而不逢禍哉：取禍之道 非止一端

禍를 취하는 길은 하나의 길만이 아니라는 말이다.

15) 華元有君子之資而未嘗學也：資稟雖良 學問不講 明誠工夫*) 全然欠闕 故臨事而顚沛至此

타고난 자질은 아름다우나 학문을 익히지 않아서 誠을 밝히는 공부가 전무하기 때문에 일에 임해 좌절함이 여기에 이른 것이다.

*)〔역주〕明誠工夫：心性을 수양하는 공부이다.

그러나 華元 또한 죄가 없을 수 없다. 날마다 羊斟과 어울렸으되 그 속을 알아보지 못하고 오히려 군자로 대우하였으니 이것이 첫 번째 죄이고, 羊斟은 한 소쿠리의 밥과 한 그릇의 국이 〈마음에 들지 않으면 불쾌한〉 기색을 드러내는 사람인데, 마침내 그와 한 수레를 타고서 生死를 그에게 맡겼으니 이것이 두 번째 죄이고, 情意가 아직 믿을 수 없었는데 갑자기 너와 나를 잊고서 흉허물 없음을 보여주었으니 이것이 세 번째 죄이다. 총명함이 간사함을 살피기에 부족하고, 성실성이 상대를 감동시키기에 부족하였으니 어디를 간들 禍患을 당하지 않겠는가? 애석하다, 華元이 군자의 자질을 가졌으나 학문을 한 적이 없음이여!

24-04 晉趙盾侵鄭 晉나라 趙盾이 鄭나라를 침공하다

【左傳】 宣二年이라 秦師伐晉하니 以報崇也[1)]라 遂圍焦[2)]하니 夏에 晉趙盾(돈)救焦하고 遂自陰地[3)]로 及諸侯之師侵鄭하야 以報大棘之役하다 楚鬪椒救鄭曰 能欲諸侯而惡其難乎[4)]아하고 遂次于鄭하야 以待晉師하다 趙盾曰 彼宗競于楚하니 殆將斃矣[5)]리라 姑益其疾이라하고 乃去之하다

1)〔역주〕秦師伐晉 以報崇也：崇國을 討伐한 戰爭은 宣公 元年에 있었다.〈杜注〉

2)〔역주〕焦：焦는 晉나라 河外의 邑이다.〈杜注〉

3)〔역주〕遂自陰地：陰地는 晉나라 河南과 山北으로, 上洛에서부터 동쪽으로 陸渾까지이다.〈杜注〉

4)〔역주〕能欲諸侯而惡其難乎：諸侯로 하여금 楚나라를 따르게 하고자 하면서 鄭나라를 구원하고 晉軍을 막는 일을 싫어하겠느냐는 말이다.〈附注〉

5)〔역주〕彼宗競于楚 殆將斃矣：競은 强이다. 鬪椒는 若敖의 宗族으로 子文 이후 대대로 令尹이 되었다.〈杜注〉

宣公 2년, 秦軍이 晉나라를 討伐하였으니, 이는 晉나라가 崇國을 침공한 전쟁을 보복하기 위함이었다. 드디어 焦를 포위하니, 여름에 晉나라 趙盾이 〈군대를 거느리고 가서〉 焦를 구원하고, 드디어 陰地로부터 가서 諸侯의 군대와 會合하여 鄭나라를 침공하여 大棘의 전쟁을 보복하였다.

楚나라 鬪椒가 鄭나라를 구원하며 말하기를 "제후들의 신임을 얻고자 하면서 어찌 鄭나라의 禍難을 방치하겠는가?"라고 하고서 드디어 鄭나라에 주둔하여 晉軍을 기다렸다. 그러자 趙盾은 "저들의 宗族이 楚나라에서 대대로 强盛하니, 머잖아 滅亡〔斃〕할 것이다. 그러니 우선 저의 病(驕慢)을 더하게 하리라."고 하고서 鄭나라에서 떠났다.

24-04-01 楚滅若敖氏 楚나라가 若敖氏를 멸하다

【左傳】 宣四年이라 令尹子文卒에 鬪般爲令尹[1)]하고 子越爲司馬하다 蔿賈爲工正이러니 譖子揚而殺之하고 子越爲令尹하고 己爲司馬[2)]하다 子越又惡(오)之[3)]하야 乃以若敖氏之族으로 圄伯嬴於轑陽而殺之[4)]하고 遂處烝野하야 將攻王하다 王以三王之子爲質焉이나 弗受[5)]하니 師于漳澨[6)]하다

1) 〔역주〕 鬪般爲令尹 : 鬪般은 子文의 아들 子揚이다.〈杜注〉
2) 〔역주〕 子越爲令尹 己爲司馬 : 子越은 子越椒이다. 蔿賈가 越椒를 위해 子揚을 讒訴해 죽이고, 자신이 越椒가 맡았던 자리를 얻은 것이다.〈杜注〉
3) 〔역주〕 子越又惡(오)之 : 蔿賈를 미워한 것이다.〈杜注〉
4) 〔역주〕 圄伯嬴於轑陽而殺之 : 圄는 가두는 것이다. 伯嬴은 蔿賈이다. 轑陽은 楚나라 邑이다.〈杜注〉
5) 〔역주〕 遂處烝野……弗受 : 烝野는 楚나라 邑이다. 三王은 楚나라의 文王, 成王, 穆王이다.〈杜注〉 이들을 越椒에게 人質로 보내어 화해하려 한 것이다.〈附注〉
6) 〔역주〕 師于漳澨 : 漳澨는 漳水 가이다.〈杜注〉

宣公 4년, 令尹 子文이 죽자 鬪般이 令尹이 되고, 子越이 司馬가 되었다. 蔿賈가 工正이었는데 〈越椒를 위해 楚王에게〉 子揚을 참소해 죽이게 하고서, 子越을 令尹이 되게 하고 자신은 司馬가 되었다. 子越은 또 蔿賈를 미워하여 若敖氏의 宗族을 거느리고 가서 伯嬴을 잡아 轑陽에 가두었다가 죽이고는, 드디어 烝野에 주둔하여 楚王을 공격하려 하였다. 그러자 楚王은 〈화해하기 위해〉 세 王의 아들을 인질로 보냈으나 子越이 받아들이지 않으니, 楚王은 漳水 가에 陣을 치고 기다렸다.

秋七月戊戌에 楚子與若敖氏戰于皐(許)〔滸〕[1)]할새 伯棼射王하니 汰輈(주)하야 及鼓跗하야 著於丁寧[2)]하고 又射하니 汰輈하야 以貫笠轂[3)]하다 師懼하야 退어늘 王使巡師曰 吾先君文王克息에 獲三矢焉을 伯棼竊其二러니 盡於是矣라하고 鼓而進之하야 遂滅若敖氏하다

1) 〔역주〕(許)〔滸〕: 저본에는 '許'로 되어 있으나, ≪春秋左氏傳≫에 의거하여 '滸'로 바로잡았다.

2) 〔역주〕伯棼射王……著於丁寧 : 伯棼은 越椒이다. 輈는 車轅(수레 끌채)이고 汰는 지나가는 것이니, 화살이 車轅 위로 지나간 것이다. 丁寧은 징이다.〈杜注〉

3) 〔역주〕笠轂 : 兵車에는 덮개가 없다. 尊貴한 사람이 兵車에 탔을 경우 곁에 있는 사람이 삿갓을 들고 轂에 의지해 서서 추위나 더위를 막는 것을 '笠轂'이라 한다. 이는 화살이 車轅을 지나 王의 笠轂에 이르렀다는 말이다.〈杜注〉

가을 7월 戊戌日에 楚子가 若敖氏와 皐滸에서 交戰할 때 伯棼이 楚王을 향해 활을 쏘니, 그 화살이 수레의 끌채를 지나 鼓跗(북틀)를 뚫고 丁寧(징)을 맞혔고, 또 한 대의 화살을 쏘니, 수레의 끌채를 지나 笠轂에 꽂혔다. 이를 본 楚軍이 겁을 먹고 후퇴하자, 楚王은 사람을 보내어 軍中을 巡視하며 말하게 하기를 "우리 先君 文王께서 息國을 討伐해 승리했을 때 획득한 세 대의 화살 중 伯棼이 두 대를 훔쳐갔는데, 이번에 다 쓰고 남은 것이 없으니 겁낼 필요가 없다."고 하고서 북을 치며 進擊하여 드디어 若敖氏를 멸망시켰다.

【主義】 物以順至者는 當以逆觀이라 鬪椒汰侈於楚에 趙盾退師示怯하야 以順適其意하니라 盾投以順而椒不觀之以逆하니 所以養成其惡而覆其宗也라

무릇 사물이 내 뜻을 순종해 오는 것은 마땅히 내 뜻을 거스르는 것으로 보아야 한다. 鬪椒가 楚나라에서 汰侈(교만하고 난폭하여 신하의 도리를 지키지 않음)하여 〈제멋대로 군사를 거느리고 가서 鄭나라를 구원하자,〉 趙盾이 군사를 물리어 겁을 먹은 것처럼 보여주어 鬪椒의 뜻에 맞춰주었다. 趙盾은 순종하는 것으로 鬪椒의 비위를 맞췄는데 鬪椒는 거스름으로 보지 않았으니, 이것이 鬪椒가 악행을 배양하여 그 종족을 멸망시킨 원인이다.

物以順至者는 必以逆觀[1)]이라 天下之禍는 不生於逆而生於順[2)]이라 劍楯戈戟[3)]은 未必能敗敵[4)]이나 而金繒玉帛[5)]은 每足以滅人之國[6)]이라 霜雪霾霧[7)]는 未必能生疾[8)]이나 而

聲色畋游[9]는 每足以殞人之軀[10]하니 久矣로다 夫順之生禍也[11]여 物方順吾意[12]어늘 而吾又以順觀之[13]면 則見其吉而不見其凶[14]하야 溺心縱欲[15]하야 蓋有陷於死亡而不悟者矣[16]리라 至於拔足紛華[17]하고 寓目昭曠[18]하야 彼以順至면 我以逆觀하야 停筯於大嚼之時[19]하고 覆觴於劇飮之際[20]하야는 惟天下之至明者能之[21]니라

1) 物以順至者 必以逆觀：物之順適吾意者 未必非禍 故當以逆而觀之 此句一篇主意

내 뜻을 순종하는 사물이 반드시 禍가 되지 않는 것이 아니다. 그러므로 내 뜻을 거스르는 것으로 보아야 한다. 이 句가 본편의 主意이다.

2) 天下之禍 不生於逆而生於順：逆我者 未必不爲福 順我者 未必不爲禍

나를 거스르는 것이 반드시 복이 되지 않는 것이 아니고, 나를 순종하는 것이 반드시 화가 되지 않는 것이 아니다.

3) 劍楯戈戟：兵器

武器이다.

4) 未必能敗敵：以其逆也

거스르는 것으로 보아 〈대비하기 때문이다.〉

5) 金繒玉帛：餌敵之物

적을 유인하는 물건이다.

6) 每足以滅人之國：以其順也

순종하는 것으로 보아 〈대비하지 않기 때문이다.〉

7) 霜雪霾霧：厲氣

전염병을 유행시키는 나쁜 공기를 이른다.

8) 未必能生疾：以其逆也

거스르는 것으로 보아 〈대비하기 때문이다.〉

9) 聲色畋游：伐性之具

몸을 해치는 도구이다.

10) 每足以殞人之軀：以其順也

순종하는 것으로 보아 〈대비하지 않기 때문이다.〉

11) 夫順之生禍也：主意

본편의 主意이다.

12) 物方順吾意：正欲禍我

마침 나에게 화를 끼치고자 한다는 말이다.

13) 吾又以順觀之：不虞其禍

그 화를 대비하지 않음이다.

14) 見其吉而不見其凶 : 見目前之吉 昧後日之凶
눈앞의 吉한 것만 보고 후일의 凶한 것은 모름이다.

15) 溺心縱欲 : 快意之事 無所不爲
마음을 상쾌하게 하는 일이라면 하지 않는 것이 없다.

16) 蓋有陷於死亡而不悟者矣 : 順之生禍如此
나의 뜻을 순종하는 사물이 나의 화를 만드는 것이 이와 같다.

17) 至於拔足紛華 : 卻步於紛華盛麗之中
번화하고 화려한 가운데서 물러남이다.

18) 寓目昭曠 : 獨觀於昭明廣大之表
밝고 광대한 밖에서 홀로 관찰함이다.

19) 停筯於大嚼之時 : 譬如食之不過於飽
비유하자면 먹는 것은 배부름에 지나지 않는 것과 같다.

20) 覆觴於劇飮之際 : 譬如飮之不過於醉
비유하자면 술은 마시는 것은 취하는 데 지나지 않는 것과 같다.

21) 惟天下之至明者能之 : 非至明者 能如此乎
지극히 밝은 사람이 아니면 이렇게 할 수 있겠는가?

사물이 내 뜻을 순종해 오는 것은 반드시 내 뜻을 거스르는 것으로 보아야 한다. 천하의 재앙은 거스르는 것에서 생기지 않고 순종하는 것에서 생긴다. 칼과 방패, 창과 삼지창은 반드시 적을 패배시킬 수 없었으나, 금과 명주, 옥과 비단은 매양 남의 나라를 멸망시키기에 충분하였고, 서리와 눈, 흙비와 안개는 반드시 질병을 생기게 할 수 없었으나, 노래와 여색, 사냥과 놀이는 매양 사람의 몸을 죽이기에 충분하였으니, 오래되었도다. 순종하는 것이 재앙을 만든 것이여!

사물이 바야흐로 내 뜻을 순종하고 있는데 내가 또 내 뜻을 순종하는 것에만 〈치우쳐 사물을〉 관찰하면 길한 것만 보이고 흉한 것은 보이지 않아서, 마음이 빠지고 물욕에 방종하여 죽음에 빠지고도 깨닫지 못하는 자가 있을 것이다. 번화한 곳에서 발을 빼고 밝고 넓은 곳을 눈여겨보고서, 내 뜻을 순종하는 사물이 오면 나는 뜻을 거스르는 사물로 보아, 맛난 음식을 먹을 때에 수저를 내려놓듯이, 한창 술을 마시는 즈음에 잔을 뒤집어놓듯이 하는 것으로 말하면 오직 천하에 지극히 밝은 사람이라야 할 수 있다.

鬪椒汰侈於楚[1]하야 **帥兵救鄭**[2]하니 **晉趙盾乃退師示怯**[3]하야 **以順適其意**하야 **而益**

其疾[4)]하니라 椒也遂謂趙盾眞畏己者[5)]라하야 憑恃其强하고 肆爲悖逆[6)]하야 親集矢於其君之車[7)]하야 以覆其宗[8)]하니라 盾投之以順에 而椒不觀之以逆[9)]하니 殆非盾之能誤椒라 蓋椒之不能察盾也[10)]라 然盾之爲謀者는 難察之中에 猶有可察者焉[11)]이라 豪奴悍婢[12)]가 嚚(은)頑狠戾[13)]면 閨室之人이 皆畏避之[14)]어니와 出而詈市人[15)]이면 則必奮臂與之鬪[16)]리라 蓋其威行於家나 而不行於市[17)]ㄹ새니 此殆易(이)曉也[18)]라 椒之跋扈[19)]는 楚人素畏之爾[20)]라 一出楚境[21)]하야 與敵國遇에 則相視猶道路之人[22)]하니 何爲遽下之哉[23)]아 趙盾卷旆(패)改轅[24)]하고 未戰而却[25)]하야 逡巡若有所懼者[26)]는 此理之不當然也[27)]라 理不當然而然[28)]은 其必有所以然矣[29)]리라

1) 鬪椒汰侈於楚：入本題事 汰侈 謂驕淫也
〈여기부터〉 본편의 일로 들어간다. 汰侈는 교만하고 음란함을 이른다.

2) 帥兵救鄭：以禦趙盾之兵
이렇게 함으로써 趙盾의 군대를 방어한 것이다.

3) 晉趙盾乃退師示怯：詐爲懼楚 退兵避之
楚軍을 두려워하는 것으로 속이기 위해 군사를 물려 피한 것이다.

4) 以順適其意 而益其疾：順越椒之意 以增大其惡
越椒의 뜻을 순종하여 그 죄악을 더욱 키움이다.

5) 椒也遂謂趙盾眞畏己者：果中趙盾之計
과연 趙盾의 계책에 떨어진 것이다.

6) 憑恃其强 肆爲悖逆：殺蔿賈而攻楚莊王
蔿賈를 죽이고서 楚 莊王을 공격한 것이다.

7) 親集矢於其君之車：二矢中王車之輈
두 대의 화살이 楚 莊王의 수레 끌채에 꽂혔다.

8) 以覆其宗：滅若敖氏之族
若敖氏의 종족을 멸망시킨 것이다.

9) 盾投之以順 而椒不觀之以逆：以順觀順 故及於禍
순종하는 사물을 순종으로 보았기 때문에 화에 미친 것이다.

10) 殆非盾之能誤椒 蓋椒之不能察盾也：發此意好 察字生下文意
이렇게 말한 것이 뜻이 좋다. '察'자가 아래 글의 뜻을 일으켰다.

11) 然盾之爲謀者……猶有可察者焉：承上文察字 發明越椒不能察盾之意
윗글의 '察'자를 이어 越椒가 趙盾의 뜻을 살피지 못한 것을 설명〔發明〕한 것이다.

12) 豪奴悍婢：以喩越椒之跋扈

越椒의 跋扈(세력을 믿고 함부로 날뜀)를 비유한 것이다.

13) 嚚(은)頑狠戾 : 强橫難制

횡포하여 제어하기 어려움이다.

14) 闔室之人 皆畏避之 : 一家之人 畏其豪悍

온 집안사람이 그들의 사나움을 두려워함이다.

15) 出而詈市人 : 一朝出而罵市中之人

하루아침에 나가서 시장 가운데 있는 사람에게 욕을 함이다.

16) 則必奮臂與之鬪 : 市人被罵者 必與之敵 決無畏避之者

욕을 먹은 市人은 반드시 그와 대적할 것이고, 결코 두려워 피하는 자는 없을 것이다.

17) 蓋其威行於家 而不行於市 : 家人畏之 市人不畏

집안사람들은 두려워하지만 시장사람들은 두려워하지 않는다는 말이다.

18) 此殆易(이)曉也 : 此理甚不難曉 而越椒不能察

이 이치는 매우 알기 어려운 것이 아닌데도 越椒는 능히 살피지 못하였다.

19) 椒之跋扈 : 猶奴婢之難制

노비를 제어하기 어려운 것과 같다.

20) 楚人素畏之爾 : 猶家人之畏奴婢

집안사람들이 노비를 두려워하는 것과 같다.

21) 一出楚境 : 猶奴婢之出市

노비가 시장으로 나간 것과 같다.

22) 與敵國遇 則相視猶道路之人 : 豈復(부)有畏之者

어찌 다시 두려워하는 자가 있겠느냐는 말이다.

23) 何爲遽下之哉 : 趙盾何緣歛兵避之

趙盾이 무슨 이유로 군대를 거두어 피하였느냐는 말이다.

24) 趙盾卷旆(패)改轅 : 收兵回車

군대를 거두고 수레를 돌린 것이다.

25) 未戰而却 : 未交兵而先退

交戰도 하기 전에 먼저 군대를 물린 것이다.

26) 逡巡若有所懼者 : 若畏楚强而不敢敵

마치 楚나라 군사가 강하여 감히 대적할 수 없는 것처럼 가장한 것이다.

27) 此理之不當然也 : 揆之於理 不當如此

이치로 헤아려보면 이렇게 해서는 온당하지 않다는 말이다.

28) 理不當然而然 : 今無此理 而有此事

지금 이런 이치가 없는데 이런 일이 있다는 말이다.

29) 其必有所以然矣：必有深意存乎其間

반드시 깊은 뜻이 그 사이에 존재할 것이라는 말이다.

鬪椒는 楚나라에서 汰侈하여 멋대로 군대를 거느리고 가서 鄭나라를 구원하였으니, 晉나라 趙盾은 군대를 뒤로 물리어 겁을 먹은 것처럼 보여줌으로써 鬪椒의 비위를 맞춰 주어 그의 질병(汰侈)을 더 키웠다. 그러자 鬪椒는 드디어 趙盾이 참으로 자기를 두려워하는 것으로 여겨, 자기의 강세를 믿고 의지해서 함부로 인륜을 저버리고 나라에 반역〔悖逆〕하여 직접 그 임금이 탄 수레에 집중해 화살을 쏘아대는 짓을 하였다가 이로 인해 제 종족을 멸망시켰다.

趙盾은 순종하는 것으로써 그의 비위를 맞춘 것인데 鬪椒는 거스르는 것으로써 보지 않았으니, 이는 다만 趙盾이 鬪椒를 그르칠 만한 재능이 있어서가 아니라 鬪椒가 趙盾을 자세히 살피지 않았기 때문이다. 그러나 趙盾의 計謀는 살피기 어려운 가운데 오히려 살필 만한 것이 있다. 강한 사내종〔奴〕과 사나운 계집종〔婢〕이 노둔하고 패려궂으면 온 집안사람이 모두 두려워하며 피하지만, 그 노비가 밖으로 나가서 시장 사람들에게 욕을 하면 〈욕을 먹은 시장〉 사람들은 반드시 팔을 걷어붙이고 그와 싸운다. 아마도 그 노비의 위세가 집안에서는 통하지만 시장에서는 통하지 않기 때문이니, 이는 자못 알기 쉬운 일이다.

鬪椒의 跋扈는 본래 楚나라 사람들만을 두렵게 할 수 있었을 뿐이다. 〈군대를 거느리고〉 한 번 楚나라 국경을 나와서 적국의 군대와 만나자 서로 보기를 마치 길가는 사람처럼 하였는데, 무엇 때문에 〈趙盾이〉 갑자기 꼬리를 내렸겠는가? 趙盾이 선봉의 깃발을 걷고 수레의 방향을 바꾸고서 싸우기도 전에 퇴각하여 마치 겁을 먹은 것처럼 멈칫거렸으니, 이는 事理로 볼 때 온당하지 않다. 사리로 보아 온당하지 않은데도 그렇게 한 데에는 반드시 그럴만한 이유가 있을 것이다.

椒於此에 **曷不深致其觀乎**[1]아 **謂晉封略不如楚則否**[2]요 **謂晉謀臣不如楚則否**[3]요 **謂晉甲兵不如楚則否**[4]라 **反覆推考**로되 **莫知其端**[5]하니 **是殆養我而納之於禍也**[6]리라 **牛羊犬豖醉於豢養**[7]이면 **身日腯而死日近**[8]이라 **椒趾方顱圓靈而爲人**이어늘 **乃坐受仇敵之豢養**[9]하야 **侈增貫盈**[10]하야 **自赴刀几**[11]하니 **亦愚矣**[12]로다 **向使椒獨肆其侈**하고 **不遇趙盾以養其惡**이면 **豈遽至於此極乎**[13]아

1) 曷不深致其觀乎：責椒不能察盾

越椒가 趙盾의 생각을 살피지 못한 것을 꾸짖은 것이다.

2) 晉封略不如楚則否：土地之大則相若也

국토의 크기가 서로 비슷하다는 말이다.

3) 晉謀臣不如楚則否：計謀之士則相若也

謀士들의 〈多寡도〉 서로 비슷하다는 말이다.

4) 晉甲兵不如楚則否：甲兵之盛則相若也

군대의 홍성함도 서로 비슷하다는 말이다.

5) 反覆推考 莫知其端：莫測事之端倪

일의 결말을 예측할 수 없음이다.

6) 是殆養我而納之於禍也：越椒果能如此 則可謂以逆觀順矣

越椒가 과연 이렇게 할 수 있었다면 거스르는 것으로써 순종하는 것을 관찰했다고 이를 수 있다.

7) 牛羊犬豕醉於豢養：貪食而不知止

음식을 탐해 그칠 줄을 모름이다.

8) 身日腯而死日近：肥腯則人殺食之矣

살이 찌면 사람들이 잡아먹는다.

9) 乃坐受仇敵之豢養：反爲晉人所豢

도리어 晉나라 사람의 기름을 받는다는 말이다.

10) 侈增貫盈：驕侈益增 罪惡盈貫

교만과 사치가 증가하고, 죄악이 가득참이다.

11) 自赴刀几：自取滅忘

멸망을 자초함이다.

12) 亦愚矣：殆無異於牛羊犬豕矣

거의 소·양·개·돼지와 다를 것이 없다는 말이다.

13) 豈遽至於此極乎：又設一問 若椒不遇盾則豈免禍乎

또 하나의 문제를 제기하여, 만약 鬪椒가 趙盾을 만나지 않았다면 어찌 화를 면하였겠느냐고 한 것이다.

鬪椒는 이에 대해 어찌 깊이 관찰하여 그 이유를 찾아보지 않았는가? 晉나라 疆域이 楚나라만 못한 것도 아니고, 晉나라 謀臣의 수가 楚나라만 못한 것도 아니며, 晉나라 군대의 강성함이 楚나라만 못한 것도 아니다. 반복해 추구해보아도 〈晉나라가 스스로 꼬리를 내리고 물러간〉 까닭을 알 수 없으니, 이는 아마도 鬪椒 자신의 汰侈를 배양하여 그를 禍患 속으로 몰아넣으려는 것이리라.

소와 양, 개와 돼지는 사람이 길러주는 먹이에 취해 그 몸이 하루하루 살이 찌면 죽을 날이 하루하루 가까워진다. 鬪椒는 머리가 둥글고 발이 모난 만물의 영장인 사람이 되어서, 앉아서 원수의 기름을 받아 汰侈가 증가하고 죄악이 가득차서 스스로 죽음의 길로 달려갔으니 참으로 어리석도다. 그때 가령 鬪椒가 혼자서 멋대로 汰侈한 짓을 하고 趙盾을 만나 그 죄악을 배양하는 일이 없었다면 어찌 갑자기 이런 극한에 이르렀겠는가?

曰[1] 意在於善[2]이면 凡所遇者가 皆養吾善之物也[3]요 意在於惡[4]이면 凡所遇者가 皆養吾惡之物也[5]니 豈必遇趙盾之設謀者然後에 能養其惡哉[6]아 一雨露也[7]요 一寒暑也로되 梧檟得之以養其柯條[8]하고 荊棘得之以養其芒刺[9]하니 造物者曷嘗有心厚梧檟之材하고 而稔荊棘之毒歟[10]아 咸其自養이요 而未有養之者也[11]ㄹ새니라 椒苟意於善[12]이면 盾雖示弱而養其惡[13]이라도 未必不逆覩其詐[14]하고 悚然儆懼하야 而啓改過之門矣[15]리라 盾本將以養其惡이어늘 椒反資以養其善[16]이면 殆惟恐遇盾之不蚤也[17]리라

1) 曰 : 答

물음에 답한 것이다.

2) 意在於善 : 念念在於善者

생각이 모두 선행에 있다는 말이다.

3) 凡所遇者 皆養吾善之物也 : 遇事之順逆 皆可養吾之善

만나는 일의 順逆이 모두 나의 선행을 배양할 수 있다는 말이다.

4) 意在於惡 : 念念在於惡者

생각이 모두 악행에 있다는 말이다.

5) 凡所遇者 皆養吾惡之物也 : 遇事之順逆 皆足養吾之惡

만나는 일의 順逆이 모두 나의 악행을 배양하기에 충분하다는 말이다.

6) 豈必遇趙盾之設謀者然後 能養其惡哉 : 椒豈必遇盾而後得禍哉

越椒가 어찌 반드시 趙盾을 만난 뒤에 화를 얻었겠느냐는 말이다.

7) 一雨露也 : 引此爲喩

이것을 이끌어 비유로 삼았다.

8) 梧檟得之以養其柯條 : 以喩遇事而養成其善者

일을 만나 자기의 선행을 양성함을 비유한 것이다.

9) 荊棘得之以養其芒刺 : 以喩遇事而養成其惡者

일을 만나 자기의 악행을 양성함을 비유한 것이다.

10) 造物者曷嘗有心厚梧檟之材 而稔荊棘之毒歟 : 以喩凡事非能養人善惡而人自養成之

모든 일이 사람의 선악을 양성하는 것이 아니라, 사람이 스스로 양성함을 비유한 것이다.

11) 咸其自養 而未有養之者也 : 言造物無心有指趣

조물주는 마음에 의도함이 없다는 것을 말한 것이다.

12) 椒苟意於善 : 苟能有意爲善

'만약 선행을 하는 데 뜻을 두었다면'의 뜻이다.

13) 盾雖示弱而養其惡 : 雖遇趙盾如此

'비록 趙盾의 이와 같은 행위를 만났더라도'의 뜻이다.

14) 未必不逆觀其詐 : 必能以逆觀順

반드시 거스르는 것을 순종하는 것으로 볼 수 있었을 것이라는 말이다.

15) 悚然儆懼 而啓改過之門矣 : 是遇盾反以養成其善也

이렇게 하였다면 趙盾을 만난 것이 도리어 鬪椒의 선행을 양성하는 것이 되었을 것이라는 말이다.

16) 盾本將以養其惡 椒反資以養其善 : 造語警策

말을 만들어 경계해 채찍질한 것이다.

17) 殆惟恐遇盾之不蚤也 : 斷得十分到

論斷한 것이 십분(충분함)의 경지에 이르렀다.

나는 이렇게 생각한다. 생각이 善行에 있으면 만나는 것들이 모두 나의 선행을 배양하는 사물이고, 생각이 惡行이 있으면 만나는 것들이 모두 나의 악행을 배양하는 사물이니, 어찌 반드시 趙盾이 꾸민 계모를 만난 뒤에야 그 악행을 배양할 수 있었겠는가? 동일한 雨露이고, 동일한 寒暑이지만 오동나무와 가래나무는 그 수분을 섭취해 가지와 줄기를 기르고, 가시나무는 그것을 섭취해 가시를 기른다. 그렇다고 조물주가 언제 오동나무와 가래나무의 재질만을 후대하고 가시나무의 가시〔毒〕를 성숙시키려는〔稔〕 마음을 가진 적이 있었던가? 〈萬物은〉 모두 스스로 기르고 누가 길러주는 것이 아니기 때문이다.

鬪椒가 만약 선행에 뜻을 두었다면 趙盾이 비록 약함을 보여 鬪椒의 죄악을 배양하려 했더라도, 鬪椒는 반드시 나의 뜻을 거스르는 詐欺로 보아 경계하고 두려워하여 허물을 고치는 문을 열지 않음이 없었을 것이다. 趙盾은 본래 鬪椒의 죄악을 배양하려 한 것인데, 鬪椒가 도리어 〈趙盾의 행위를〉 빌려 자기의 선행을 배양하였다면 鬪椒는 아마도 趙盾을 일찍 만나지 못할까 두려워했을 것이다.

24-05 晉靈公不君 晉 靈公이 임금답지 못하다

【左傳】宣二年이라 晉靈公不君하야 厚斂以彫墻하고 從臺上彈人하야 而觀其辟丸也하다 宰夫胹(이)熊蹯不熟이어늘 殺之하야 寘諸畚(분)하야 使婦人載以過朝하다 趙盾士季見其手하고 問其故而患之하야 將諫에 士季曰 諫而不入이면 則莫之繼也라 會請先하리니 不入이어든 則子繼之하라 三進하야 及溜하니 而後視之[1]曰 吾知所過矣니 將改之하리라 稽首而對曰 人誰無過리오 過而能改면 善莫大焉이니이다 詩曰 靡不有初나 鮮克有終이라하니 夫如是면 則能補過者鮮矣리이다 君能有終이면 則社稷之固也니 豈唯群臣賴之릿가 又曰 袞職有闕이면 惟仲山甫補之라하니 能補過也니이다 君能補過면 袞不廢矣리이다 猶不改어늘 宣子驟諫한대 公患之하야 使鉏麑賊之하다 晨往하니 寢門闢矣요 盛服將朝나 尙早하야 坐而假寐어늘 麑退하야 歎而言曰 不忘恭敬하니 民之主也라 賊民之主는 不忠이요 棄君之命은 不信이라 有一於此리니 不如死也라하고 觸槐而死하다

1) 〔역주〕 三進……而後視之 : 처음 宮門으로 들어간 것이 一進이고, 宮門에서 宮庭까지 간 것이 二進이고, 宮庭에서 뜰 위의 落水가 떨어지는 곳까지 올라간 것이 三進이다. 二進할 때까지는 士會를 보지 못한 체하다가 이때에서야 비로소 고개를 들어 바라본 것이다. 溜는 屋溜로 中堂을 이른다.

宣公 2년, 晉 靈公이 임금답지 못하여 세금을 무겁게 걷어 宮室의 墻壁을 治裝하고, 臺 위에서 〈臺 아래를 지나는〉 사람에게 彈弓을 쏘며 彈丸을 피하는 것을 구경하였다. 宰夫가 熊掌을 삶았는데 제대로 익지 않자, 그 宰夫를 죽여 둥구미에 넣어 婦人(宮女)을 시켜 들것에 싣고 朝廷 앞을 지나 〈내다 버리게 하였다.〉 趙盾과 士會(士季)가 사람의 손이 〈둥구미 밖으로 나온 것을〉 보고 궁녀에게 사정을 물어 〈宰夫가 살해된 것을 알고는 靈公의 無道함을〉 근심하여 諫하려 할 때 士會가 말하였다.

"〈우리 두 사람이 함께 들어가〉 간하였다가 듣지 않는다면 계속해 간할 사람이 없으니, 내가 먼저 간하여 임금이 받아들이지 않거든 그대가 내 뒤를 이어 간하시오."

士會가 세 차례 禮를 행하며 나아가서 屋溜에 미치니, 그제야 靈公이 비로소 바라보면서 말하였다.

"내 잘못을 아니, 장차 고치겠다."

그러자 士會가 머리를 조아리며 대답하였다.

"허물없는 사람이 어디 있겠습니까? 허물을 짓고서 능히 고치면 이보다 큰 善이 없습니다. ≪詩經≫에 '시작은 잘하지 않는 이가 없지만 有終의 美를 거두는 이가 드물다.'고 하였으니, 이와 같이 한다면 허물을 補完할 수 있는 이가 드물 것입니다. 임금께서 유종의 미를 거두신다면 국가가 견고해질 것이니, 어찌 群臣들의 다행〔賴〕일 뿐이겠습니까? ≪詩經≫에 또 '임금에게 허물이 있으면 仲山甫가 보완하였다.'고 하였으니, 이는 임금의 허물을 잘 보완한 것을 말한 것입니다. 임금이 자기의 허물을 잘 보완한다면 임금의 職務가 荒廢해지지 않을 것입니다."

그런데도 여전히 〈靈公이 허물을〉 고치지 않자 楚 宣子(趙盾)가 자주 간하니, 靈公은 그를 미워하여 鉏麑를 시켜 그를 暗殺하게 하였다. 〈鉏麑가 그를 죽이기 위해〉 새벽에 그의 집으로 가니, 寢門이 이미 열렸고 宣子는 朝服을 입고 朝會에 나아갈 준비를 마쳤으나 아직 시간이 일러 앉아서 눈을 감고 있었다. 이를 본 鉏麑는 도로 물러나와 感歎하기를 "이 사람은 집에서도 恭敬을 잊지 않으니 참으로 백성의 主人이다. 백성의 주인을 해치는 것은 不忠이고 임금의 命을 버리는 것은 不信이다. 나는 이 두 가지 중에 하나는 있게 될 것이니, 죽느니만 못하다."고 하고서, 머리로 槐木을 들이받고 自殺하였다.

天下之亂은 **常基於微而成於著**하니 **知微者謂之君子**요 **知著者謂之衆人**이라 **黍離之歎**[1]은 **雖輿臺牧圉**도 **共悲之**나 **至若見銅駝荊棘**[2]하야는 **於全盛之時**에도 **則非知幾者**면 **莫能也**라

1) 〔역주〕 黍離之歎 : 亡國을 슬퍼하는 탄식이다. 黍離는 ≪詩經≫ 〈王風〉의 편명이다. 〈詩序〉에 의하면 西周가 망한 뒤에 周나라 대부가 周의 古都를 지나다가 옛 종묘와 궁실이 모두 기장밭이 된 것을 보고서 차마 떠나지 못하고 방황하며 이 詩를 지었다 한다.

2) 〔역주〕 銅駝荊棘 : 先見의 지혜가 있는 사람은 미리 천하의 治亂을 알 수 있다는 뜻이다. ≪晉書≫ 〈索靖傳〉에 의하면 索靖은 선견의 지혜와 원대한 기량이 있어서 천하가 장차 어지러워질 것을 알았다. 洛陽 宮門 밖에 세워져 있는 銅으로 주조한 낙타를 가리키며 "앞으로 너를 가시덩굴 가운데서 보게 될 것이다."라고 했다고 한다.

천하의 戰亂은 항상 은미한 데서 시작하여 드러난 데서 이루어졌으니, 은미한 것을 아는 사람을 군자라 이르고, 드러난 뒤에 아는 사람을 衆人(보통사람)이라 이른다. 亡

國의 탄식은 비록 천한 輿臺(노복)와 牧圉(牧夫)도 함께 슬퍼하지만, 銅으로 만든 낙타를 보고서 장차 가시덤불 속에 버려질 것을 안 것으로 말하면 지극히 흥성한 시기에도 기미를 아는 사람이 아니면 알 수가 없다.

晉靈公暴戾凶虐하야 觴趙盾而伏甲攻焉하니 人莫不以爲駭라 君臣非敵國也며 殿陛非戰場也어늘 長戈大戟을 不用之於邊陲하고 而用之於宴席하야 弁冕毁裂하고 俎豆搶攘하니 是非可駭之尤者乎아 抑不知靈公素與爭臣爲敵하니 (使)〔彼〕[1]其殿陛之間이 化爲戰場이 亦已久矣로되 特其迹未著하야 人不能深察耳라 靈公失政之初에 固已外其臣而讐敵遇之하야 竊取用兵之謀하야 而爲拒諫之計하니라 隨會將入諫에 屢進而屢不視하니 是制之以靜者也라 深溝高壘以待敵者也니 其在兵法名曰形이라 隨會將進說에 迎爲悔過以塞其口하니 是示之以弱者也라 甘言卑辭以誘敵者也니 其在兵法名曰聲이라 形之而不能禦하고 聲之而不能動하야 兵法旣窮하니 則直搏戰而已라 此趙盾繼諫於隨會之後라가 所以幽有鉏麑之賊[2]하고 明有嗾獒之擧[3]也라 心攻不下에 始以力攻하고 心戰不勝에 始以力戰하니 人見其旣動干戈하고 方矍(확)然駭懼하니라 自識者觀之면 則靈公肺肝之內에 念念擧兵이요 樽俎之上에 日日流血이라 方臣主相際하야 都兪吁咈[4]之時하야 固已使之寒心矣라 盾也不知其君以仇敵遇己로되 尙譊譊進說不止라가 迄致伏甲之變하니 何其見之晩也오

1) 〔역주〕 (使)〔彼〕: 저본에는 '使'로 되어 있으나, 四庫全書本·三民書局本에 의거하여 '彼'로 바로잡았다.

2) 〔역주〕 鉏麑之賊 : 題下에 인용한 記事에 이미 언급되었다.

3) 〔역주〕 嗾獒之擧 : 晉 靈公은 趙盾을 살해하기 위해 사전에 甲士를 매복해놓고서 趙盾을 초대해 술을 대접하였는데, 趙盾의 車右 提彌明이 이를 알고서 급히 堂上으로 올라가서 趙盾을 부축해 堂下로 내려오자, 靈公이 獒(猛犬)를 시켜 물게한 일을 이른다. ≪春秋左氏傳≫ 宣公 2년에 보인다.

4) 〔역주〕 都兪吁咈 : 모두 감탄하는 말이다. 都와 兪는 찬성함이고, 吁와 咈은 반대함이다. 군신이 정사를 논할 때에 화목하게 서로 묻고 대답하는 것을 이른다. ≪書經≫ 〈益稷〉에 자세히 보인다.

晉 靈公은 난폭하고 흉악하여, 술을 대접하겠다고 趙盾을 초청하고서 미리 군사를

매복시켜 살해하려 하니, 이를 안 사람 중에 놀라지 않는 자가 없었다. 임금과 신하는 敵國이 아니고 殿堂과 階陛는 싸움터가 아닌데, 긴 창과 큰 미늘창을 국경을 지키는 변방에서 사용하지 않고 연회 자리에서 사용하여 弁冕(冠)이 찢어지고 俎豆(그릇)가 어지러이 흩어졌으니, 이 어찌 더욱 놀랄 만한 일이 아닌가? 그러나 이는 靈公이 평소에 간쟁하는 신하를 적으로 여겼으니, 그 殿堂과 階陛 사이가 싸움터로 변한 지가 이미 오래이나, 다만 그 흔적이 드러나지 않아서 사람들이 깊이 살피지 못한 것임을 모른 것이다.

靈公은 정치를 그르친 초기부터 이미 그 신하들을 도외시하여 원수로 대하고, 전쟁에서 군대를 사용해 〈적군을 막는〉 계책을 훔쳐다가 간쟁을 거절하는 계책으로 삼았다. 隨會(士會)가 들어가 간하려 할 때에 여러 차례 앞으로 나아갔으나 靈公은 그때마다 못 본 체하였으니, 이는 靜으로 〈動을〉 제압하는 방법으로 해자를 깊이 파고 성곽을 높이 쌓고서 적을 기다리는 것과 같으니, 이를 兵法에서 '形'이라 한다. 隨會가 간언을 올리려 할 때에, 靈公은 허물을 뉘우친다는 말로 隨會를 맞이하여 입을 막았으니, 이는 약함을 보이는 방법으로 달콤한 말과 겸손한 말로 적을 유인하는 것과 같으니 이를 兵法에서 '聲'이라 한다. '形'의 방법을 썼으나 적을 막을 수 없고, '聲'의 방법을 썼으나 적이 움직이지 않아 병법이 이미 궁해졌으니 그렇다면 직접 쳐서 싸워야 할 뿐이다. 이것이 趙盾이 隨會의 뒤를 이어 간하였다가 밤에는 鉏麑의 暗殺이 있고 낮에는 맹견獒를 시켜 물게한 일이 있게 된 원인이다.

마음으로 공격해 굴복시키지 못하자 힘으로 공격하기 시작하고, 마음으로 전쟁해 이기지 못하자 힘으로 전쟁하기 시작하니, 사람들은 그가 이미 干戈를 움직인 것을 보고서야 비로소 눈을 휘둥그레 뜨고 놀라 두려워하였다. 그러나 식견이 있는 사람이 보면 靈公의 마음속엔 생각마다 군사를 일으키는 일이었고 연회 자리엔 날마다 피가 흘렀다. 신하와 임금이 서로 만나 都兪吁咈해야 할 때를 당하여 이미 신하들로 하여금 마음이 오싹하게 하였다. 趙盾은 임금이 자기를 원수로 대한다는 것을 모르고서 오히려 간쟁하는 말을 올리기를 그치지 않았다가 끝내 군사를 매복시키는 변란을 불렀으니, 어쩌면 보는 것이 그리도 더뎠는가?

爲盾謀者將奈何오 曰 二國相怨엔 一使可和요 二壘相持엔 一騎可解라 豈有仇敵尙可

通이어늘 而君臣終不可通者乎아 情(睽)〔暌〕[1]則君門萬里요 情通則萬里君門이니 其相去一間耳라 君臣固有復(부)通之理나 彼靈公之無道는 殆未易(이)以常法論이니 詎可責盾以必通哉아 是又不然이라 靈公與盾本君臣이나 特以疑阻而視之若仇敵耳라 若鉏麑與盾風馬牛不相及[2]이라도 操刃而來면 是乃眞仇敵也니 其入門伺隙之際에 豈復有善意哉아 一見其盛服假寐에 形神俱肅하고 戢毒斂忿하야 寧斃其軀언정 而不敢損盾之毫芒하니 誠敬之動人也如是니라 仇敵之眞者도 猶可孚格이온 況素號君臣暫爲仇敵者乎아 使盾保養此敬하야 立朝之際에 常如將朝之時면 未必靈公之意不回也리라 平(朝)〔旦〕[3]之氣는 眞粹淸明하야 如水未波하고 如空未雲하며 如玉未彫하고 (如)[4]如琴未鼓라 當盾盛服將朝之頃하야 此時此境으로 前追唐虞於旣往하고 後借洙泗於方來면 豈復春秋爭奪之世哉아 惜其出與物接에 機械橫生하야 上不能救主失하고 下不能免惡名하니 回視平(朝)〔旦〕眞粹淸明之地면 駟奔電逝而不可還矣라 雖然이나 春敷秋槁者는 衆木之性也요 (朝)〔旦〕存晝亡者는 衆人之氣也라 喬松巨栢은 貫四時而柯葉不改하니 其視春〔秋〕[5]何有오 氣之得其養者는 昏晨晡昳에 混混同流하니 亦安得(朝)〔旦〕晝之辨哉아 故出乎木之類者無春秋하고 出乎人之類者無朝晝니라

1) 〔역주〕 (睽)〔暌〕 : 저본에는 '睽'로 되어 있으나, 四庫全書本·三民書局本에 의거하여 '暌'로 바로잡았다.

2) 〔역주〕 風馬牛不相及 : 발정한 소나 말의 암수가 서로 미칠 수 없는 먼 거리를 이르는데, 전혀 관계가 없는 사이를 뜻하는 말로 쓰인다.

3) (朝)〔旦〕 : 저본에는 '朝'로 되어 있으나, 四庫全書本·三民書局本에 의거하여 '旦'으로 바로잡았다. 아래도 같다.

4) (如) : 저본에는 '如'가 있으나, 四庫全書本·三民書局本에 의거하여 衍文으로 처리하였다.

5) 〔秋〕 : 저본에는 '秋'가 없으나, 四庫全書本·三民書局本에 의거하여 보충하였다.

만약 趙盾을 위해 계책을 낸다면 어찌해야 되겠는가? 나는 이렇게 생각한다. 兩國이 서로 원망하는 일은 한 사신이면 화해시킬 수 있고, 兩軍이 서로 버티고 있을 때는 한 騎兵이면 危亂을 해제할 수 있다. 원수끼리도 오히려 通好할 수 있는데 君臣 사이에 어찌 끝내 통호할 수 없단 말인가? 情이 서로 어그러지면 宮門이 아득히 멀게 느껴지지만 정이 서로 통하면 〈가는 곳마다〉 萬里가 모두 궁문이니, 이 두 경우는 그 사이의 거리가 一間(매우 가까운 틈)일 뿐이다. 군신 사이에는 본래 거듭 소통하는 도리가 있

으나, 無道한 저 靈公은 아마도 常法으로 논하기 쉽지 않을 듯한데, 어찌 趙盾이 반드시 靈公과 소통했어야 옳았다고 책망할 수 있겠는가?

이는 또 그렇지 않다. 靈公은 趙盾과 본래 군신이었지만 의심을 품고 해코지할 심산으로 원수처럼 보았을 뿐이다. 만약 鉏麑가 趙盾과 아무 관계가 없는 사이라 하더라도 칼을 들고 왔다면 바로 진짜 원수이니, 그가 문안으로 들어와서 틈을 엿볼 때에 어찌 다시 착한 생각이 있었겠는가? 趙盾이 의관을 정제하고 눈을 감고 있을 때에 몸과 정신이 엄숙한 것을 보고서 해칠 마음을 버리고 차라리 자기가 죽을지언정 감히 趙盾의 털끝 하나도 해치지 않았으니, 충성과 공경이 사람을 감동시킴이 이와 같다. 진짜 원수도 오히려 감동시켰는데, 하물며 본래의 군신이 잠시 원수가 된 경우이겠는가? 가령 趙盾이 이러한 공경을 보전하고 길러서, 조정에 있을 때에 항상 조정에 나아가려 할 때처럼 하였다면 반드시 영공의 마음을 돌리지 못하지는 않았을 것이다.

새벽의 맑은 기운〔平旦之氣〕은 진실하고 순수하며 맑고 밝아서〔眞粹淸明〕, 마치 물결이 없는 물 같고, 구름이 없는 창공 같으며, 다듬지 않은 옥 같고, 타지 않는 거문고 같다. 趙盾이 의관을 정제하고 조정으로 나아가려 할 즈음을 당하여, 이러한 때(平旦)에 이런 심경(眞粹淸明)으로 먼저 이미 돌아가신 堯・舜의 道를 추구하고 뒤에 앞으로 올 孔子에게 지혜를 빌렸다면, 어찌 다시 쟁탈을 일삼는 春秋時代가 있었겠는가? 애석하게도 그는 밖으로 나가서 사람들과 접촉할 때에 간교한 마음이 마구 생겨나서, 위로는 군주의 잘못을 바로잡지 못하고 아래로는 一身의 악명을 면하지 못하였으니, 새벽의 진실하고 순수하며 맑고 밝았던 경지를 돌아보면 駟馬처럼 달리고 번개처럼 달려도 되돌아가지 못할 것이다.

비록 그러나 봄에는 피어나고 가을에는 마르는 것이 초목의 본성이고, 새벽에는 보존되고 주간에는 없어지는 것이 보통사람들의 心氣이다. 높고 큰 松柏은 사계절 내내 가지와 잎이 변하지 않으니 봄과 가을이 있는 초목에 비해 어떠한가? 〈새벽의 진실하고 순수하며 맑고 밝은〉 기운이 기름을 받으면 새벽과 저녁, 오전과 오후를 막론하고 뒤섞여 한줄기로 흐를 것이니, 또 어찌 새벽과 주간의 구별이 있겠는가? 그러므로 초목의 무리에서 벗어난 송백은 봄과 가을이 없고, 사람의 무리에서 벗어난 사람은 새벽과 주간이 없다.

24-06 晉趙穿弑靈公 晉나라 趙穿이 靈公을 시해하다

【左傳】 宣二年이라 九月에 晉侯飮趙盾酒할새 伏甲하야 (兵)〔將〕[1]攻之하다 其右提彌明知之하고 趨登曰 臣侍君宴에 過三爵은 非禮也라하고 遂扶以下하니 公嗾夫獒焉이어늘 明搏而殺之하다 盾曰 棄人用犬하니 雖猛何爲리오하고 鬪且出하다

1) 〔역주〕 (兵)〔將〕 : 저본에는 '兵'으로 되어 있으나, ≪春秋左氏傳≫에 의거하여 '將'으로 바로잡았다.

宣公 2년, 9월에 晉侯가 술자리를 마련해 趙盾에게 술을 대접할 때 甲士를 매복해 놓고서 趙盾을 죽이려 하였다. 趙盾의 車右 提彌明이 이를 알고서 급히 堂上으로 올라가서 말하기를 "신하가 임금을 모시고 宴飮할 때에 술이 세 잔을 초과하는 것은 禮가 아닙니다."라고 하고서, 趙盾을 부축해 堂下로 내려오자, 靈公이 獒(猛犬)를 시켜 물게 하니 提彌明이 그 개를 쳐 죽였다. 趙盾이 말하기를 "사람을 버리고 개를 부리니 아무리 사납다 해도 무슨 쓸모가 있겠는가?"라고 하고서, 싸우면서 물러 나왔다.

乙丑에 趙穿攻靈公於桃園하니 宣子未出山而復하다 太史書曰 趙盾弑其君이라하야 以示於朝하니 宣子曰 不然하다 對曰 子爲正卿하야 亡不越竟하고 反不討賊하니 非子而誰오 宣子曰 嗚呼라 詩曰[1] 我之懷矣여 自詒伊慼이라하니 其我之謂矣로다 孔子曰 董狐는 古之良史也라 書法不隱하고 趙宣子는 古之良大夫也라 爲法受惡이로다 惜也라 越竟乃免이라

1) 〔역주〕 〔詩曰〕 : 저본에는 '詩曰'이 없으나, ≪春秋左氏傳≫에 의거하여 보충하였다.

乙丑日에 趙穿이 桃園에서 靈公을 弑害하니, 宣子는 〈晉나라 國境에 있는〉 山을 나가기 전에 이 소식을 듣고 돌아왔다. 太史가 "趙盾이 그 임금을 弑害하였다."고 기록하여 朝廷의 臣下들에게 보이니, 宣子가 "그렇지 않다."고 하였다. 太史가 대답하기를 "그대는 正卿으로 도망가되 國境을 나가지 않았고 돌아와서는 逆賊을 토벌하지 않았으니, 〈임금을 弑害한 자가〉 그대가 아니고 누구란 말인가?"라고 하니, 宣子가 "아, ≪詩經≫에 '나는 나라를 생각하다가 도리어 스스로 이런 憂患을 끼쳤도다.'라고 한 것이 바로 나의 경우를 이름이다."라고 하였다.

이에 대해 孔子는 다음과 같이 말하였다. "董狐는 옛날에 훌륭한 史官이었기에 書法에 의거해 直書하고 숨기지 않았으며, 趙宣子는 옛날에 어진 大夫였기에 사관의 書法을 위하여 임금을 시해했다는 惡名을 받아들였다. 애석하다. 〈宣子가 만약〉 國境을 넘

었다면 〈이런 惡名을〉 면할 수 있었을 것이다.”

24-06-01 許悼公飮太子止藥卒 許 悼公이 太子 止가 올리는 약을 마시고 죽다

【左傳】 昭十九年이라 夏에 許悼公瘧하다 飮(世)〔大〕子止之藥卒[1)]하니 (世)〔大〕子奔晉하다 書曰 弑其君이라하니라 君子曰 盡心力以事君이면 舍藥物可也[2)]니라

1) 〔역주〕 飮(世)〔大〕[*)]子止之藥卒 : 醫員을 경유하지 않고 止가 독단해 藥을 올린 것이다.〈杜注〉

*) 〔역주〕(世)〔大〕 : 저본에는 '世'로 되어 있으나, ≪春秋左氏傳≫에 의거하여 '大'로 바로잡았다. 아래도 같다.

2) 〔역주〕 君子曰……舍藥物可也 : 藥物에 毒이 있는지를 凡人이 알 수 있는 바가 아니니, 응당 의원을 경유해야 하는데, 止가 약물 올리는 일을 그만두지 않은 것을 나무란 것이다. 그러므로 弑君의 罪名을 씌운 것이다.〈杜注〉

昭公 19년, 여름에 許 悼公이 瘧疾을 앓다가 太子 止가 올린 藥을 마시고 卒하니, 太子가 晉나라로 出奔하였다. 經에 '弑其君'이라고 기록하였다. 君子는 다음과 같이 論評하였다. “마음과 힘을 다하여 임금을 섬긴다면 藥物을 올리지 않는 것이 옳다.”

手有高下라 **故委輕重於權**하고 **目有憎愛**라 **故委姸媸**(치)**於鏡**하며 **心有偏黨**이라 **故委是非於聖人**이라 **天下之所以歸誠委己**하고 **惟聖人之聽**은 **何也**오 **至公而可以裁天下之不公也**요 **至平而可以揆天下之不平也**며 **至正而可以服天下之不正也**르새니라 **中天下而立**하야 **竝受萬世是非之訟**이 **天高海澄**이면 **衆理自見**하야 **不爲顔閔而損毫髮之過**하고 **不爲跖蹻而增錙銖之惡**이라 **苟持衡不定**하야 **軒輊**[1)]**靡常**이면 **則何以爲萬世公議之主哉**아

1) 〔역주〕 軒輊 : 앞이 높고 뒤가 낮은 수레인 軒과 앞이 낮고 뒤가 높은 수레인 輊를 이르는 말로, 高低・輕重・優劣 등을 가리키는 말로 사용된다.

손으로 〈물건을 달면〉 높낮이가 있기 때문에 輕重(무게)의 판단을 저울에 맡기고, 눈으로 〈사물을 관찰하면〉 愛憎이 있기 때문에 예쁘고 추한 용모를 거울에 맡기며, 마음에는 한쪽으로 치우침이 있기 때문에 옳고 그름의 판단을 성인에게 맡긴다. 천하 사람이 진정으로 귀의하여 자기를 버리고 오직 성인의 논평만을 듣는 것은 어째서인가?

지극히 공정하여 천하의 불공정을 裁度(헤아려 취사함)할 수 있고, 지극히 공평하여 천하의 불공평을 揆度(득실을 헤아림)할 수 있으며, 지극히 정직하여 천하의 부정을 順服시킬 수 있기 때문이다.

〈성인이〉 크게 中正한 준칙을 천하에 세우고서 아울러 오랜 세대 동안의 시비의 쟁송을 접수해 심리하는 것이, 마치 높은 하늘에 태양이 뜨고 넓은 바다에 물이 맑으면 모든 이치가 저절로 드러나는 것과 같아서 顔淵이나 閔子騫이라 하여 털끝만큼도 허물을 줄여줄 수 없고, 盜跖이나 莊蹻라 하여 조금도 죄악을 보탤 수 없다. 만약 저울대를 잡는 데 정해진 원칙이 없어서 올라가고 내려감이 일정하지 않다면 어찌 오랜 세대 동안 公議의 주인이 되었겠는가?

顔淵

閔子騫

左氏載趙盾之弑君에 託爲仲尼之言曰 爲法受惡이라하나 吾竊意非仲尼之言也라 盾果有惡이면 豈容其辭며 盾果無惡이면 豈容其受리오 操賞罰之柄者는 但當核其有無耳니 豈論辭受之地哉아 今言爲法受惡이라하니 是盾本無弑君之惡이로되 作史者爲法而强加之요 盾亦爲法而勉受之耳라 寧有聖人肯許秉筆者輒加之以惡乎아 聖人果許秉筆者加人以惡이면 則萬世是非之衡이 至是而撓矣라 法爲罪設者也니 無疾則無方하고 無罪則無法이라 若謂盾非弑君이로되 特爲法而受惡이면 則罪與法豈兩物耶아 自斯言旣出로 而趙盾之事가 始爲後世所疑矣라

左氏가 趙盾이 임금을 시해한 일을 기재하면서 仲尼의 말씀을 기탁하여 "書法을 위하여 〈임금을 시해했다는〉 악명을 받아들였다."라고 하였으나, 나는 〈이것이〉 仲尼의 말이 아니라고 생각한다. 趙盾에게 과연 죄악이 있었다면 어찌 그 악명을 사양할 수 있으며, 趙盾에게 과연 죄악이 없었다면 어찌 그 악명을 받아들일 수 있겠는가? 상벌의 권한을 가진 자는 다만 그 사람에게 죄가 있는지의 여부만을 조사할 뿐이니, 어찌 사양하고 받아들임을 논할 여지가 있겠는가? 그런데 지금 "書法을 위하여 〈임금을 시해했다는〉 악명을 받아들였다."고 하였으니, 이는 趙盾에게 본래 임금을 시해한 죄가 없는데도 역사를 쓰는 자가 서법을 위해 억지로 그런 악명을 씌운 것이고, 趙盾 또한 서법을 위해 억지로 그런 악명을 받아들인 것이라는 말이다. 어찌 성인께서 붓을 잡고 〈역사를 쓰는〉 자가 함부로 남에게 씌운 악명을 허용할 리가 있겠는가? 성인께서 과연 붓을 잡고 〈역사를 쓰는〉 자가 함부로 남에게 씌운 악명을 허용하였다면 오랜 세대 동안 시비를 評定하던 저울대가 이때에 이르러 꺾인 것이다. 법은 범죄를 위해 만들어진 것이니, 병이 없으면 약의 처방이 없듯이 범죄가 없으면 법률도 없다. 만약 趙盾이 임금을 시해한 것이 아닌데, 다만 서법을 위해 악명을 받아들인 것이라고 한다면 죄와 법이 어찌 〈아무 관계가 없는〉 두 종류의 사물이 아니겠는가? 이런 말이 나오면서부터 趙盾의 일이 비로소 후세 사람들이 의심하는 바가 되었다.

盾之弑君은 本無可疑라 靈公之殞이 雖假手於趙穿이나 然桃園之難이 不作於盾未出奔之前하고 而作於盾方出奔之後하니 盾身朝出이면 穿變夕興이라 盾若不奔이면 穿亦不弑니 是弑君之由가 實起於盾이요 穿特爲盾役耳라 使穿專弑〔君〕[1]之謀면 則事捷之後에 當席其威而竊國靈이라 何有於一亡大夫하야 復推之秉大柄乎아 則穿之弑爲盾이요 而不

爲己明矣라 **盾聞君弑而亟反**하야 **不惟不能討穿**이라 **又遣迎新君以固其寵**하니 **是德其爲己用而陰報之也**라 **卒爲將犯陣**하야 **及其成功**하얀 **必曰將破敵**이요 **而不曰卒破敵**이라 **奴爲主推刃**이면 **及其論罪**하얀 **必曰主殺人**이요 **而不曰奴殺人**이라 **穿旣爲盾弑君**하니 **盾雖欲辭弑君之名得乎**아 **旣不可辭**면 **何名爲受**오 **董狐書之**하고 **仲尼因之**는 **皆以正法而治盾之實惡**이요 **不聞有所謂爲法受惡者也**라

1) 〔역주〕〔君〕: 저본에는 '君'이 없으나, 四庫全書本·三民書局本에 의거하여 보충하였다.

趙盾이 임금을 시해한 것은 본래 의심할 것이 없다. 靈公의 살해가 비록 趙穿의 손을 빌렸으나, 桃園의 변란은 趙盾이 出奔하기 전에 일어나지 않고 출분한 뒤에 일어났다. 趙盾이 아침에 출분하자 趙穿의 변란이 저녁에 일어났으니, 趙盾이 출분하지 않았다면 趙穿 또한 〈靈公을〉 시해하지 않았을 것이다. 이는 임금을 시해한 원인이 실로 趙盾에게서 비롯한 것이고, 趙穿은 단지 조돈을 위해 勞役한 것뿐이다. 가령 趙穿이 혼자서 임금을 시해할 계획을 꾸몄다면 일이 이루진 뒤에 응당 그 위세를 믿고서 국권〔國靈〕을 절취했을 것이다. 그런데 무엇 때문에 망명한 한 대부(趙盾)를 추천해 다시 국가의 대권을 잡게 하였는가? 그렇다면 趙穿이 靈公을 시해한 것은 趙盾을 위해서이고 자기를 위해서가 아님이 분명하다.

趙盾은 임금이 시해되었다는 말을 듣고는 신속히 돌아와서 趙穿을 토벌하지 않았을 뿐만 아니라, 또 그를 新君을 맞이하는 사신으로 보내어 그가 은총을 받을 수 있도록 공고한 지위를 만들어주었으니, 이는 趙穿이 자기를 위해 힘쓴 것을 은덕으로 여겨 은밀히 보답한 것이다. 졸개가 대장을 위해 敵陣을 침범해서 성공하면 〈사람들은〉 반드시 '대장이 적군을 격파했다'고 하고, '졸개가 적군을 격파했다'고 하지 않을 것이며, 종이 주인을 위해 칼로 원수를 찔러 죽였으면 죄를 논할 때에 〈사람들은〉 반드시 '주인이 사람을 죽였다.'고 하고, '종이 사람을 죽였다.'고 하지 않을 것이다. 趙穿이 이미 趙盾을 위해 임금을 시해하였으니, 趙盾이 아무리 임금을 시해하였다는 惡名을 사양하고자 한들 될 수 있었겠는가?

이미 사양할 수 없다면 어째서 '받아들였다〔受〕'고 말하였는가? 董狐가 이 일을 기록하고, 仲尼가 이를 인해 말씀하신 것은 모두 공정한 법으로 趙盾의 실제의 죄악을 다스린 것이니, 이른바 '書法을 위하여 악명을 받아들었다.'는 말은 듣지 못하였다.

後世誤信左氏하야 遂以爲眞仲尼之言이라하야 迺謂聖人之筆은 固有名誅而實貸하고 文抑而意揚者라 沿及許世子止之事하야도 亦意以其非親弑라하야 附之於爲法受惡之義하니라 抑不知殺人之情에 有謀有故하고 有戲有誤나 謂之殺則同也라 殺人之具에 有刃有梃하고 有醪有藥이나 謂之殺亦同也라 世有誤以藥殺人者하니 等之於戕劫屠剁〔輩〕[1]면 刑辟輕重固有間矣라 然不謂之殺人則不可라 許止誤進藥하야 不幸而殺其君하니 雖視商(人)〔臣〕[2]蔡般之惡이라도 相去不啻千萬이나 至於弑君之名하얀 安得而不與之同乎아 書其弑君은 蓋法所當然이요 亦非所謂爲法受惡也라

1) 〔역주〕〔輩〕: 저본에는 1자 빈칸으로 되어 있으나, 四庫全書本·三民書局本에 의거하여 '輩'를 보충하였다.

2) 〔역주〕(人)〔臣〕: 저본에는 '人'으로 되어 있으나, ≪春秋左氏傳≫에 의거하여 '臣'으로 바로잡았다. 楚나라 太子 商臣이 成王을 시해한 일은 魯 文公 원년에 보인다.

후세 사람들은 左氏의 말을 잘못 믿고서 드디어 참으로 仲尼의 말씀으로 여겨, 마침내 성인의 筆法은 본래 겉으로는 주벌 같지만 실제로는 용서이며, 文字는 貶下 같지만 본의는 칭찬인 경우가 있다고 하였다. 그리고 이어 許나라 世子 止의 일에 대해서도 세자가 직접 시해한 것이 아니라고 하여, 세자를 '법을 위해 악명을 받았다'는 의리에 붙였다. 그러나 이는 살인의 실정에는 計謀도 있고 고의도 있고 희롱도 있고 오해도 있으나 죽이는 것은 같고, 살인의 도구에는 칼도 있고 몽둥이도 있고 술도 있고 약도 있으나 죽이는 것은 또한 같음을 모르는 것이다.

세상에는 약을 잘못 써서 사람을 죽인 자가 있을 수 있는데, 이를 戕殺·劫殺·屠殺·剁殺의 무리와 비교하면 刑法의 경중이 본래 구별이 있다. 그러나 그를 살인자가 아니라고 할 수는 없다. 許나라 세자 止가 약을 잘못 알고 올렸다가 불행하게도 그 임금을 죽게 하였으니, 비록 商臣과 蔡般의 죄악에 비하면 그 차이가 천만배뿐만이 아니지만, 임금을 시해하였다는 악명에 이르러서는 어찌 〈저 商臣·蔡般과〉 같지 않을 수 있겠는가? 그(止)가 임금을 시해하였다고 기록한 것은 書法에 당연한 바이니, 이 또한 이른바 '書法을 위하여 악명을 받아들인 것'이 아니다.

左氏託爲仲尼之言이라하야 誤後世如此라 抑其間又有甚紕漏者하니 益知其非聖人之語焉이라 董狐責盾之兩言이 深中其肝膈之隱이라 所謂亡不出竟者는 蓋責其遷延宿

留가 潛有所待니 以爲與謀之證耳라 曷常謂在竟內則有罪하고 在竟外則無罪乎아 左氏不達狐之意하고 復託仲尼之言曰 惜也라 越竟乃免이라하니 審如是면 則後有姦臣賊子如盾者하야 逆謀旣定에 從近關出하야 候於竟外라가 聞事克而徐歸면 遂可脫弑逆之名矣리라 是爲姦臣賊子畫逃罪之策也니 夫豈聖人語耶아

左氏가 仲尼의 말씀을 가탁하여 후세 사람을 그르친 것이 이와 같다. 그러나 그 사이에 더욱 심한 紕漏(오류)가 있으니, 그 말이 성인의 말씀이 아니라는 것을 더욱 분명히 알 수 있다. 董狐가 趙盾을 꾸짖은 두 마디 말(亡不越竟·反不討賊)이 趙盾이 마음속에 숨긴 비밀을 정확히 맞춘 말이나. 이른바 '도망가되 국경을 넘지 않았다'는 것은 趙盾이 시간을 끌고 정지한 것이 은밀히 기다리는 바가 있어서라고 꾸짖은 것이니, 이것이 그가 趙穿과 함께 弑君을 모의한 증거이다. 언제 국경 안에 있었으면 죄가 있고, 국경 밖에 있었으면 죄가 없다고 한 적이 있는가?

左氏는 董狐의 뜻을 이해하지 못하고 다시 仲尼의 말씀을 가탁하여 "애석하다. 국경을 넘었다면 악명을 면할 수 있었을 것이다."라고 하였다. 과연 그 말대로라면 후세에 趙盾과 같은 奸臣賊子가 있어서 반역의 모의를 결정한 뒤에 가까운 관문으로 나가서 국경 밖에서 기다리다가 成事했다는 기별을 들은 뒤에 천천히 돌아온다면, 마침내 임금을 시해하였다는 악명을 벗을 수 있을 것이다. 이것은 간신적자가 죄명을 피하기 위한 계책이니, 어찌 성인의 말씀이겠는가?

24-07 晉成公爲公族 晉 成公이 公族의 제도를 만들다

【左傳】 宣二年이라 初에 麗姬之亂에 詛無畜群公子르새 自是晉無公族하다 及成公卽位에 乃宦卿之適子而爲之田하야 以爲公族하고 又宦其餘子하야 亦爲餘子하고 其庶子爲公行하니 晉於是有公族餘子公行하다 趙盾請以括爲公族曰 君姬氏之愛子也라 微君姬氏면 則臣狄人也라하니 公許之하다 冬에 趙盾爲旄車之族하고 使屛季以其故族爲公族大夫하다

宣公 2년, 당초 麗姬가 禍亂을 일으켰을 적에 群公子를 기르지 않겠다고 盟誓〔詛〕하였으므로 이때부터 晉나라에는 公族이 없었다. 그러다가 成公이 즉위한 뒤에 卿의 適子에게 官職을 주고 土地까지 주어 公族大夫로 삼고, 또 卿의 餘子에게 관직을 주어 餘子로 삼고, 卿의 庶子에게 관직을 주어 公行으로 삼으니, 晉나라에 이때부터 公族·

餘子・公行이 있게 되었다. 趙盾이 趙括을 公族으로 삼기를 청하며 말하기를 "〈趙括은〉 君姬氏의 사랑하는 아들입니다. 君姬氏가 아니었으면 臣은 狄人이 되었을 것입니다." 라고 하니, 成公이 이를 허락하였다.

겨울에 趙盾은 旄車族이 되고, 屛季에게 자기가 통솔하던 舊族을 거느리고서 公族大夫가 되게 하였다.

興於治而廢於亂은 **法之良者也**요 **興於亂而廢於治**는 **法之弊者也**라 **帝辛**[1]**以暴侈毒天下**하야 **炮烙**[2]**刳剔**[3]**之刑**과 **鉅橋鹿臺**[4]**之賦**가 **叢然竝起**하니라 **武王服事**[5]**牧野**[6]하고 **首反商政**[7]하야 **還成湯太甲武丁之彝典**[8]**於一日間**하고 **向者淫虐之法**을 **悉芟悉鋤**하야 **本拔源塞**하니 **曷嘗深毒遺害以誘後之人哉**아 **至於成康**[9]**之世**하얀 **雖欲除弊**나 **固已無弊之可除矣**라 **後世有弊之可除**는 **必前世除弊之未盡**이니 **其美在後**면 **其責在前**이라 **吾見惠帝除挾書之律**[10]**然後**에 **知高帝之緩於儒術也**요 **吾見文帝除誹謗之令**[11]**然後**에 **知高帝之緩於忠言也**라 **高帝伐秦**에 **雖日不暇給**이나 **他事縱未能盡革**이라도 **至於儒術之廢**와 **忠言之壅**하야는 **寧忍坐視沒身而不問乎**아 **幸而惠文刋除其弊**여 **使亦如高帝之不問**이면 **則終四百年之業**히 **名漢而實秦矣**리라 **後世因惠文之得**하야 **而知高帝之失**하니 **吾亦因晉成之擧**하야 **而知文公之闕焉**이로라

1) 〔역주〕 帝辛 : 殷王朝의 마지막 황제 紂이다. 帝乙의 아들로 이름은 辛인데, 포학무도하기 때문에 그를 '紂'로 칭하였다.

2) 〔역주〕 炮烙 : 銅柱에 기름을 바르고 아래에 숯불을 피워놓고서, 죄인으로 하여금 그 위를 걷게 하여 숯불에 떨어져 타죽게 한 참혹한 형벌이다. ≪史記集解≫ 〈殷本紀〉에 보인다.

3) 〔역주〕 刳剔 : 임신한 부인을 찢어 죽임이다. ≪書經≫ 〈泰誓 上〉에 "刳剔孕婦"란 말이 보인다.

4) 〔역주〕 鉅橋鹿臺 : 鉅橋는 穀倉의 이름이고, 鹿臺는 府庫의 이름이다. ≪尙書≫ 〈武成〉에 "鹿臺의 재물을 흩고 鉅橋의 곡식을 풀었다.〔散鹿臺之財 發鉅橋之粟〕"는 말이 보이는데, 그 〈傳〉에 "재물을 저장하는 곳을 '府'라 하고, 곡식을 저장하는 곳을 '倉'이라 한다. 그러므로 紂王이 〈錢穀을〉 축적해둔 府와 倉을 말한 것이다.〔藏財爲府 葬粟爲倉 故言紂所積之府倉也〕" 하였다.

5) 〔역주〕 服事 : 服은 복종의 訓도 있고 시행의 훈도 있다. 여기서는 정벌의 일을 행한 뜻으로 쓰인 듯하다.

6) 〔역주〕 牧野 : 周 武王이 紂王을 정벌하던 장소이다.

7) 〔역주〕 商政 : '商'나라의 國號를 '殷'으로 고치기 이전의 정치를 이르니, 곧 成湯·太甲·武丁 시대의 정치를 이른다. ≪史記集解≫ 〈殷本紀〉에 의하면 盤庚이 成湯의 故居인 亳으로 천도한 뒤에 국호를 殷으로 개칭하였다고 한다.

8) 〔역주〕 彝典 : 常典을 이른다.

9) 〔역주〕 成康 : 周 武王의 아들 成王과 成王의 아들 康王을 이르는데, 이 두 왕 시대에는 천하가 태평하여 형벌을 버리고 쓰지 않았다고 한다.

10) 〔역주〕 挾書之律 : 秦 始皇이 李斯의 건의를 받아들여 제정한 書籍의 소유를 금지하는 法律인데, 漢 惠帝 4년에 비로소 해제하였다.

11) 〔역주〕 誹謗之令 : 秦나라 때부터 전해오던 나라에서 정한 政令을 誹謗한 자의 종족을 멸하는 법이니, 漢 文帝가 비로소 해제하였다.(≪史記≫ 〈孝文本紀〉)

治世에 만들어지고 亂世에 폐기되는 것은 양호한 法制이고, 난세에 만들어지고 치세에 폐기되는 것은 시대에 맞지 않는 법제이다. 帝辛(殷紂)이 포학과 사치로 천하 사람들을 해쳐, 炮烙·刳剔의 형벌과 鉅橋·鹿臺의 賦稅가 어지럽게 동시에 시행되었다. 武王이 牧野에서 일을 마친 뒤에, 맨 먼저 商政으로 돌아가서 하루 사이에 成湯·太甲·武丁의 常典을 회복하고, 종전의 음란하고 포학한 법을 모두 제거하여 弊政의 뿌리를 뽑았으니, 어찌 일찍이 해를 끼칠 독소를 〈제거할 책임을〉 후인에게 미룬 적이 있었던가? 成王·康王 시대에 이르러서는 〈세상이 태평하여〉 비록 폐정을 제거하려 해도 제거할 만한 폐정이 없는 지가 이미 오래였다〔固已〕.

후세에 제거해야 할 폐정이 있는 것은 반드시 전대에 폐정을 제거한 것이 극진하지 못해서이니, 美政이 후세에 있다면 〈폐정의〉 책임이 전세에 있다. 나는 漢 惠帝가 挾書律을 제거한 것을 본 뒤에 高帝(漢 高祖)가 儒家의 학술에 게을렀음(관심이 없음)을 알았고, 나는 漢 文帝가 誹謗令을 제거한 것을 본 뒤에 高帝가 忠言을 받아들이는 데 게을렀음을 알았다. 高帝가 秦나라를 토벌할 때에 〈정세가 급박하여〉 한가한 틈이 없었으나, 다른 일은 설령 다 개혁하지 못한다 하더라도 유가의 학술이 폐기되고 충언이 奏達되지 않고 막히는 것에 대해 어찌 차마 앉아서 보기만하고 늙어 죽을 때까지 묻지 않았단 말인가? 惠帝와 文帝가 그 폐정을 제거한 것이 다행이다. 가령 〈惠帝와 文帝도〉 高帝처럼 묻지 않았다면 〈漢나라〉 4백 년의 王業이 다할 때까지 명목은 漢나라지만 실제는 秦나라였을 것이다. 후세 사람들이 惠帝와 文帝의 선정으로 인해 高帝의 잘못을 알았으니, 나 또한 晉 成公의 擧措로 인하여 文公의 闕失을 알았다.

晉自驪姬[1)]之難으로 詛無畜群公子하니 晉於是乎無公族하니라 至成公踐祚而始復之하니 由成公上距驪姬之世히 所歷者幾君矣라 先文公[2)]而作者如惠如懷[3)]는 蓋不足責也요 後文公而繼者如襄如靈[4)]도 亦不足責也로되 獨文公은 名列五覇하고 號稱明君하야 身受春秋賢者之責코도 乃循驪姬之約하야 宗族離析을 曾不知恤하니 豈可舍此而他責乎아 況驪姬之難은 文公嘗親被之矣라 其所以顚頓奔走[5)]하야 適狄適衛하고 適齊適曹하며 適鄭適楚하야 齒髮老於道路者는 正坐驪姬之詛也라 幸而反國正位에 盍懲創是禍하고 轉思公子公姓의 散在遠裔가 多歷歲時하니 豈無駭懼危慄이 如吾之斬袪[6)]者乎아 豈無空乏餓憊가 如吾之乞食[7)]者乎아 豈無慢侮陵辱이 如吾之觀浴[8)]者乎아 以吾身前日之困悴로 度(탁)他人今日之艱勤이면 是宜亟發號令하고 鳩集撫摩하야 以盡惇敍之義아 顧乃急於功利하야 不暇更革이라 時異事改에 雖其諸子如欒在陳하고 雍在秦[9)]하야 俱未免流離之患이라가 再三傳之後에 始克正之하니 吾是以爲文公恨也로라

妲己가 政事를 해치다〔妲己害政〕

1) 〔역주〕 驪姬 : 晉 獻公의 첩으로 奚齊를 낳았다. 獻公의 총애를 받자, 자기의 아들 奚齊를 태자로 세우고자 하여, 태자 申生을 참소해 죽이고, 夷吾(惠公)와 重耳(文公)를 참소해 변방으로 축출하였다. ≪春秋左氏傳≫ 僖公 23~24년에 보인다.
2) 〔역주〕 文公 : 獻公의 아들로 이름이 重耳인데 9년 동안 재위하였고, 제후의 覇者가 되었다.
3) 〔역주〕 如惠如懷 : 惠는 晉 惠公이고, 懷는 晉 懷公이다. 惠公은 이름이 夷吾로 獻公의 아들이다. 14년 동안 在位하였다. 懷公은 이름이 圉로 惠公의 아들인데, 즉위한 지 반년도 되지 않아 文公이 그를 살해하고서 자신이 임금이 되었다.
4) 〔역주〕 如襄如靈 : 襄은 晉 襄公이고, 靈은 晉 靈公이다. 襄公은 文公의 아들로 이름이 歡인데, 7년 동안 재위하였다. 靈公은 襄公의 아들로 이름이 夷皐인데, 14년 동안 재위하였다.
5) 〔역주〕 顚頓奔走 : 뜻을 잃고 곤경에 빠져 외국으로 도망감이다.
6) 〔역주〕 斬袪 : 담을 넘어 도망가는 重耳의 소매를 자른 것을 이른다. ≪春秋左氏傳≫ 僖公 5년에 보인다.
7) 〔역주〕 乞食 : 공자 重耳가 도망 다닐 때 衛나라에 들렀는데, 衛 文公이 禮遇하지 않자 五鹿으로 나와 野人에게 음식을 구걸하였다. 野人이 그에게 흙덩이를 준 일을 이른다. ≪春秋左氏傳≫ 僖公 23년에 보인다.
8) 〔역주〕 觀浴 : 공자 重耳가 曹나라에 이르니, 曹 共公은 重耳의 갈비가 통뼈라는 말을 듣고 그의 알몸을 보고자 하여 그가 목욕할 때에 가까이 다가가서 구경한 일을 이른다. ≪春秋左氏傳≫ 僖公 23년에 보인다.
9) 〔역주〕 樂在陳 雍在秦 : 樂과 雍은 모두 文公의 아들이다.

晉나라는 驪姬가 환란을 일으킨 때부터 群公子를 기르지 않겠다고 盟誓〔詛〕하였으므로 이때부터 晉나라에는 公族이 없었는데, 成公이 즉위함에 이르러 비로소 회복하였다. 成公으로부터 위로 驪姬의 세대까지 君位를 거친 몇 분의 임금이 있었는데, 文公보다 앞서 임금이 된 惠公과 懷公 같은 자는 꾸짖기에 부족하고, 文公보다 뒤에 임금이 된 襄公과 靈公 같은 자도 꾸짖기에 부족하지만, 유독 文公은 이름이 五覇에 들고 밝은 임금으로 호칭되어, 직접 春秋時代 賢者의 책임을 받고도 도리어 驪姬의 서약을 인습하여 종족이 이산되는 것을 구휼할 줄을 몰랐으니 어찌 이를 버리고 다른 이를 꾸짖겠는가? 하물며 驪姬가 일으킨 화란을 文公이 직접 입었음에랴?

文公이 뜻을 잃고 곤경에 빠져 도주할 적에 狄國으로 갔다가 衛나라로 가고, 齊나라로 갔다가 曹나라로 가고, 鄭나라로 갔다가 楚나라로 가는 〈등 잠시도 정지하지 않고 돌아다니다가〉 몸이 도로에서 늙은 것은 바로 驪姬의 맹서에 얽매였기 때문이다. 다행히 뒤에 晉나라로 돌아와서 君位에 올랐을 때에, 어찌하여 이 화란을 징계로 삼고, '공자와 公孫들이 먼 지역에 흩어져 있는 것이 여러 해가 지났으니, 어찌 두렵고 위태로움이 내가 소매를 잘릴 때와 같지 않겠으며, 궁핍하여 주리고 고달픔이 내가 걸식할 때와 같지 않겠으며, 업신여김과 모욕을 당하는 것이 내가 목욕할 때 몸을 훔쳐보는 치욕을 당한 것과 같지 않겠는가?'라고 돌이켜 생각하여, 내가 전일에 겪었던 困悴(빈곤의 고통)로 다른 사람들의 오늘의 고달픔을 헤아려서 즉시 명령을 반포하여 저들을 한 곳에 모아놓고 어루만져 종족 간에 화목하게 지내는 情義를 다하지 않았는가?

〈그런데〉 도리어 功利에 급급하여 更張改革할 겨를이 없었으니, 세월이 가고 사태가 바뀌자 비록 자기의 아들도 〈흩어짐을 면하지 못해〉 公子 樂은 陳나라에 가 있고, 公子 雍은 秦나라에 가 있어 모두 流離하는 환난을 면하지 못하였다가 〈君位를〉 再傳三傳한 뒤에야 비로소 바로잡혔으니, 나는 이로 인해 文公을 위해 한탄한다.

天下之弊法은 **固有經千百年而不能廢者矣**니 **衛鞅之阡陌**[1)]**也**와 **漢武之鹽鐵**[2)]**也**와 **張滂之稅茗**[3)]**也**와 **劉守光之沮兵**[4)]**也**는 **是雖知其弊**나 **然或掣其前**하고 **或牽其後**하야 **未易**(이)**以朝夕去**어니와 **至若公族之制**하얀 **復**(부)**何所齟齬哉**아 **令出堂陛**면 **而法成有司矣**어늘 **文公之猶豫不變**은 **果何意也**아 **善爲文公辭者**면 **吾將問之**리라

1) 〔역주〕 阡陌 : 가로 세로로 난 田界의 두둑이다. 戰國時代 衛鞅이 秦 孝公에게 田界의 두둑을 개간하고 곡물의 생산량을 증가시켜 秦나라를 부강하게 만들기를 건의하였다.(≪史記≫ 〈商君列傳〉)

2) 〔역주〕 鹽鐵 : 漢 武帝가 鹽鐵稅를 징수한 것을 이른다.(≪漢書≫ 〈食貨志 上〉)

3) 張滂之稅茗 : 唐食貨志[*)]

≪漢書≫ 〈食貨志〉에 보인다.

*) 〔역주〕 唐食貨志 : 唐 德宗 때 張滂의 건의를 받아들여 茶稅를 징수한 것을 이른다.(≪新唐書≫ 〈食貨志 4〉)

4) 〔역주〕 沮兵 : 兵器로 겁을 주는 것인지, 병사로 적을 막는 것인지 未詳이다. 劉守光은 五代 後梁 사람으로 乾化(後梁 朱溫의 연호) 초년에 大燕皇帝로 自稱하였다가 전쟁에 패해 피살되었다.(≪新唐書≫ 〈雜傳 27〉)

천하의 弊法에는 본래 천백년이 지나도 폐기할 수 없는 것이 있으니, 〈바로〉 衛鞅의 阡陌과 漢 武帝의 鹽鐵과 張滂의 稅茗과 劉守光의 沮兵이다. 이것이 비록 폐법임을 알지만 앞에서 방해하기도 하고 뒤에서 견제하기도 하여 단시일에 개혁하기가 쉽지 않다.

그러나 公族의 제도로 말하면 다시 무엇이 도리에 맞지 않는 바가 있는가? 國君이 조정에서 명령을 내리면 담당관이 즉시 법률로 만들 것인데, 文公이 주저하고 변경하지 않은 것은 과연 무슨 생각인가? 文公을 위해 설명을 잘하는 자가 있다면 내 장차 그에게 물어보리라.

晉나라 重耳(晉 文公)가 列國을 떠돌다〔晉重耳周遊列國〕

24-08 楚子問鼎　楚子가 鼎의 크기와 무게를 묻다

【左傳】 宣三年이라 楚子伐陸渾之戎하고 遂至於雒하야 觀兵于周疆하니 定王使王孫滿[1] 勞楚子하다 楚子問鼎之大小輕重焉[2]한대 對曰 在德이요 不在鼎이라 昔夏之方有德也에 遠方圖物이어늘 貢金九牧하야 鑄鼎象物하고 百物而爲之備하야 使民知神姦[3]이라 故民入川澤山林에 不逢不若[4]하고 螭(리)魅罔兩[5]을 莫能逢之라 用能協于上下하야 以承天休러니 桀有昏德에 鼎遷于商하야 載祀六百하고 商紂暴虐에 鼎遷于周하니 德之休明이면 雖小나 重也요 其姦回昏亂이면 雖大나 輕也라 天祚明德하니 有所底止라 成王定鼎于郟鄏(겹욕)에 卜世三十이요 卜年七百하니 天所命也라 周德雖衰나 天命未改하니 鼎之輕重은 未可問也라

1) 〔역주〕 王孫滿 : 王孫 滿은 周나라 大夫이다.
2) 〔역주〕 楚子問鼎之大小輕重焉 : 周나라를 핍박해 天下를 취하고자 하는 뜻을 보인 것이다.〈杜注〉
3) 〔역주〕 百物而爲之備 使民知神姦 : 鬼神과 百物의 形象을 그려넣어 백성들로 하여금 미리〔逆〕 대비하게 한 것이다.〈杜注〉 백성들로 하여금 귀신의 奸邪한 情狀을 모두 알게 한 것이다.〈附注〉
4) 〔역주〕 不若 : 不若은 不順으로, 사람을 해치는 妖怪를 이른다.
5) 〔역주〕 螭(리)魅罔兩 : 螭는 짐승모양을 한 山神이고, 魅는 怪物이며, 罔兩은 물귀신이다.〈杜注〉

宣公 3년, 楚子가 陸渾의 戎을 討伐하고, 드디어 雒에 이르러 周나라 境內에서 觀兵(武力示威)하니, 定王이 王孫 滿을 보내어 楚子를 慰勞하였다. 楚子가 王孫 滿에게 鼎의 大小와 輕重을 묻자, 王孫 滿이 다음과 같이 대답하였다.

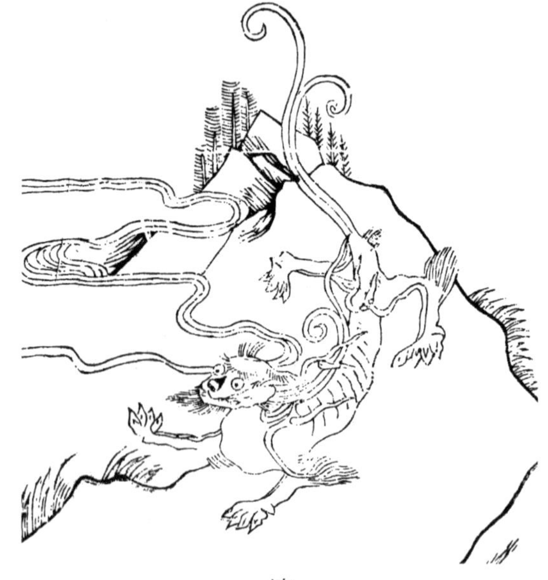
螭

"〈王者가 되는 것은〉 德에 달린 것이지 鼎에 달린 것이 아니다. 옛날 夏나라에 덕이 있을 때에 遠方의 나라들이 〈각각 그 山川의 奇異한〉 물건들을 그려 올리자, 九州의 牧伯에게 青銅

〔金〕을 바치게 하여, 아홉 개의 鼎을 鑄造하여 〈遠方에서 그려 올린〉 物象을 새겨넣고, 百物을 새겨넣어 백성들로 하여금 鬼神의 奸邪한 情狀을 알아 대비할 수 있게 하였다. 그러므로 백성들이 川澤과 山林에 들어가도 不若을 만나지 않고, 螭·魅·罔兩을 만나지 않았다. 그러므로 上下가 和睦하여 하늘의 福을 받았었는데, 桀에게 昏德이 있자 鼎이 商나라로 옮겨가서 6백 년을 머물다가 商紂가 暴虐하자 鼎이 周나라로 옮겨왔으니, 임금의 덕이 아름답고 밝으면 〈鼎이〉 아무리 작아도 무거워서 〈옮길 수 없고,〉 임금의 덕이 奸惡하고 昏亂하면 〈鼎이〉 아무리 커도 가벼워서 〈옮길 수 있다.〉 하늘은 밝은 덕이 있는 사람에게 福을 주니, 鼎은 와서 머무는 곳(有德한 나라)이 있다. 成王께서 이 鼎을 郟鄏에 安置할 적에 占辭에 '30代 7백 년을 누릴 것이다.'라고 하였으니, 이는 하늘이 命한 바이다. 周나라의 덕이 비록 쇠하였으나 아직 天命이 바뀌지 않았으니, 鼎의 경중은 물을 것이 아니다."

【主意】王孫滿以口辨而折彊楚는 衆人所喜나 而識者所憂也라 初述却楚之功하고 後責怠周之罪하니 得先揚後抑體라

王孫 滿이 구변으로 강한 楚나라를 꺾은 것은 보통 사람들은 기뻐한 바이지만 식견이 있는 사람들은 걱정한 바이다. 〈이 편은〉 앞에 楚나라를 물리친 功을 서술하고 뒤에 周나라를 태만하게 한 죄를 꾸짖었으니, 먼저 찬양하고 뒤에 억제하는 문장의 체제를 얻었다.

一夫而抗强敵[1)]하고 一言而排大難[2)]은 此衆人之所喜나 而識者之所憂也[3)]라 楚爲封豕長蛇[4)]하야 荐(천)食上國[5)]하고 陳師鞠旅[6)]하야 觀兵周郊[7)]에 問九鼎之輕重[8)]하니 其勢岌岌[9)]이 若岱華嵩岳將覆而未壓[10)]이라 王孫滿獨善爲說辭[11)]하야 引天援神[12)]하야 折其狂僭[13)]하야 使楚人卷甲韜戈하고 逡巡自却[14)]하야 文昭武穆[15)]의 鐘簴不移[16)]하고 瀍水雒都[17)]의 城闕無改[18)]하니 其再造周室之功이 實在社稷[19)]이라 是固衆人之所同喜也[20)]니 夫何憂[21)]리오 憂之云者[22)]는 非憂其一時之功也[23)]라 喜在今日而憂在他日也[24)]라 天下之禍不可狃[25)]요 而幸不可恃[26)]라 問鼎은 大變也[27)]라 國幾亡而祀幾絶[28)]이로되 王孫滿持辯口以禦之[29)]하니 所以楚子退聽者도 亦幸焉耳[30)]라 周人遂以爲强楚之凶燄如是[31)]로되 尙畏吾之文告하야 而不敢前[32)]하니 異時復(부)有跳梁饑甸

者[33)]면 **正煩一辯士足矣**[34)]라 **是狃寇難爲常**[35)]하야 **而眞以三寸舌爲可恃也**[36)]라

1) 一夫而抗强敵 : 以王孫却强楚

王孫滿이 강한 楚나라를 물리쳤다는 말이다.

2) 一言而排大難 : 以口舌勝甲兵

말(口舌)로 군사(甲兵)를 이겼다는 말이다.

3) 此衆人之所喜 而識者之所憂也 : 含蓄主意

주요한 뜻을 함축하였다.

4) 楚爲封豕長蛇 : 封大也 楚如豕之貪 如蛇之毒

封은 큼이다. 楚나라는 멧돼지처럼 탐욕스럽고, 뱀처럼 독하다는 말이다.

5) 荐(천)食上國 : 數(삭)侵諸夏之國

자주 中原의 제후국을 침범했다는 말이다.

6) 陳師鞠旅 : 鞠告也 陳其師旅而誓告[*)]之

鞠은 고함이니, 군사를 진열시켜 놓고서 誓告했다는 말이다.

*) 〔역주〕 誓告 : 誓告는 誓師와 같은 말로, 출정하기에 앞서 군사들을 모아놓고서 작전의 의의를 선포하여 전투의지를 격려함이다.

7) 觀兵周郊 : 示兵威以脇周

군대의 위세를 보여 周나라를 협박한 것이다.

8) 問九鼎之輕重 : 九鼎 夏禹所鑄 以爲傳國之寶 楚莊無道 問其輕重 欲遂取之

九鼎은 夏禹가 주조하여 대대로 전하는 國寶로 삼았다. 무도한 楚 莊王이 鼎의 무게를 물은 것은 마침내 그것을 취하고자 해서이다.

9) 其勢岌岌 : 岌岌 危貌

岌岌은 위태로운 모양이다.

10) 若岱華嵩岳將覆而未壓 : 岱東岳 華西岳 嵩高(申)〔中〕[*)]岳也 以喩國勢危甚

岱는 東岳이고, 華는 西岳이고, 嵩高는 中岳이다. 나라의 형세가 매우 위태로움을 비유한 것이다.

*) 〔역주〕 (申)〔中〕 : 저본에는 '申'으로 되어 있으나, 문맥에 의거하여 '中'으로 바로잡았다.

11) 王孫滿獨善爲說辭 : 有口辨

구변이 있다는 말이다.

12) 引天援神 : 引天 謂天祚明德 援神 謂民知神姦

引天은 하늘은 밝은 德이 있는 나라에 복을 내린다는 것을 이르고, 援神은 백성이 神姦(사람을 해치는 妖怪)을 아는 것을 이른다.

13) 折其狂僭 : 折服楚人狂妄僭竊之心

함부로 잘난 체하고, 주제넘게 윗사람의 것을 훔치고자 하는 楚나라 사람의 마음을 折伏(설복)시켰다는 말이다.

14) 使楚人卷甲韜戈 逡巡自却：楚莊斂兵而退
 楚 莊王이 군대를 거두어 물러간 것이다.

15) 文昭武穆：文王武王昭穆之廟
 昭(왼쪽)의 文王廟와 穆(오른쪽)의 武王廟를 이른다.

16) 鐘簴不移：簴 鍾磬之架也 不移 謂宗廟復安
 簴는 鍾과 경쇠를 매다는 틀이다. 不移는 종묘가 다시 안정되었음을 이른다.

17) 瀍水雒都：洛邑 在澗水東瀍水西
 洛邑은 澗水의 동쪽과 瀍水의 서쪽에 있다.

18) 城闕無改：無改 謂都邑復存
 無改는 도읍이 다시 보존되었음을 이른다.

19) 其再造周室之功 實在社稷：將欲貶之 必先褒之
 장차 그를 깎아내리려면 반드시 먼저 그를 추켜세워야 한다.

20) 是固衆人之所同喜也：應起語
 起頭의 말에 호응한 것이다.

21) 夫何憂：引過憂字
 '憂'字를 끌어씀이 지나치다는 말이다.

22) 憂之云者：君子所以憂者
 '군자가 근심하는 이유는'의 뜻이다.

23) 非憂其一時之功也：盖他有所憂也
 대체로 달리 근심할 바가 있기 때문이다.

24) 喜在今日而憂在他日也：含蓄主意 未露
 主意를 함축하고 드러내지 않았다.

25) 天下之禍不可狃：不可玩以爲幸
 가볍게 보아 다행으로 여겨서는 안 된다는 말이다.

26) 而幸不可恃：不可恃以爲安
 믿고서 편안히 여겨서도 안 된다는 말이다.

27) 問鼎 大變也：此豈細事
 '이것이 어찌 작은 일이냐'는 말이다.

28) 國幾亡而祀幾絶：禍莫甚焉
 禍가 더없이 심하다는 말이다.

29) 王孫滿持辯口以禦之：以言語排大難

말로써 큰 災難을 물리쳤다는 말이다.

30) 所以楚子退聽者 亦幸焉耳 : 應上文幸字

윗글의 '幸'자에 호응한 것이다.

31) 周人遂以爲强楚之凶燄如是 : 轉說周人狃其禍而恃其幸

周나라 사람들은 그 화란을 익숙히 여기고, 요행을 믿는다고 돌려 말한 것이다.

32) 尙畏吾之文告 而不敢前 : 强楚之凶威虐燄如此 尙爲吾之辭令所(知)〔畏〕*)

강한 楚나라의 흉악한 위세와 포학한 기세가 이와 같되, 오히려 우리 王孫의 辭令(외교의 언사)에 두려워 한다는 말이다.

*) 〔역주〕 (知)〔畏〕 : 저본에는 '知'로 되어 있으나, 문맥에 의거하여 '畏'로 바로잡았다.

33) 異時復(부)有跳梁覬覦者 : 後來再有如强楚之爲者

'앞으로 다시 강한 楚나라처럼 행동하는 자가 있을 경우'의 뜻이다.

34) 正煩一辯士足矣 : 得一口辯之士 足以代甲兵矣

한 辯士를 얻는다면 甲兵(大軍)을 대신하기에 충분하다는 말이다.

35) 是狃寇難爲常 : 以禍爲可狃

화란을 익숙히 할 수 있다고 여김이다.

36) 眞以三寸舌爲可恃也 : 以幸爲可恃

요행을 믿을 수 있다고 여김이다.

한 사내가 강한 적을 대항하고 한 마디 말로 큰 災難를 물리치는 것은 보통 사람들은 기뻐하는 바이지만 식견이 있는 사람들은 걱정하는 바이다. 楚나라는 큰 멧돼지〔封豕〕와 큰 뱀〔長蛇〕이 되어 上國(중원의 제후국)을 잠식하고서, 군사를 진열해 誓師하고 周나라의 교외에서 觀兵할 적에 九鼎의 무게를 물었으니, 그 형세의 위급함이 마치 岱山・華山・嵩山이 엎어질 듯 엎어질 듯하면서도 아직 엎어지지 않은 것과 같았다. 王孫滿이 홀로 언변이 뛰어나 하늘과 귀신을 이끌어 楚나라의 狂妄하고 참람한 마음을 折服시켜, 楚나라 사람으로 하여금 갑옷과 병기를 거두어 간직하고서 스스로 뒤로 물러나게 하여, 文昭와 武穆의 鐘簴를 옮기지 않고 瀍水와 雒都의 성곽・궁궐을 수리함이 없게 하였으니, 周나라를 再造한 그의 공로가 실로 사직에 있다. 이는 본래 사람들이 함께 기뻐하는 바이니 무엇을 걱정할 게 있겠는가? 〈그러나〉 걱정한다는 것은 그 한때의 공로를 걱정하는 것이 아니라, 기쁨은 오늘에 있으나 걱정이 후일에 있기 때문이다.

천하의 화란을 익숙히 여겨서는 안 되고 요행을 믿어서도 안 된다. 鼎의 〈무게를〉 물은 것은 큰 변고이다. 나라가 거의 멸망할 뻔하고 제사가 거의 끊길 뻔 하였는데 王

孫 滿이 구변으로 그 위난을 막으니, 楚子가 퇴각하여 순종한 것 또한 요행일 뿐이다. 그런데 周나라 사람들은 드디어 '강한 楚나라의 흉악한 기세가 이와 같은데도 오히려 우리의 文德으로 일러줌을 두려워하여 감히 앞으로 나아오지 못하였으니, 후일에 다시 畿甸에서 날뛰는 자가 있으면 바로 한 辯士를 수고시키는 것만으로 충분하다.'고 하니, 이것이 寇難에 익숙해 常事(예사로운 일)로 여겨 참으로 세 치의 혀를 믿을 수 있다고 여기는 것이다.

由東遷以來[1)]로 **周之君臣**이 **上恬下熙**[2)]하야 **奄奄略無立志**[3)]하니라 **身不見驪彘之釁**[4)]하고 **口不誦板蕩之詩**[5)]ㄹ새 **玩於宴安**[6)]하야 **侵以媮墮**[7)]로되 **君子猶意儻遇禍變**[8)]이면 **庶幾儆懼**[9)]**改前之爲**[10)]하니라 **今三代所傳之大寶鎭**[11)]을 **蠻夷跋扈**[12)]하야 **乃敢睥睨蕩搖**[13)]하야 **欲以腥膻汚漫之**[14)]하야 **侈然有改玉改步之意**[15)]하니 **禍變孰大於此**[16)]오 **使王公卿士 怵惕祇畏**[17)]하야 **懷覆亡之虞**[18)]면 **則后稷公劉之業**을 **猶有望也**[19)]라 **適王孫滿之說偶行**[20)]하야 **其君臣相與高枕**[21)]하야 **遂謂吾舌尙存**하니 **寇至何畏**[22)]오하니 **狃其禍而恃其幸**[23)]은 **開之者非滿歟**[24)]아 **自是之後**[25)]로 **相襲成俗**[26)]하야 **問其治國**이면 **則先文華而後德政**[27)]하고 **問其禦寇**면 **則先辯說而後甲兵**[28)]하며 **問其撫邦**이면 **則先酬對而後信義**[29)]라 **內觀其實**이면 **日薄日頹**[30)]하고 **外觀其辭**면 **日新日巧**[31)]하야 **典冊絢麗**[32)]는 **尙如在成康之間**[33)]이나 **形勢陵遲**[34)]는 **固已若夏商之季矣**[35)]라

1) 由東遷以來：周自平王始東遷于洛邑

周나라는 平王 때에 비로소 동쪽의 洛邑으로 遷都하였다.

2) 周之君臣 上恬下熙：偸安歲月

안일을 탐하며 세월을 보냄이다.

3) 奄奄略無立志：無復有爲之志

다시 큰일을 할 뜻이 없었다는 말이다.

4) 身不見驪彘之釁：昔周厲王虐 國人謗王 王得衛巫監謗 以告則殺之 由是諸侯不享王 流于彘 又犬戎攻幽王 王擧火驪山 諸侯不至 遂殺幽王 此驪彘之釁也

옛날에 周 厲王이 虐政을 하니, 國人이 왕을 비방하였다. 厲王은 衛나라 무당을 얻어 비방하는 자들을 감시하게 하고서, 비방한 자를 고하면 즉시 주살하였다. 이로 인해 제후가 왕에게 朝見하지 않고 彘로 추방하였다. 또 犬戎이 周 幽王을 공격하자 幽王이 驪山에서 봉화를 들었으나 제후가 이르지 않으니, 犬戎이 드디어 幽王을 살해하였다. 이것이 幽王이 驪山에

서 살해되고 厲王이 彘에서 죽은 화란이다.

5) 口不誦板蕩之詩：大雅板蕩一篇 皆刺幽王之詩 東遷之後則無是矣

《詩經》〈大雅〉의 〈板篇〉과 〈蕩篇〉은 모두 幽王을 풍자한 시이다. 〈周나라가〉 東遷한 뒤에는 이런 詩가 없었다.

6) 玩於宴安：無復憂勤

다시 國事를 근심하여 근로함이 없다는 말이다.

7) 侵以婾墮：無復振作

다시 진작함이 없다는 말이다.

8) 君子猶意儻遇禍變：苟有敵國外患之變

'만약 적국이 쳐들어오는 외환의 변란을 당한다면'의 뜻이다.

9) 庶幾儆懼：冀其遇變而懼

변란을 만나 두려워하기를 바란다는 말이다.

10) 改前之爲：改宴安爲憂勤 改婾墮爲振作

안일을 근심과 근면으로 고치고, 나태를 진작으로 고친다는 말이다.

11) 今三代所傳之大寶鎭：謂九鼎也 桀有昏德 鼎遷于商 商紂暴虐 鼎遷于周

九鼎을 이른다. 桀에게 惡德이 있으니 鼎이 商나라로 옮겨갔고, 商紂가 포학하니 鼎이 周나라로 옮겨갔다.

12) 蠻夷跋扈：蠻夷 楚本蠻荊之國也 跋扈 不臣也

蠻夷는 본래 蠻荊의 나라인 楚를 이르고, 跋扈는 신하의 도리를 지키지 않음이다.

13) 乃敢睥睨蕩搖：睥睨 謂竊窺之 蕩搖 欲竊有之

睥睨는 몰래 엿봄이고, 蕩搖는 훔쳐서 가지고 싶어함이다.

14) 欲以腥膻汚漫之：欲以犬羊腥膻 汚我九鼎

犬羊(蠻夷)의 누린내로 우리의 九鼎을 더럽히고자 한 것이다.

15) 侈然有改玉改步[*)]之意：魯季孫意如 逐魯昭公 季孫僭行君事 佩璵璠以祭宗廟 昭公死于外 立定公 五年而意如卒 其家臣陽虎欲以璵璠斂 仲梁懷不與曰 改步改玉 其意謂意如既復臣位 改君之步則亦當去璵璠 不當復用以斂也 此言改玉改步者 言楚欲取九鼎 簒天子之位 改臣爲君也

魯나라 季孫意如가 魯나라 昭公을 축출하고서 季孫이 주제넘게 임금의 일을 집행하여 璵璠을 차고서 종묘에 제사를 주재하였다. 昭公이 외국에서 죽으니 定公을 후사로 세웠다. 5년 뒤에 意如가 죽자 그 家臣 陽虎가 여번을 〈意如의〉 副葬品〔斂〕으로 쓰려 하니, 仲梁懷가 허락하지 않으며 말하기를 "보폭을 바꾸어야 패옥을 바꾼다.〔改步改玉〕"고 하였다. 그 뜻은 意如가 이미 신하의 지위를 회복하여 임금의 보폭을 바꾸었으니, 여번을 버리는 것이 마땅하고 다시 여번을 사용해서는 안 된다는 것이다. 여기에 말한 改玉改步는 楚나라가 九鼎을 취하고 천자의 지위를 찬탈하여 신하의 지위를 바꾸어 천자가 되고자 한 것을 말한다.

*) 〔역주〕 改玉改步 : 原義는 임금의 일을 代行하는 자리에서 물러나 신하의 지위로 돌아왔으니 임금의 佩玉을 사용해서는 안 된다는 뜻인데, 여기서는 반대로 楚王이 九鼎을 취하면 천자로 행세하여 보폭과 패옥을 천자의 예식에 맞게 바꿀 것이라는 말이다. ≪禮記≫ 〈玉藻〉에 "임금이 尸와 함께 걸을 때에 임금은 接武(尸가 디딘 발자국의 반을 밟고 감)하고, 大夫는 繼武(尸가 디딘 발자국의 끝을 밟고 감)하고, 士는 中武(尸가 디딘 발자국에서 발 하나의 간격을 두고 따라감)한다."고 하였다.

16) 禍變孰大於此 : 應前倘遇禍變

앞에서 말한 "만약 화변을 만난다면"에 호응한 것이다.

17) 使王公卿士怵惕祗畏 : 假使周之君臣因此戒懼

'가령 周나라의 군신이 이로 인해 경계하고 두려워하여'의 뜻이다.

18) 懷覆亡之虞 : 以亡國爲憂

'나라가 멸망할 것을 근심하였다면'의 뜻이다.

19) 后稷公劉之業 猶有望也 : 后稷公劉 周之祖也 懼而修政 則王業有興起之望

后稷과 公劉는 周나라의 선조이다. 두려워하여 정치를 修明한다면 왕업을 일으킬 가망이 있다는 말이다.

20) 適王孫滿之說偶行 : 此下責王孫滿怠周之罪

이하는 周나라를 태만하게 만든 王孫 滿의 죄를 꾸짖었다.

21) 其君臣相與高枕 : 便謂無事可憂

멋대로 근심할 만한 일이 없다고 생각함이다.

22) 遂謂吾舌尙存 寇至何畏 : 謂辨士可禦寇

辨士가 外寇를 막을 수 있다고 생각함이다.

23) 狃其禍而恃其幸 : 應前禍不可狃幸不可恃

앞에서 "화란을 익숙히 여겨서는 안 되고 요행을 믿어서도 안 된다."고 한 말에 호응한 것이다.

24) 開之者非滿歟 : 歸罪於王孫滿

王孫 滿에게 죄를 돌린 것이다.

25) 自是之後 : 說後來事

앞으로 올 일을 말한 것이다.

26) 相襲成俗 : 以文辭言語成風俗

文辭와 言語를 〈숭상하는 것이〉 풍속이 되었다.

27) 問其治國 則先文華而後德政 : 所以治國者 言語而已

나라를 다스리는 방법이 언어뿐이라는 말이다.

28) 問其禦寇 則先辯說而後甲兵 : 所以禦寇者 言語而已

외적을 방어하는 방법이 언어뿐이라는 말이다.

29) 問其撫邦 則先酬對而後信義：所以交接隣國者 言語而已 文華辯說酬對 皆文辭言語之謂

이웃나라와 교제하는 방법이 언어뿐이라는 말이다. 〈본문의〉 文華와 辯說과 酬對는 모두 문사와 언어를 이른다.

30) 內觀其實 日薄日頹：全無本領

일에 근본이 되는 중요한 점〔本領〕이 전무하다는 말이다.

31) 外觀其辭 日新日巧：徒飾虛言

한갓 허황된 말만 꾸밀 뿐이라는 말이다.

32) 典冊絢麗：典籍簡冊文采燦然

典籍과 簡冊에 문채가 찬란하다는 말이다.

33) 尙如在成康之間：與成王康王盛時無異

흥성했던 成王과 康王 시대와 다름이 없다는 말이다.

34) 形勢陵遲：國家形勢 委靡不振

국가의 형세가 쇠약해 振作하지 못한다는 말이다.

35) 固已若夏商之季矣：與夏商末年亦無以異矣

夏나라와 商나라 말년과 다를 것이 없다는 말이다.

周나라가 東遷한 뒤로 周나라의 君臣이 위에 있는 자는 현실에 안주하고 아래에 있는 자는 환락에 빠져서 무기력하게 지낼 뿐, 〈국가를 위해〉 뜻을 세우는 자가 전무하였다. 몸은 驪姬·㐲의 전란을 겪은 적이 없고, 입은 〈板〉·〈蕩〉의 시를 읊은 적이 없기 때문에 안일을 탐하여 점점 무너져 내렸으나, 君子는 오히려 혹시라도 禍變을 만나면 그들이 경계하고 두려워하여 거의 전일의 행위를 고칠 것으로 생각하였다. 그런데 지금 三代가 전해온 중대한 寶器를 오랑캐가 함부로 날뛰면서 감히 몰래 엿보고 몰래 가져가서 누린내로 더럽혀 방자히 패옥의 등급을 바꾸고, 보폭의 너비를 바꾸려는〔改玉改步〕 뜻을 갖고자 하였으니, 이보다 큰 화변이 어디 있겠는가?

가령 王公과 卿士가 두려워 떨면서 국가가 멸망할 것을 우려하는 마음을 품었다면 后稷과 公劉와 같은 功業을 이루기를 오히려 기대할 수 있었을 것이다. 그러나 때마침 王孫 滿의 말이 우연히 행해져서 그 군신이 아무 걱정 없이 베개를 높이 베고서 '우리의 혀가 아직 남아 있으니 外寇가 온들 무엇이 두려우랴?'라 하게 되었으니, 그렇다면 화란을 익숙히 여기고 요행을 믿는 풍조를 개시한 자가 王孫 滿이 아니겠는가? 이 뒤로는 〈화란을 익숙히 여기고 요행을 믿는 것을〉 서로 답습해 풍속이 되어 治國에 대해 물으면 文華를 우선으로 하고 德政을 소홀히 하며, 외적을 방어하는 것에 대해 물으면 辯說을 우선으로 하고 甲兵을 소홀히 하며, 邦國을 안무하는 것에 대해 물으면 酬對를 우선으로 하고 信義를 소홀히 하였다. 안으로 그들의 실제를 살펴보면 나날이 엷어지고 나날이 무너지며, 밖으로 그들의 언사를 살펴보면 나날이 새로워지고 나날이 교묘해졌다. 문헌의 찬란함은 오히려 成王·康王 시대에 있는 것 같은데, 형세의 쇠퇴함은 이미 夏·商나라의 말엽 같았다.

下逮戰國呑噬之際[1)]하얀 猶用滿之餘策하야 虛張九九八十一萬之數以譎齊[2)]하고 左欺右紿[3)]하야 自矜得計[4)]러니 一(朝)〔旦〕秦兵東出[5)]에 辯不能屈[6)]하고 說不能下[7)]하야 緩頰長喙[8)]를 噤無所施[9)]하니 稽首歸罪[10)]하야 甘爲俘虜[11)]하니 始知浮語虛辭는 果有時而不可恃也[12)]라 晩矣哉[13)]라 人有疾病者가 偶得刀匕[14)]之劑而獲瘳면 乃憑藉餘劑하야 酣縱跌蕩하야 以自投死地니 是瘉之於先이 所以殺之於後也라 故吾嘗謂王孫滿却楚之功이 不足償其怠周之罪[15)]라하노라

1) 下逮戰國呑噬之際 : 用此一事証極好 呑噬 謂相併滅也

이 한 가지 일은 증거로 인용한 것이 더할 수 없이 좋다. 呑噬는 상대국을 겸병하여 멸망시킴을 이른다.

2) 虛張九九八十一萬之數以譎齊 : 秦興師臨(問)〔周〕[*1)]而求九鼎 顔率請東借教於齊 謂齊王曰 秦興兵而求九鼎 周之君臣內自畫計 與秦不若歸之大國 齊王大悅 發師救周 而秦兵罷 齊將求九鼎 顔率謂齊王曰 昔周伐殷得九鼎 凡一鼎而九萬人(兢)〔挽〕[*2)]之 九九八十一萬人 大王從有其人 何塗之從而出 齊王乃止

秦나라가 군사를 일으켜 周나라로 가서 九鼎을 요구하니, 〈周王이 이를 근심하여 顔率에게 말하였다.〉 顔率이 "신이 동쪽으로 가서 齊나라에 가르침을 빌리기를 청합니다."라고 하고, 〈齊나라로 가서〉 齊王에게 말하기를 "秦나라가 군사를 일으켜 九鼎을 요구하니, 周나라의 군신이 내심 스스로 계획하기를 '秦나라에 주는 것이 大國(齊)에 주는 것만 못하다.'고 하였습니다."라고 하였다. 齊王이 크게 기뻐하여 군사를 일으켜 周나라를 구원하니, 秦軍이 軍陣을 풀고 돌아갔다. 齊나라가 九鼎을 요구하려 하니, 顔率이 齊王에게 말하기를 "옛날에 周나라가 殷나라를 정벌하고서 九鼎을 얻었는데, 鼎 하나를 끄는데 9만 명이 필요하고 9만을 아홉 번 곱하면 81만 명이 됩니다. 대왕께서 비록 그 수의 사람을 가지셨으나, 어떤 길을 거쳐 나오시겠습니까?"라고 하니, 齊王은 그 일을 즉시 그만두었다.

*1) 〔역주〕 (問)〔周〕 : 저본에는 '問'으로 되어 있으나, 문맥에 의거하여 '周'로 바로잡았다.

＊2) 〔역주〕 (兢)〔挽〕 : 저본에는 '兢'으로 되어 있으나, 문맥에 의거하여 '挽'으로 바로잡았다.

3) 左欺右紿 : 飾無實之說以誑人

실없는 말을 꾸며 사람들을 속임이다.

4) 自矜得計 : 方自矜伐以爲得策

바야흐로 스스로 과시하며 계책이 실현되었다고 여김이다.

5) 一(朝)〔旦〕*)秦兵東出 : 秦人以兵滅周

秦人이 군대를 사용해 周나라를 멸망시켰다.

＊) 〔역주〕 (朝)〔旦〕 : 저본에는 '朝'로 되어 있으나, 四庫全書本·三民書局本에 의거하여 '旦'으로 바로잡았다.

6) 辯不能屈 : 非辯士所能屈

辯士가 굴복시킬 수 있는 대상이 아니라는 말이다.

7) 說不能下 : 非說辭所能下

유세하는 말로 항복받을 수 있는 대상이 아니라는 말이다.

8) 緩頰長喙*) : 前漢高祖命酈食(이)其曰 緩頰往說魏王豹 莊子云 丘願有喙三尺

前漢 高祖가 酈食其에게 명하기를 "가서 느린 말로 비유해가며 魏王 豹를 깨우치라."고 하였고, ≪莊子≫ 〈徐无鬼〉에 "나도 길이가 세 치 되는 입을 갖기를 원한다."고 하였다.

＊) 〔역주〕 緩頰長喙 : 緩頰은 ≪前漢書≫ 〈高帝記〉에 보이는데, 그 註에 "천천히 말하면서 비유를 이끌어 깨우침이다.〔徐言引譬喩也〕"라고 하였다. 長喙는 공허한 말을 길게 늘어놓음이다.

9) 噤無所施 : 閉口結舌 一無所用

입이 닫히고 혀가 굳어서 하나도 소용이 없다는 말이다.

10) 稽首歸罪 : 服罪降秦

죄를 자수하고 秦나라에 항복함이다.

11) 甘爲俘虜 : 爲秦所桃*)

秦나라 사람들의 桃(숟갈로 뜨는 음식)가 된다는 말이다.

＊) 〔역주〕 桃 : 桃는 秦나라 말로, 그릇에 담긴 음식물을 떠먹는 긴 숟가락을 이른다.(≪漢語大詞典≫)

12) 始知浮語虛辭 果有時而不可恃也 : 發盡憂在後日之意

근심이 후일에 있을 것이라는 뜻을 남김없이 드러내었다.

13) 晩矣哉 : 至是雖悔亦無及矣

이때에 와서는 비록 후회해도 소용없다는 말이다.

14) 刀匕 : '칼과 수저'로 약을 조제할 때 쓰는 기구인 듯하다. 宋 陸游의 〈菖蒲〉 詩에 "仙人이 나에게 복용하게 하니 조제한 약이 온갖 병을 제거하였네.〔仙人教我服 刀匕蠲百疾〕"라고 하

였다.

15) 故吾嘗謂王孫滿却楚之功 不足償其怠周之罪：一篇規模 此兩語盡之矣
이 한 편의 규모가 두 마디 말에 다 담겨 있다.

아래로 戰國이 서로 집어삼키는 시대에 미쳐서도 오히려 王孫 滿이 남긴 계책을 사용하여, 9만을 아홉 번 곱하면 81만이라는 수가 된다고 과장해 齊나라를 속이고, 좌우로 속이면서 스스로 계책이 실현되었다고 과시하였다. 그러다가 하루아침에 秦나라 군대가 동쪽으로 나오자, 언변으로 굴복시킬 수 없고 유세로 항복받을 수 없어서 緩頰과 長喙를 다물고 쓸 곳이 없었다. 이에 머리를 조아리고 자기에게 죄를 돌리면서 포로가 되기를 원하였으니, 이때에서야 비로소 실없는 말과 공허한 언사는 과연 어느 때이고 믿을 수 없다는 것을 알았으니 너무 늦었다. 질병이 있는 사람이 우연이 刀匕의 약제를 얻어서 병이 나았다면 남은 약제를 믿고서 술을 과하게 마시고 방종하여 스스로 사지로 들어갈 것이니, 이는 앞서 병을 고쳐준 것이 뒤에 그를 죽게 한 원인이다. 그러므로 나는 일찍이 王孫 滿이 楚나라를 물리친 공이 주나라를 나태하게 만든 죄를 보상하기에 부족하다고 하였노라.

東萊博議 卷25

25-01 鄭公子宋公子歸生弑靈公 鄭나라 公子 宋과 公子 歸生이 靈公을 시해하다

【左傳】 宣四年이라 楚人獻黿於鄭靈公하다 公子宋與子家將見이러니 子公之食指動이어늘 以示子家曰 他日我如此면 必嘗異味라하다 及入에 宰夫將解黿이어늘 相視而笑하다 公問之하니 子家以告한대 及食大夫黿에 召子公而弗與也하다 子公怒하야 染指於鼎하야 嘗之而出하다 公怒하야 欲殺子公하다 子公與子家謀先하니 子家曰 畜老도 猶憚殺之온 而況君乎아 反譖子家하니 子家懼而從之하야 夏에 弑靈公하다 書曰 鄭公子歸生弑其君夷라하니 權不足也라

宣公 4년, 楚人이 鄭 靈公에게 자라를 바쳤다. 公子 宋(子公)이 子家(歸生)와 함께 靈公을 뵈러 가는데 子公의 食指(검지)가 떨리자, 이를 子家에게 보이며 말하기를 "前日에 나에게 이런 일이 있으면 반드시 別味를 맛보았다."고 하였다. 두 사람이 宮中으로 들어가니, 宰夫가 자라를 解體하고 있으므로 두 사람은 서로 바라보며 웃었다. 靈公이 웃는 까닭을 물으니, 子家가 그 이유를 고하였다. 大夫들에게 자라 고기를 먹일 때 子公을 불러만 놓고 자라 고기를 주지 않으니, 子公은 怒하여 〈자라 국이 담긴〉 솥에 손가락을 담가 맛을 보고 나갔다. 그러자 靈公은 노하여 子公을 죽이려 하였다. 子公이 子家에게 먼저 임금을 죽이자고 모의하니, 子家가 말하기를 "늙은 家畜도 오히려 죽이기를 꺼리는 것인데, 하물며 임금이겠는가?"라고 하며 반대하자, 子公이 도리어 靈公에게 子家를 讒訴하거늘 子家는 겁이 나서 〈子公의 뜻을〉 따라 여름에 靈公을 弑害하였다. 經에 "鄭公子 歸生이 그 임금 夷를 弑害하였다."고 기록하였으니, 〈이는 子家의〉 권력이 〈子公의 變亂을 막기에〉 부족했기 때문에 〈首惡으로 기록한 것이다.〉

25-01-01 鄭討幽公之亂 鄭人이 幽公을 弑害한 난리를 토벌하다

【左傳】 宣十年이라 鄭子家卒하니 鄭人討幽公之亂하야 斲子家之棺하고 而逐其族하다 改葬幽公하고 謚之曰靈이라하다

宣公 10년, 鄭나라 子家가 죽자, 鄭人은 子家가 幽公을 弑害하는 患亂을 일으킨 죄를

토벌하여 子家의 棺을 쪼개어 〈그 屍體를 끄집어내고,〉 그 宗族을 逐出하였다. 幽公을 改葬하고서 諡를 '靈'이라 하였다.

養生之與養心이 其同術而異效乎아 一息之差하고 一啜之誤면 是其爲病하야 朝作而夕瘳者也라 養生者兢兢而畏之者는 非畏是病也라 畏其相之者也니라 寒止於寒이면 夫何足畏리오 然自是而相之면 安知其不爲瘵爲痞爲厥爲癖[1]乎아 熱止於熱이면 夫何足畏리오 然自是而相之면 安知其不爲躁爲渴爲疽爲瘍[2]乎아 當其相之면 雖名醫不能前料其所往이니 養生者其敢不謹其始哉아 養心亦猶是也라 喜怒哀樂稍失其正이면 以邪傳邪하고 轉而相之하야 合散起伏하고 出沒低昻하야 變千態萬하야 莫知所終이니 善養心者所以戒儆恐懼하고 閑邪存誠하야 不敢毫釐失正은 畏此故也니라

1) 爲瘵爲痞爲厥爲癖 : 瘵症은 폐병이고, 痞症은 未詳이다. 厥症은 갑자기 정신을 잃고 넘어지는 병이고, 癖症은 결벽증을 가리킨다.

2) 爲躁爲渴爲疽爲瘍 : 躁狂症은 未詳이고, 消渴症은 입이 마르고 쉽게 허기지며 몸이 수척해지는 증세를 이른다. 疽腫은 피부가 부어 올라 단단해지는 毒瘡이고, 瘡瘍은 등창이나 부스럼 따위의 피부질환을 가리킨다.

생명을 보양하는 것과 마음을 수양하는 것이 그 방법이 같은데 효과가 어찌 다르겠는가? 숨을 한번 잘못 쉬거나 음식을 한번 잘못 넘기면 바로 그것이 병이 되어 아침에 발작했다가 저녁이면 낫는다. 생명을 보양하는 사람이 조심하고 두려워하는 것은 이 병을 두려워하는 것이 아니라 이 병과 서로 관련이 있는 증상이 생길까를 두려워한다. 감기가 감기에서 그친다면 무엇이 두려우랴만 감기로부터 서로 관련이 있는 증상으로 발전한다면 瘵症·痞症·厥症·癖症이 되지 않을 줄을 어찌 장담하겠는가? 發熱이 발열에서 그친다면 무엇이 두려우랴만 발열로부터 서로 관련이 있는 증상으로 발전한다면 躁狂症·消渴症·疽腫·瘡瘍이 되지 않을 줄을 어찌 장담하겠는가? 그 병이 서로 관련이 있는 증상으로 발전할 때는 아무리 名醫라 해도 그 병이 발전해가는 방향을 미리 헤아릴 수 없으니, 생명을 보양하는 자가 어찌 감히 그 처음을 삼가지 않을 수 있겠는가?

마음을 수양하는 것도 이와 같아서, 喜·怒·哀·樂이 조금만 바름을 잃으면 邪(不正)가 邪를 전하여 반복해 서로 관련이 있는 것들(부정한 행위)을 끌어들여 모였다 흩

어졌다 일어났다 엎드렸다 하며 때로는 출현하기도 하고 침몰하기 하며 낮아지기도 하고 높아지기도 하는 등 변화가 끝이 없어 끝날 때를 알 수 없다. 마음을 잘 수양하는 사람이 경계하고 두려워하며 邪惡을 방지하고 誠信을 보존하여 감히 털끝만큼도 바름을 잃지 않는 이유는 이를 두려워하기 때문이다.

鄭公子宋見宰夫解黿하고 **以指動之驗**으로 **顧公子歸生而笑**하니 **是特相與爲戲耳**라 **戲止於戲**면 **不過抵朝儀不肅之罰**이니 **其爲愆也微矣**라 **然是心一失其正**에 **轉而相之**하야 **因公子宋之戲而召靈公之戲**하고 **獨不與食**하야 **以謬其指動之占**하니 **宋乃勃然慍怒**하야 **染指於鼎**하야 **嘗之而出**하니 **此其心之一變也**라 **是心又轉而相之**하야 **因公子宋之怒而召靈公之怒**하야 **忿其傲很**하야 **將以爲大戮**하니 **宋乃恐懼**하야 **與公子歸生謀行弑逆**이나 **爲歸生所拒**하니 **此其心之再變也**라 **是心又轉而相之**하야 **因公子歸生之拒而生公子宋之謀**하야 **反譖歸生於靈公以脅之**하니 **歸生果墮其計**하야 **懼禍之及**하야 **卒相與共弑靈公**하니 **此其心之三變也**라

鄭나라 公子 宋이 요리사가 자라를 해체하는 것을 보고서 손가락이 떨린 징험이라 여기며 公子 歸生을 돌아보고 웃었으니 이는 단지 서로 희롱한 것뿐이다. 희롱이 희롱에서 그쳤다면 朝儀가 엄숙하지 못한 처벌을 받는 데 불과했을 것이니 그 죄가 경미하다. 그러나 이 마음이 한번 바름을 잃자 반복해 서로 관련이 있는 것들을 끌어들여 공자 宋의 희롱으로 인해 靈公의 희롱을 불렀고, 유독 그만을 먹는 자리에 참여시키지 않아 그의 손가락이 떨린 조짐이 어긋나게 하였다. 공자 宋이 발끈하여 성내며 〈자라국이 담긴〉 솥에 손가락을 담가 맛을 보고 나갔으니, 이것이 그 마음이 첫 번째 변한 것이다.

이 마음이 또 반복해 서로 관련이 있는 것들을 끌어들여, 공자 宋의 분노로 인해 靈公의 분노를 불러일으키고, 오만하게 대든 것에 분노하여 宋을 죽이려 하자, 宋은 그제야 비로소 겁을 먹고 공자 歸生과 함께 시역할 것을 모의하였으나 歸生이 거절하였으니, 이것이 그 마음이 두 번째 변한 것이다. 이 마음이 또 반복해 서로 관련이 있는 것들을 끌어들여, 공자 歸生의 거절로 인해 공자 宋이 계책을 내어 도리어 靈公에게 歸生을 참소해 협박하자, 歸生이 과연 그의 계책에 빠져 화가 미칠 것을 겁내어 마침내 공자 宋과 함께 靈公을 시해하였으니, 이것이 그 마음이 세 번째 변한 것이다.

宋與歸生始相與戲에 **豈自意其禍之至此極哉**아 **一笑之失**을 **誰能免此**리오 **蓋公卿輿隸人人犯之**하고 **而官府家庭日日有是也**니 **寧知是心三變之後**에 **竟陷大逆乎**아 **吾不特爲往者懼**라 **竊爲來者懼也**로라 **雖然水流於下而止於高**하고 **火傳於燥而止於濕**하니 **宋也·歸生也·靈公也三人之中**에 **苟有一人者善養其心**하야 **情性素治**면 **則向來惡念**이 **必有所止而不能之矣**리라 **宋與歸生之竊笑**에 **靈公苟知君臣不可相與爲謔**이면 **則其禍必止**요 **靈公之不與宋食**에 **宋苟知區區口腹不足累吾心**이면 **則其禍亦止**며 **宋之染指**에 **靈公苟稱罪薄譴**하고 **不至欲殺之**면 **則其禍亦止**요 **宋之謀弑**에 **歸生苟義形於色**하야 **亟正其辭**면 **則其禍亦止**리라 **不幸三人者**는 **情性俱不治**하야 **以亂易亂**하야 **互相激發**하니 **斯其所以同蹈於大禍也**라 **夫豈專一人之尤耶**아

公子 宋과 歸生이 처음 서로 희롱할 적에 어찌 그 화가 이런 극한에 이를 줄을 생각했겠는가? 한번 희롱하며 웃는 실수를 누군들 면할 수 있겠는가마는 公卿으로부터 輿儓(노복)에 이르기까지 사람마다 모두 이런 실수를 범하고 官府나 家庭에 날마다 이런 일이 있으니, 어찌 이 마음이 세 번 변한 뒤에 마침내 大逆에 빠진다는 것을 알겠는가? 나는 지난 일을 위해 두려할 뿐만이 아니라 앞으로 올 일을 위해 저으기 두려워한다.

비록 그러나 물은 아래로 흐르다가 높은 곳을 만나면 멈추고, 불은 건조한 곳으로 번지다가 습지를 만나면 멈춘다. 宋과 歸生과 靈公 세 사람 중에 그 마음을 잘 수양하여 평소에 性情을 다스린 사람이 하나라도 있었다면, 종전의 사악한 생각이 반드시 정지하는 바가 있어서 앞으로 나아가지 못했을 것이다. 공자 宋과 歸生이 몰래 웃을 때에 靈公이 만약 임금과 신하 사이에는 서로 농담할 수 없다는 것을 알았다면 그 화가 반드시 그쳤을 것이고, 靈公이 宋에게 자라 국을 주지 않았을 때에 宋이 만약 하찮은 음식이 나의 마음을 얽맬 수 없다는 것을 알았다면 그 화가 반드시 그쳤을 것이고, 宋이 〈자라 국이 담긴 솥에〉 손가락을 담갔을 때에 靈公이 만약 그 죄의 무게를 따져서 가볍게 처벌하고 그를 죽이고자 하는 데 이르지 않았다면 그 화가 또한 그쳤을 것이고, 宋이 시해를 모의할 때에 歸生이 만약 얼굴에 의로운 빛을 띠고서 서둘러 그의 말을 바로잡았다면 그 화가 또한 그쳤을 것이다. 불행하게도 세 사람은 모두 성정을 다스리지 않아 〈임금이 신하를 죽이는〉 변란을 〈신하가 임금을 죽이는〉 변란으로 바꾸어 서로 감정이 격렬히 끓어올랐으니 이것이 그들이 함께 큰 화란에 빠지게 된 원인이다. 어찌 오로지 한 사람만의 잘못이겠는가?

25-02 楚箴尹克黃不棄君命 楚나라 箴尹 克黃이 君命을 저버리지 않다

【左傳】 宣四年이라 初에 若敖娶於䢵(운)하야 生鬪伯比러니 若敖卒에 從其母하야 畜於䢵하다 淫於䢵子之女하야 生子文焉하니 䢵夫人使棄諸夢中하다 虎乳之어늘 䢵子田이라가 見之하고 懼而歸하다 夫人以告하니 遂使收之하다 楚人謂乳穀(누)요 謂虎於菟(오도)라 故命之曰鬪穀於菟라하고 以其女妻伯比하니 實爲令尹子文이라 其孫箴尹克黃使於齊라가 還及宋하야 聞亂하다 其人曰 不可以入矣로이다 箴尹曰 棄君之命이면 獨誰受之리오 君은 天也니 天可逃乎아하고 遂歸復命하고 而自拘於司敗하니 王思子文之治楚國也하야 曰 子文無後면 何以勸善이리오하고 使復其所하고 改命曰生이라하다

宣公 4년, 당초에 若敖가 䢵國의 女人을 아내로 맞아 鬪伯比를 낳았다. 若敖가 죽은 뒤에 鬪伯比는 어머니를 따라가 䢵國에서 자랐는데, 䢵子의 딸과 私通하여 子文을 낳았다. 䢵夫人이 사람을 시켜 이 아이를 雲夢의 늪 가운데에 버리게 하였는데, 호랑이가 이 아이에게 젖을 먹였다. 䢵子가 사냥을 나갔다가 이 光景을 보고는 겁을 먹고 돌아와서 〈부인에게 이야기하니,〉 부인이 사실대로 고하였다. 그러자 䢵子는 드디어 사람을 보내 그 아이를 거두어다가 길렀다. 楚나라 사람들은 젖을 '穀'라 하고, 호랑이를 '於菟'라 하기 때문에 䢵子는 그 아이의 이름을 鬪穀於菟라고 하고, 자기의 딸을 伯比의 아내로 주었다. 이 鬪穀於菟가 바로 令尹 子文이다.

子文의 孫子인 箴尹 克黃이 齊나라에 使臣으로 갔다 돌아오다가 宋나라에 이르러 楚나라에 叛亂이 일어났다는 소식을 들었다. 그 從者가 말하기를 "楚나라로 들어가지 마십시오."라고 하자, 箴尹이 말하기를 "임금의 명령을 저버린다면 누가 나를 받아주겠는가? 임금은 하늘과 같으니, 하늘을 피해 도망할 수 있겠는가?"라고 하고서, 드디어 돌아와 復命한 뒤에 스스로 司敗에게 가서 拘束되기를 청하였다. 楚王은 子文이 楚나라를 다스린 功을 생각하여 말하기를 "子文에게 후손이 없다면 어떻게 善行을 勸勉할 수 있겠는가?"라고 하고서 〈克黃에게 箴尹의〉 官職을 그대로 맡게 하고는 그의 이름을 '生'으로 고쳐주었다.

【主義】 箴尹犯死以復君命하니 非審於義命者면 不能也라 或者猶謂箴尹之歸死는 正以爲求生之計라하니 此乃後世謀利計功者之心이요 非箴尹之心也라

箴尹이 죽음을 무릅쓰고 임금에게 복명하였으니, 이는 義命(본분)을 밝게 아는 자가

아니라면 할 수 없는 일이다. 그런데 혹자는 오히려 "箴尹이 죽음을 청한 것은 바로 살기를 구한 계책이다."라고 하니, 이는 곧 후세에 이익을 꾀하고 공로를 계산하는 자들의 마음이지 箴尹의 마음은 아니다.

正其義而不謀其利[1]하고 **明其道而不計其功**[2]은 **此吾儒之本指也**[3]라 **自謀利計功之說行**[4]으로 **雖古人之事峻厲卓絶**[5]하야 **表表然出於常情俗慮之外者**[6]라도 **莫不以是心量之**[7]하니 **其爲害豈淺淺哉**[8]아 **楚之滅若敖氏也**[9]에 **箴尹克黃**이 **實其族裔**[10]로되 **適出使於齊**[11]하야 **幸而漏網**[12]하니 **是宜委質諸侯**하야 **以逃其死**[13]라 **策無先於此者矣**[14]라 **伍員在外**라가 **聞伍奢之囚**하고 **奔吳而免**하고 **李廣利在外**라가 **聞李氏之獄**하고 **降**(항)**胡而生**하니 **與箴尹之事正相類也**로되 **箴尹獨以君命爲重**[15]하야 **明知死地而直赴之**[16]하니 **非審於義命**하야 **一視死生者**면 **豈遽能辨此乎**[17]아 **謀利計功者猶曰**[18] **死地乃生地也**[19]라 **若敖旣滅**하니 **歸則死而逃則生**은 **人之所共知也**어늘 **犯死以復君命**[20]이면 **君必以爲輕其死而重吾命**[21]이라하야 **殆將赦之以勸事君者**[22]라 **是陽以死結君**이요 **而陰取生之利也**[23]니 **吾固知死地之爲生地也**라

1) 正其義而不謀其利 : 義者 事物之宜也 君子所行 期於正義而不以謀利爲心
   義는 사물의 마땅한 바이다. 君子가 행하는 바는 정의를 희망하고 이익을 꾀하기를 생각하지 않는다.

2) 明其道而不計其功 : 道者 共由之理也 君子所學 期於明道而不以計功爲心 此二句出董仲舒策
   道는 모두가 함께 행하는 도리이다. 군자가 배우는 바는 도를 밝히기를 희망하고 공로를 계산하기를 생각하지 않는다. 이 두 句는 ≪漢書≫ 〈董仲舒傳〉의 〈天人策〉에 보인다.

3) 此吾儒之本指也 : 道義功利 界限截然 方可爲儒
   道義와 功利의 한계가 분명한 뒤에야 비로소 儒者가 될 수 있다는 말이다.

4) 自謀利計功之說行 : 後世道義不明 專事功利
   후세에는 도의를 밝히지 않고 오로지 공리만을 일삼는다는 말이다.

5) 雖古人之事峻厲卓絶 : 高不可及
   높아서 미칠 수 없다는 말이다.

6) 表表然出於常情俗慮之外者 : 所行超於世俗之表
   행한 바가 세속을 초월했다는 말이다.

7) 莫不以是心量之 : 功利之徒 往往以小人之腹 度(탁)古人之心
   功利를 추구하는 무리들은 항상 小人의 심보로 옛사람들의 마음을 헤아린다는 말이다.

8) 其爲害豈淺淺哉：此等議論 大爲名敎*)之害

이런 의론은 크게 名敎의 해가 된다는 말이다.

*)〔역주〕名敎：名敎는 윤리와 명분을 중시하는 儒家의 가르침으로 곧 儒學을 이른다.

9) 楚之滅若敖氏也：入本題事

〈여기부터〉 본편의 일로 들어간다.

10) 箴尹克黃 實其族裔：箴尹官名 克黃人名 鬪伯比之曾孫 令尹子文之孫

箴尹은 관명이고, 克黃은 인명이다. 鬪伯比의 증손이고, 令尹 子文의 손자이다.

11) 適出使於齊：奉君命而使齊

임금의 명을 받들고 齊나라에 사신으로 갔다는 말이다.

12) 幸而漏網：不預滅族之列

종족이 멸망하는 대열에 끼지 않았다는 말이다.

13) 是宜委質諸侯 以逃其死：箴尹宜奔他國 委質爲臣 以爲避死之計

箴尹이 다른 나라로 도망가서 폐백을 바치고 신하가 되어 죽음을 피할 계책을 하는 것이 마땅했다는 말이다.

14) 策無先於此者矣：爲箴尹畫策 無以加此

箴尹을 위해 계책을 세운다면 이보다 더 좋은 계책이 없다는 말이다.

15) 箴尹獨以君命爲重：不肯棄君之命

임금의 명을 저버리려하지 않은 것이다.

16) 明知死地而直赴之：明知歸楚必死 犯難不辭

楚나라로 돌아가면 반드시 죽게 될 것을 분명히 알면서도, 온갖 고난을 무릅쓰고 辭避하지 않았다.

17) 豈遽能辨此乎：箴尹所爲如此 誠峻厲卓絶之行矣

箴尹이 행위가 이와 같았으니, 참으로 준엄하고 탁월한 행위라 하겠다.

18) 謀利計功者猶曰：功利之徒 乃以私心度(탁)之如下文所云

功利를 추구하는 무리들은 도리어 私心으로 아래 글에서 말한 바와 같이 헤아린다는 말이다.

19) 死地乃生地也：歸楚雖是死地 其實可生之地

楚나라로 돌아온 것이 비록 죽을 곳이지만, 실제로는 살 수 있는 곳이라는 말이다.

20) 犯死以復君命：不畏一死 必欲復君之命

죽는 것을 두려워하지 않고 반드시 임금에게 복명하고자 했다는 말이다.

21) 君必以爲輕其死而重吾命：楚君必曰 箴尹以身死爲輕 以君命爲重

楚君은 반드시 "箴尹이 자신의 죽음은 가벼이 여기고 임금의 명령을 중하게 여긴다.'고 하였을 것이라는 말이다.

22) 殆將赦之以勸事君者 : 必赦箴尹 以勸後之忠於事君者
반드시 箴尹을 사면하여 임금을 섬기는 데 충성을 다하는 신하들을 권면하려 했을 것이다.
23) 是陽以死結君 而陰取生之利也 : 此死地所以爲生地也
이것이 죽을 곳을 살 곳으로 만든 방법이다.

義理만을 바르게 지키고 利益을 꾀하지 않으며, 道理만을 밝히고 功勞를 계산하지 않는 것은 우리 儒家의 본령이다. 그런데 이익을 꾀해야 하고 공로를 계산해야 한다는 주장이 유행하면서부터, 비록 古人의 일 중에 준엄하고 탁월하여 보통 사람의 정서와 세속적인 생각에서 벗어난 일이라 해도 〈모두 공리를 계산하는〉 마음으로 헤아리지 않음이 없으니, 그 폐해가 어찌 옅겠는가?

楚나라가 若敖氏를 멸할 때에 箴尹 克黃도 실로 그 종족의 후예였으나 마침 齊나라에 出使하였으므로 요행히 法網에서 빠졌다. 〈그렇다면 다른 나라〉 諸侯에게 가서 폐백을 바치고〔委質〕 신하가 되어 죽음을 피하는 것이 마땅했으니, 계책으로는 이보다 앞서는 것이 없다. 伍員이 나라 밖에 있다가 그 아버지 伍奢가 囚禁되었다는 말을 듣고 吳나라로 도망가서 죽음을 면하고, 李廣利가 나라 밖에 있다가 아내 李氏가 투옥되었다는 말을 듣고 匈奴에 투항하여 산 생명을 보존한 것이 箴尹의 일과 서로 유사한데, 箴尹은 유독 임금의 명을 중시하여 죽을 곳인 줄을 명확히 알았으면서도 곧장 달려왔으니, 義命(본분)을 밝게 알아서 死生을 동일하게 본 이가 아니라면 어찌 이렇게 할 수 있었겠는가?

그런데 이익을 꾀하고 공로를 계산하는 자들은 도리어 말하기를 "죽을 곳이 바로 살 곳이다. 若敖氏를 이미 멸족시켰으니, 楚나라로 돌아오면 죽고 외국으로 도망가면 산다는 것은 사람들이 모두 아는 바이다. 〈그러나 도망가지 않고〉 죽음을 무릅쓰고 임금에게 復命하면 임금은 반드시 '자기의 죽음은 가벼이 여기고 나의 명령을 중하게 여긴다.'고 하여, 아마도 그를 사면하여 임금을 섬기는 신하들을 권면하려 했을 것이다. 이는 겉으로는 죽음으로써 임금과 결탁하고 속으로는 목숨을 살리는 이익을 취한 것이니, 나는 본래부터 죽을 곳이 살 곳이라는 것을 알고 있었다."라고 한다.

嗚呼[1]라 是說也[2]는 乃謀利計功者之心也라 人如箴尹[3]이 尙可以汝之鼠肝蛙腹斟量之乎[4]아 箴尹之言曰 棄君之命[5]이면 誰獨受之[6]리오 君은 天也[7]니 天可逃乎[8]아하니 由其言以觀其心[9]컨대 明粹端直[10]하야 固可對越在天而無愧[11]라 使有一毫覬幸之

心間之[12)]면 則心聲所發에 必有不可揜者矣[13)]라 箴尹知有君而不知有己[14)]하고 知就義而不知就生[15)]하니 雖不免於司敗之戮[16)]이라도 必以死得其所爲幸[17)]하야 固瞑目而無憾也[18)]리니 豈預期楚子之宥哉[19)]아 死與不死는 在箴尹本無加損[20)]이니 向若借箴尹一身之死하야 以塞萬世謀利計功者之口[21)]면 身雖沒而道則彰矣[22)]라 今適會楚子之寬宥[23)]나 箴尹之心有如白水[24)]는 固不待辨[25)]이라 彼紛紛謀利計功之徒의 以己度箴尹者가 殆深可憐也[26)]라

1) 嗚呼 : 辨其說之謬

그 주장〔說〕이 그름을 辨駁한 것이다.

2) 是說也 : 上文所言

윗글에서 말한 것을 이른다.

3) 人如箴尹 : 所爲表表如此

행한 바가 이처럼 뛰어나다는 말이다.

4) 尙可以汝之鼠肝蛙腹[*)]斟量之乎 : 責功利之徒 以私心量人

功利를 추구하는 무리들이 私心을 가지고서 사람을 헤아림을 꾸짖은 것이다.

*) 〔역주〕 鼠肝蛙腹 : 쥐의 간과 개구리의 배라는 말로, 소인의 편협한 마음을 이른다.

5) 棄君之命 : 受命出使而不復命 是謂棄之

임금의 명을 받고 사신으로 나갔다가 復命하지 않는다면, 이것을 일러 〈임금의 명을〉 저버렸다고 한다.

6) 誰獨受之 : 爲臣不忠 誰肯納我

신하가 되어 충성하지 않는다면 누가 나를 받아들이려 하겠느냐는 말이다.

7) 君 天也 : 君者 臣之所天

임금은 신하가 하늘로 여기는 바이다.

8) 天可逃乎 : 無所逃於天地之間

천지 사이에 도망갈 곳이 없다는 말이다.

9) 由其言以觀其心 : 言者 心之聲也

말은 마음의 소리이다.

10) 明粹端直 : 明粹則無蔽欺 端直則無私曲

밝고 순수하면 가림을 당하거나 속임을 받는 일이 없고, 단정하고 강직하면 바르지 못함이 없다는 말이다.

11) 固可對越在天而無愧 : 天者 公而化矣 此心公則無愧於天

하늘은 공변되어 〈만물을〉 化生하니, 이 마음이 공변되면 하늘에 부끄러움이 없다는 말

이다.

12) 使有一毫覬幸之心間之：若覬覦僥倖 爲死中求生之計

'만약 요행을 바라 죽게 된 속에서 살기를 구할 계책을 하였다면'의 뜻이다.

13) 心聲所發 必有不可揜者矣：發言必不如此正大

〈생각을〉 말한 것이 이처럼 광명정대하지 못했을 것이라는 말이다.

14) 箴尹知有君而不知有己：忘身以忠君

자기 몸은 잊고 임금에게 충성했다는 말이다.

15) 知就義而不知就生：舍生以取義

생명을 버리고 의리를 취했다는 말이다.

16) 雖不免於司敗之戮：司敗 刑官也 假使箴尹不爲君所赦

司敗는 刑官이다. '가령 箴尹이 임금에게 사면을 받지 못하고'의 뜻이다.

17) 必以死得其所爲幸：死於君命 得其所矣

'임금의 명에 의해 죽었다면 죽을 곳을 얻은 것이니'의 뜻이다.

18) 固瞑目而無憾也：何恨之有

무슨 恨이 있겠느냐는 말이다.

19) 豈預期楚子之宥哉：不先料吾君之赦己

사전에 미리 임금이 자기를 사면하리라는 것을 헤아리지 못했다는 말이다.

20) 死與不死 在箴尹本無加損：箴尹之忠 不以生而損 不以死而加

箴尹의 충성은 살았다 해서 줄어들지 않고, 죽었다 해서 더 보태지지 않는다는 말이다.

21) 向若借箴尹一身之死 以塞萬世謀利計功者之口：楚子若殺箴尹 則功利之徒 必無是論矣

楚子가 만약 箴尹을 죽였다면 공리의 무리들이 반드시 이런 의론을 하지 않았을 것이라는 말이다.

22) 身雖沒而道則彰矣：此心愈見明白

이 마음이 맑고 깨끗했음을 더욱 볼 수 있다.

23) 今適會楚子之寬宥：偶然如此出於意料之外

우연히 이처럼 생각 밖에서 나왔다는 말이다.

24) 箴尹之心有如白水：無一毫滓汚

털끝만큼의 더러움도 없다는 말이다.

25) 固不待辨：不假辨說而後明白

변론을 빌린 뒤에 분명히 알 수 있는 것이 아니라는 말이다.

26) 彼紛紛謀利計功之徒……殆深可憐也：言此等人 □[*)]然議論 初何損於箴尹

이 사람들의 의논이 당초에 箴尹에게 무슨 손해가 되겠느냐는 말이다.

*)〔역주〕□：저본에 1자 빈칸으로 되어 있다.

아! 이 주장이 바로 이익을 꾀하고 공로를 계산하는 자들의 마음이다. 箴尹 같은 사람이 오히려 너희 같은 좁은 심보로 헤아렸겠는가? 箴尹이 말하기를 "임금의 명을 저버리면 누가 나를 받아주겠는가? 임금은 하늘과 같으니, 하늘을 피해 도망할 수 있겠는가?"라고 하였으니, 그의 말을 가지고 그의 마음을 살펴보면 밝고 순수하며 단정하고 강직하여 본래 하늘에 대해서도 부끄러움이 없었을 것이다. 가령 털끝만치라도 요행을 바라는 마음이 그 사이에 끼었다면 나오는 마음의 소리에 반드시 숨길 수 없는 것이 있었을 것이다.

箴尹은 임금이 있는 줄만 알고 자기가 있는 줄은 몰랐으며, 정의를 위해 죽을 줄만 알고 살기를 구할 줄은 몰랐으니, 비록 司敗의 刑戮을 면하지 못했다 하더라도 그는 반드시 합당한 곳에서 죽는 것을 다행으로 여겨 편안히〔固〕 눈을 감고 원한이 없었을 것이니 어찌 楚子가 사면할 것을 미리 기대했겠는가? 죽었느냐 죽지 않았느냐는 箴尹의 〈충성에〉 있어서 본래 보태질 것도 없고 줄어들 것도 없으니, 그때 만약 箴尹 한 사람의 죽음을 빌려 만세의 이익을 꾀하고 공로를 계산하는 자들의 입을 막았다면 몸은 비록 죽었어도 도의는 밝게 드러났을 것이다. 지금 마침 楚子의 관대한 사면을 받았으나, 箴尹의 마음은 맑은 물처럼 청결했다는 것은 굳이 변론을 기다릴 필요도 없다. 저 어지럽게 이익을 꾀하고 공로를 계산하는 무리들의 자기의 마음으로 箴尹을 헤아리는 것이 자못 매우 가엾다.

吾又嘗深求其故矣[1]로라 **楚子之宥箴尹也**는 **非嘉其復命也**라 **蓋思子文之治楚也**[2]하야 **憫子文之無後也**라 **箴尹非子文之後耶**면 **雖復命猶將殺之**요 **箴尹果子文之後耶**면 **雖在國猶將生之**니 **是箴尹之死生**은 **繫於爲子文後與不爲子文後**요 **初不繫於復命與不復命也**[3]라 **然則箴尹之歸死**가 **豈求生之計耶**[4]아 **吾故發之**하야 **以折謀利計功者之說**[5]하노라

1) 吾又嘗深求其故矣：結尾言楚子以子文之故 而赦克黃尤爲精當

말미에 楚子가 子文 때문에 克黃을 사면한 것이 더욱 정확하고 합당하다는 것을 말하였다.

2) 蓋思子文之治楚也：詳見本題注 以此立結尾餘意

본편의 注에 자세히 보인다. 이 말로써 結尾의 여운을 세웠다.

3) 初不繫於復命與不復命也：本出處辨論有按据

본래 출처를 변론한 곳에 按据(전거)가 있다.

4) 然則箴尹之歸死 豈求生之計耶：箴尹心事 得此一証 愈明白矣

箴尹의 心事가 이 한 증언을 얻음으로써 더욱 명백해졌다.

5) 吾故發之 以折謀利計功者之說 : 首尾相應

머리와 꼬리가 서로 호응한다.

내 또 일찍이 그 까닭은 깊이 찾아보았다. 楚子가 箴尹을 사면한 것은 그가 복명한 것을 가상히 여겨서가 아니라, 子文이 楚나라를 다스린 공로를 생각하여 子文의 후예가 끊기는 것을 불쌍히 여겨서이다. 箴尹이 子文의 후예가 아니었다면 비록 복명했어도 오히려 죽이려 했을 것이고, 箴尹이 과연 子文의 후예라면 비록 楚나라에 있었어도 오히려 살리려 했을 것이다. 〈이렇고 보면〉 箴尹의 죽고 삶은 子文의 후예냐 아니냐에 달렸고, 애당초 복명했느냐 하지 않았느냐에 달린 것이 아니었다. 그렇다면 箴尹이 楚나라로 돌아와 죽으려한 것이 어찌 살기를 구한 계책이겠는가? 내 그러므로 논리를 개발하여 이익을 꾀하고 공로를 계책하는 자들의 주장을 꺾노라.

25-03 赤狄伐晉圍懷 赤狄이 晉나라를 토벌하여 懷를 포위하다

【左傳】 宣六年이라 秋에 赤狄伐晉하야 圍懷及邢丘어늘 晉侯欲伐之한대 中行桓子曰 使疾其民하야 以盈其貫이면 將可殪(에)也리이다

宣公 6년, 가을에 赤狄이 晉나라를 討伐하여 懷를 포위하고 邢丘까지 쳐들어오자, 晉侯가 赤狄을 토벌하려 하니, 中行桓子가 다음과 같이 말하였다. "〈赤狄으로〉 하여금 그 백성을 괴롭혀 〈罪惡이〉 그 꿰미를 가득 채우게 하면 장차 저들을 섬멸할 수 있을 것입니다.

25-03-01 晉敗赤狄滅潞 晉나라가 赤狄을 패배시키고 潞나라를 멸하다

【左傳】 宣十五年이라 潞子嬰兒之夫人은 晉景公之姊也라 酆舒爲政而殺之하고 又傷潞子之目이어늘 晉侯(欲)〔將〕[1]伐之한대 諸大夫皆曰 不可하이다 酆舒有三儁才하니 不如待後之人이니이다 伯宗曰 必伐之하소서 狄有五罪하니 儁才雖多나 何補焉이릿가 不祀一也요 嗜酒二也요 棄仲章而奪黎氏地三也요 虐我伯姬四也요 傷其君目五也니이다 怙其儁才而不以茂德하니 玆益罪也니이다 後之人或者將敬奉德義以事神人하야 而申固其命이면 若之何待之릿가 不討有罪曰 將待後라하니 後有辭而討焉이면 毋乃不可乎잇가 夫恃才與衆은 亡之道也니 商紂由之라 故滅이니이다 天反時爲災요 地反物爲妖요 民反德爲亂이니 亂則妖災生이라

故文은 反正爲乏[2)]이니 盡在狄矣니이다 晉侯從之하다 六月癸卯에 晉荀林父敗赤狄于曲梁하고 辛亥에 滅潞하니 酆舒奔衛어늘 衛人歸諸晉하니 晉人殺之하다

1) 〔역주〕 (欲)〔將〕: 저본에는 '欲'으로 되어 있으나, ≪春秋左氏傳≫에 의거하여 '將'으로 바로잡았다.

2) 〔역주〕 故文 反正爲乏 : 小篆에 正을 𤴓으로 쓰고 乏을 𤴔으로 쓰니, 모양이 正을 반대로 쓴 것 같다. 그러므로 伯宗이 '反正爲乏'이라고 한 것이다. ≪說文解字≫에도 이를 인용해 乏字를 解說하였으나, 사실은 글자를 만든 本意가 이와 같지는 않았을 것이다. 伯宗의 뜻은 酆舒가 正道를 위반하고 행동하니 반드시 匱乏에 이를 것을 말한 듯하다.〈楊注〉

宣公 15년, 潞子 嬰兒의 夫人은 晉 景公의 누이이다. 酆舒가 執政이 되어 潞夫人을 죽이고, 또 潞子의 눈을 傷害하였다. 晉侯가 潞나라를 토벌하려 하자, 諸大夫는 모두 말하기를 "안 됩니다. 酆舒에게는 세 가지 뛰어난 재주가 있으니, 그 後任者를 기다리는 것만 못합니다."라고 하였으나, 伯宗은 다음과 같이 말하였다.

"반드시 潞나라를 토벌하소서. 狄人(酆舒)에게 다섯 가지 罪가 있으니, 뛰어난 재주가 아무리 많은들 무슨 도움이 되겠습니까? 祖上의 祭祀를 지내지 않는 것이 첫 번째 죄이고, 술을 지나치게 즐기는 것이 두 번째 죄이고, 어진 仲章을 버리고 黎氏의 土地를 강탈한 것이 세 번째 죄이고, 우리 伯姬를 虐殺한 것이 네 번째 죄이고, 그 임금의 눈을 상해한 것이 다섯 번째 죄입니다. 자신의 뛰어난 재주를 믿고 德行을 힘쓰지 않으니 이는 죄를 보태는 것입니다. 그의 후임자가 혹시 덕행과 義理를 삼가 奉行하여 神을 섬기고 백성을 안정시켜 나라의 命運을 鞏固히 한다면 〈다시는 토벌할 수 없을 것이니,〉 어찌 후임자를 기다릴 수 있습니까? 죄 있는 자를 토벌하지 않고 '후임자를 기다리자.'고 하니, 그 후임자의 말이 정당한데도 우리가 토벌한다면 불가하지 않겠습니까? 대체로 재주와 무리를 믿는 것은 滅亡의 길인데, 商나라 紂가 이 길을 갔기〔由〕 때문에 멸망한 것입니다. 하늘이 철을 어기면 災害가 되고, 땅이 物性을 어기면 妖怪가 되고, 사람이 德을 어기면 禍亂이 되니, 화란이 일어나면 요괴와 재해가 생깁니다. 그러므로 篆文에 '正'字를 반대로 쓰면 '乏'字가 되는데, 이상에 말한 것들이 狄人에게 모두 있습니다."

晉侯가 그의 말을 따랐다. 6월 癸卯日에 晉나라 荀林父가 〈군대를 거느리고 가서〉 曲梁에서 赤狄을 敗北시키고, 辛亥日에 潞나라를 擊滅하니 酆舒가 衛나라로 도망갔다.

衛人이 〈鄖舒를 잡아〉 晉나라로 보내니, 晉人이 그를 죽였다.

【主義】 林父伯宗所以謀狄者가 未爲不是나 而林父乃欲成人之惡하고 伯宗乃欲幸人之亂하니 事雖是나 而心則非也라

荀林父와 伯宗이 赤狄의 처리에 대해 모의한 방법이 〈둘 다〉 옳지 않은 것은 아니었다. 그러나 荀林父는 남의 악행이 이루어지기를 바랐고, 伯宗은 남의 禍亂을 요행으로 여기고자 하였으니, 일은 비록 옳았으나 마음은 옳지 않았다.

世未有事非而心是者[1)]라 譽共兜者必非信[2)]이요 朋跖蹻者必非廉[3)]이며 入許史者必非正[4)]이요 屠袁劉者必非忠[5)]이라 見其事則其心固可不問而知也[6)]라

1) 世未有事非而心是者 : 行事旣非 則處心必不正

행하는 일이 옳지 않으면 마음가짐이 반드시 바르지 않다는 말이다.

2) 譽共兜者必非信 : 共工驩兜 堯朝之四凶 若從而譽之 必非誠信之人

共工과 驩兜는 堯임금 때 四凶이다. 만약 그들을 따라서 칭찬한다면 반드시 誠信한 사람이 아니라는 말이다.

3) 朋跖蹻者必非廉 : 盜跖莊蹻 古之大盜 若與之爲朋 必非廉潔之士

盜跖과 莊蹻는 옛날의 큰 도둑이다. 만약 그들과 벗이 된다면 반드시 청렴결백한 선비가 아니라는 말이다.

4) 入許史[*)]者必非正 : 漢宣帝史良娣所生 卽位立皇后許氏 二家權勢甚盛 入其門者 必非正直之人

漢 宣帝는 史良의 누이의 소생이다. 즉위한 뒤에 許氏를 황후로 세웠다. 두 가문은 권세가 매우 성대하였으니, 그 가문에 들어간 자는 반드시 정직한 사람이 아니라는 말이다.

*) 〔역주〕 許史 : 許伯과 史高이다. 모두 貴顯한 漢 宣帝 때의 外戚이다. 許는 宣帝의 황후 許氏의 친가이고, 史는 宣帝 母后의 친가이다.

5) 屠袁劉[*1)]者必非忠 : 漢末袁紹起兵 誅叛臣董卓 劉備興復漢祚 二人皆忠正 若(著)〔屠〕[*2)]戮之 必非忠義之士

漢나라 말엽에 袁紹가 의병을 일으켜 叛臣 董卓을 주벌하였고, 劉備가 漢나라를 부흥시켰으니 두 사람은 모두 충성스럽고 정직한 사람이다. 그런데 만약 이들을 도륙한다면 반드시 충의의 선비가 아니라는 말이다.

*1) 〔역주〕 袁劉 : 南朝 宋나라의 袁標와 劉延熙이다. 모두 宋나라의 충신으로 齊나라에 의해 살해되었다. 補注는 誤注이다.

*2) 〔역주〕 (著)〔屠〕 : 저본에는 '著'로 되어 있으나, 문맥에 의거하여 '屠'로 바로잡았다.

6) 見其事則其心固可不問而知也：事非則心亦非

행하는 일이 옳지 않으면 마음도 옳지 않다는 말이다.

세상에는 행한 일이 그른데 마음이 옳은 자는 없다. 共工과 驩兜를 칭찬하는 자는 반드시 誠信한 사람이 아니고, 盜跖과 莊蹻를 벗하는 자는 반드시 청렴한 사람이 아니며, 許伯과 史高의 家門에 들어간 자는 반드시 바른 사람이 아니고, 袁標와 劉延熙를 도륙한 자는 반드시 충신이 아니다. 〈그 사람이 행한〉 일을 보면 그 마음은 본래 묻지 않아도 알 수 있다.

事非心是는 理所無有[1)]라 天下亦有事是而心非者乎[2)]아 曰有[3)]라 赤狄伐晉圍懷之際[4)]에 勢方强也[5)]라 晉侯欲犯其强[6)]하고 荀林父欲待其衰[7)]하니 林父之策是也[8)]라 赤狄酆舒殺伯姬之際[9)]에 惡已暴也[10)]라 晉大夫欲縱其暴[11)]하고 伯宗欲討其罪[12)]하니 伯宗之策是也[13)]라 人觀其前[14)]이면 莫不非晉侯而是荀林父[15)]요 人觀其後[16)]면 莫不非晉大夫而是伯宗[17)]이니 孰知二子策雖是而心則非乎[18)]아 圍懷之役에 林父堅忍以待其衰[19)]는 非怠也며 非怯也니 是固理之正也[20)]라 避邠卜岐하야 雖聖賢亦有所屈信하니 林父何愧焉가 事雖無愧나 至於所以設謀者[21)] 則曰 使疾其民[22)]하야 以盈其貫[23)]이면 將可殪也[24)]라하니 嗚呼라 是誠何心哉[25)]아 酆舒之事에 伯宗奮厲하야 欲討其罪[26)]는 非狂也며 非輕也니 是亦理之正也[27)]라 征葛俘㚇(종)하야 雖聖賢亦有所誅伐하니 (宗伯)〔伯宗〕[28)]何愧焉가 事雖無愧나 至於所以設謀者[29)] 則曰 後之人或者將敬奉德義[30)]하야 以事神人[31)]하야 而申固其命[32)]이면 若之何待之[33)]리오하니 嗚呼라 是誠何心哉[34)]아 聞君子成人之美矣[35)]요 未聞成人之惡也[36)]며 聞君子懼人之亂矣[37)]요 未聞懼人之治也[38)]라 今林父則養人之惡호되 惟恐其不盈[39)]하고 伯宗則幸人之亂호되 惟恐其或改[40)]하니 處心積慮가 可謂忍矣[41)]라 此吾所謂事是而心非者也[42)]라 論者安可信其事而略其心哉[43)]아

1) 事非心是 理所無有：此必無之理

이는 반드시 없는 이치이다.

2) 天下亦有事是而心非者乎：設問

문제를 제기한 것이다.

3) 曰有：答言有者 專指林父與伯宗二事而言

있다고 대답해 말한 것인데, 오로지 荀林父와 伯宗 두 사람의 일만을 가리켜 말한 것이다.

4) 赤狄伐晉圍懷之際：赤狄無道 圍晉懷邑及邢丘

赤狄이 무도하게 晉나라의 懷邑과 邢丘를 포위한 것이다.

5) 勢方强也：其鋒未可當

그 기세를 막을 수 없다는 말이다.

6) 晉侯欲犯其强：欲伐赤狄

赤狄을 토벌하고자 한다는 말이다.

7) 荀林父欲待其衰：言不可伐

赤狄을 토벌해서는 안 된다는 말이다.

8) 林父之策是也：此事是也

〈荀林父의〉 이 일이 옳다는 말이다.

9) 赤狄酆舒殺伯姬之際：伯姬 潞子之夫人 晉景公之姊也 詳見題註

伯姬는 潞子의 부인이고 晉나라 景公의 누이이다. 본편의 註에 자세히 보인다.

10) 惡已暴也：其罪已貫盈*)

죄악이 이미 꿰미에 가득하다는 말이다.

*)〔역주〕其罪已貫盈：죄악이 극에 달한 것을 비유한다. 貫은 돈을 꿰는 꿰미인데, 돈이 꿰미에 가득하듯 죄악이 꿰미에 가득하다는 말이다.

11) 晉大夫欲縱其暴*)：言不可伐 不如待後之人

토벌하는 것은 옳지 않으니, 후임자를 기다리는 것만 못하다는 말이다.

*)〔역주〕縱其暴：縱은 慫慂이니, 酆舒가 잔포한 짓을 하도록 부추긴다는 말이다.

12) 伯宗欲討其罪：言狄有五罪必伐之

赤狄에게 반드시 토벌해야 할 다섯 가지 죄가 있다는 말이다.

13) 伯宗之策是也：此事是者

〈伯宗의〉 이 일이 옳다는 말이다.

14) 人觀其前：赤狄圍懷事

赤狄이 懷를 포위한 일이다.

15) 莫不非晉侯而是荀林父：林父之策是

荀林父의 계책이 옳았다는 말이다.

16) 人觀其後：赤狄殺伯姬事

赤狄이 伯姬를 죽인 일이다.

17) 莫不非晉大夫而是伯宗：伯宗之策是

伯宗이 계책이 옳았다는 말이다.

18) 孰知二子策雖是而心則非乎：此下發明其心之非

이 이하는 그 마음이 옳지 않은 것을 설명하였다.

19) 圍懷之役 林父堅忍以待其衰 : 此林父之事是
이것은 荀林父의 일이 옳았다는 말이다.

20) 是固理之正也 : 堅忍需時 深合正理
꾹 참고 때를 기다렸으니 매우 정리에 부합한다는 말이다.

21) 至於所以設謀者 : 因其言以誅其心
그 말로 인해 그 마음을 주벌한 것이다.

22) 使疾其民 : 林父欲縱赤狄疾毒其民
荀林父가 赤狄이 그 백성들을 괴롭히고 해치도록 부추기고자 했다는 말이다.

23) 以盈其貫 : 養成盈貫之罪
죄악이 꿰미에 가득 차도록 양성한 죄이다.

24) 將可殪也 : 如是則可擧而滅之
이렇게 되면 군사를 일으켜 격멸할 수 있다는 말이다.

25) 是誠何心哉 : 意在成人之惡 此心非也
의도가 남의 惡을 이루도록 부추기는 데 있었으니, 이는 마음이 옳지 않은 것이다.

26) 酆舒之事……欲討其罪 : 此伯宗之事是
이것은 伯宗의 일이 옳았다는 말이다.

27) 是亦理之正也 : 討伐有罪 深合正理
죄 있는 자를 토벌하였으니 매우 정리에 부합한다는 말이다.

28) 〔역주〕 (宗伯)〔伯宗〕 : 저본에는 '宗伯'으로 되어 있으나, 문맥에 의거하여 '伯宗'으로 바로잡았다.

29) 至於所以設謀者 : 因其言以誅其心
그 말로 인해 그 마음을 주벌한 것이다.

30) 後之人或者將敬奉德義 : 言赤狄後人 或能改過遷善如此
'赤狄의 후임자가 혹 이와 같이 개과천선할 수 있다면'의 뜻이다.

31) 以事神人 : 德以事神 義以事人
德으로 신을 섬기고 의리로 백성들을 섬긴다는 말이다.

32) 申固其命 : 神人以和 天命益固
신과 백성이 화목하여 천명이 더욱 공고해질 것이라는 말이다.

33) 若之何待之 : 待此之時 不可得而伐矣
이런 때를 기다린다면 토벌할 수 없을 것이라는 말이다.

34) 是誠何心哉 : 意在幸人之亂 此心非也
의도가 남의 환란을 요행으로 여기는 데 있었으니, 이는 마음이 옳지 않은 것이다.

35) 聞君子成人之美矣 : 論語孔子云

≪論語≫ 〈顔淵〉에 "君子成人之美 不成人之惡(군자는 남의 아름다움을 이루어주고, 남의 악을 이루어주지 않는다.)"이라고 한 공자의 말이 보인다.

36) 未聞成人之惡也 : 林父之心 未免如此

荀林父의 마음도 이러함을 면치 못하였다는 말이다.

37) 聞君子懼人之亂矣 : 詩君子如此〔怒〕 亂庶遄已

≪詩經≫ 〈小雅 巧言〉에 "군자가 만약 怒한다면 난리가 거의 이내 그칠 것이다."라고 하였다.

38) 未聞懼人之治也 : 伯宗之心 未免如此

伯宗의 마음도 이러함을 면치 못하였다는 말이다.

39) 今林父則養人之惡 惟恐其不盈 : 此林父之心非

이것은 荀林父의 마음이 옳지 않음을 말한 것이다.

40) 伯宗則幸人之亂 惟恐其或改 : 此伯宗之心非

이것은 伯宗의 마음이 옳지 않음을 말한 것이다.

41) 處心積慮 可謂忍矣 : 二人處心 失之殘忍

두 사람의 마음가짐은 잔인한 것이 잘못이다.

42) 此吾所謂事是而心非者也 : 斷以主意

主意로써 논단한 것이다.

43) 論者安可信其事而略其心哉 : 深得春秋誅心之法

≪春秋≫의 誅心法(생각을 꾸짖는 필법)을 깊이 이해한 것이다.

행한 일은 그른데 마음은 옳다는 것은 이치에 있을 수 없다. 〈그렇다면〉 천하에는 또 행한 일은 옳은데 마음은 그른 자가 있는가? 나는 있다고 생각한다. 赤狄이 晉나라를 쳐서 懷를 포위한 때에 기세가 한창 강성하였다. 晉侯는 〈赤狄의 기세가〉 강성할 때에 진격하고자〔犯〕 하였고 荀林父는 〈赤狄의 기세가〉 쇠약할 때를 기다리고자 하였으니, 〈이때는〉 荀林父의 계책이 옳았다. 〈뒤에〉 赤狄의 酆舒가 伯姬를 살해한 때에 죄악이 이미 드러났다. 晉나라의 대부들은 酆舒의 殘暴를 부추기고자〔慫慂〕 하였고 伯宗은 酆舒의 죄악을 토벌하고자 하였으니 〈이때는〉 伯宗의 계책이 옳았다. 사람들이 앞의 일을 보고는 晉侯를 그르게 여기고 荀林父를 옳게 여기지 않는 이가 없었고, 사람들이 뒤의 일을 보고는 晉나라 대부들을 그르게 여기고 伯宗을 옳게 여기지 않는 이가 없었으니, 누가 알았으랴? 〈荀林父와 伯宗〉 두 사람의 계책은 비록 옳았으나 마음은 옳지 않았다는 것을.

赤狄이 懷를 포위했던 전쟁에 荀林父가 꾹 참고 赤狄이 쇠약해지기를 기다린 것은 게을러서가 아니고 겁이 나서도 아니었으니, 이렇게 하는 것이 본래 사리의 정당함이기 때문이다. 〈옛날에 周나라 太王도 獯鬻의 난을 피해〉 邠(豳)에서 옮겨와 岐山에 주거하였다. 비록 성현도 屈伸이 있었으니 荀林父가 무엇이 부끄럽겠는가? 일은 비록 부끄러울 것이 없으나, 그가 낸 계책에 "〈赤狄으로〉 하여금 그 백성을 괴롭혀 죄악이 꿰미에 가득 차면 장차 저들을 섬멸할 수 있다."고 하기까지 하였으니, 아! 이것이 진실로 무슨 마음인가?

酆舒의 일에 대해 伯宗이 격분하여 그 죄를 토벌하고자 한 것은, 狂妄도 아니고 적을 경시한 것도 아니니, 이 또한 사리의 정당함이다. 〈옛날에 成湯이〉 葛나라를 정벌하고 膄나라 사람을 포로로 잡아왔다. 비록 성현도 주벌함이 있었으니 伯宗이 무엇이 부끄럽겠는가? 일은 비록 부끄러울 것이 없으나, 그가 낸 계책에 "그의 後任者가 혹시 덕행과 의리를 삼가 봉행하여 신을 섬기고 백성을 안정시켜 나라의 명운을 공고히 한다면 〈다시는 討伐할 수 없을 것이니,〉 어찌 후임자를 기다릴 수 있습니까?"라고 하기까지 하였으니, 아! 이것이 진실로 무슨 마음인가?

"君子는 남의 아름다운 일은 이루도록 돕는다."는 말은 들었으나 "남의 악한 일을 이루도록 부추긴다."는 말은 듣지 못했으며, "군자는 남의 나라가 어지러워지는 것을 두려워한다."는 말은 들었으나 "남의 나라가 다스려지는 것을 두려워한다."는 말은 듣지 못했다. 그런데 지금 荀林父는 남의 죄악을 조장하면서 오직 그의 죄악이 꿰미에 가득 차지 않을까만을 두려워했고, 伯宗은 남의 환란을 요행으로 여기면서 오직 그들이 혹시라도 잘못을 고칠까만을 두려워하였으니, 마음에 품고 있는 생각이 잔인하다고 하겠다. 이것이 내가 말한 일은 옳으나 마음은 그르다는 것이니, 평론하는 사람이 어찌 그 일만을 믿고 그 마음을 소홀히 여겨서야 되겠는가?

人苟心不在於善[1)]이면 凡所遇之事[2)]가 曲固曲也[3)]어니와 直亦曲也[4)]며 邪固邪也[5)]어니와 正亦邪也[6)]라 董仲舒[7)]公孫弘[8)]同事武帝矣요 仲舒治春秋하고 弘亦治春秋로되 世皆內仲舒而外弘은 何也오 劉向[9)]谷永[10)]同事成帝矣요 劉向奏諫疏하고 谷永亦奏諫疏로되 世皆右向而左永[11)]은 何(耶)〔也〕[12)]오 弘之春秋를 人之所以羞道之者는 心累其書也[13)]라 永之諫疏를 人之所以喜攻之者는 心累其言也[14)]라 井辱稜陵[15)]하고 泉貪交廣[16)]이 果誰爲之累者[17)]오 井耶아 泉耶아 人耶[18)]아

1) 人苟心不在於善：承上文心非而言

윗글의 '마음은 그르다〔心非〕'를 이어 말한 것이다.

2) 凡所遇之事：以不善之心而處事

善하지 않은 마음으로 일을 처리함이다.

3) 曲固曲也：事之曲者 固不待言

굽은 일은 본래 말할 필요도 없다는 말이다.

4) 直亦曲也：雖事之直者 猶未免於曲

비록 곧은 일이라 해도 오히려 굽어짐을 면하지 못한다는 말이다.

5) 邪固邪也：事之邪者 固不待言

바르지 못한 일은 본래 말할 필요도 없다는 말이다.

6) 正亦邪也：雖事之正者 猶未免於邪

비록 바른 일이라 해도 오히려 바르지 않게 됨을 면하지 못한다는 말이다.

7) 〔역주〕 董仲舒：漢나라 廣川 사람으로 젊어서부터 ≪春秋公羊傳≫을 전공하여, 景帝 때 博士가 되었다. 武帝 때에 皇命을 받고 對策하여 江都相이 되었다. 뒤에 災異를 말하였다가 下獄되었고, 풀려난 뒤에는 저술에 전념하였다. 儒術을 추존하고 百家를 배척하였다.(≪史記≫ 〈儒林傳〉)

8) 〔역주〕 公孫弘：漢나라 菑川 사람으로 字는 季이다. 나이 40세에 ≪春秋≫를 배우기 시작하여, 武帝 초년에 博士가 되었다. 뒤에 丞相이 되어 平津侯에 봉해졌다.(≪史記≫ 〈公孫弘傳〉)

9) 〔역주〕 劉向：漢 高祖의 아우 楚 元王의 四世孫으로 初名은 更生이다. 經學・文學・目錄學에 뛰어났다. 宣帝 때 諫議大夫가 되어 漢代의 圖書를 校讐하고 정리한 공로가 크다. 著書로 ≪新書≫・≪說苑≫・≪烈女傳≫・≪洪範五行傳≫ 등이 있다.

10) 〔역주〕 谷永：漢나라 長安 사람으로 字는 子雲이다. 元帝 때 賢良策에 응대하여 上等으로 합격하였다. ≪京氏易≫에 정통하여 災異를 말하기 좋아하였고, 관직이 大司農에 이르렀다.(≪漢書≫ 〈谷永傳〉)

11) 世皆右向而左永：右謂上之 左謂下之

右는 높임을 이르고, 左는 낮춤을 이른다.

12) 何(耶)〔也〕*)：設問

문제를 제기한 것이다.

*) 〔역주〕 (耶)〔也〕：저본에는 '耶'로 되어 있으나, 四庫全書本・三民書局本과 윗줄의 동일 구문에 의거하여 '也'로 바로잡았다.

13) 心累其書也：弘之心術多詐 故書爲心所累

公孫弘의 마음씨는 거짓이 많기 때문에, 글이 마음에 얽매어 〈의리를 천명하지 못했다는

말이다.〉

14) 心累其言也：永之心術不正 故言爲心所累

谷永의 마음씨는 바르지 못하기 때문에, 말이 마음에 얽매어 〈하고 싶은 말을 시원하게 하지 못한다는 말이다.〉

15) 井辱稜陵：隋兵入陳 陳後主自投于井 軍人以繩引之 乃與張貴妃孔貴嬪同引而上 因號其井爲辱井 建康志云 辱井在臺城內

隋나라 군대가 陳나라를 침입하니 陳 後主가 스스로 우물에 몸을 던졌는데, 軍人들이 밧줄로 끌어당기니 곧 張貴妃·孔貴嬪과 함께 끌려 올라왔다. 〈이 일로〉 인하여 그 우물을 辱井이라고 불렀다. ≪建康志≫에 "辱井은 臺城 안에 있다."고 하였다.

16) 泉貪交廣：廣州有貪泉 飮者懷無厭之欲(習)*) 吳隱之爲刺史 酌而飮之 賦詩云云 又在州 淸操愈厲

廣州에 貪泉이 있는데 〈그 샘의 물을〉 마신 자는 만족할 줄 모르는 욕심을 품는다고 한다. 吳隱之가 廣州刺史가 되었을 때 그 물을 떠 마시고는 시를 지었다고 하는데, 오히려〔又〕 廣州에 있을 때 청렴과 지조가 더욱 매서웠다고 한다.

*)〔역주〕(習)：저본에는 '習'이 있으나, 문맥에 의거하여 衍文으로 처리하였다.

17) 果誰爲之累者：人累井泉

'사람이 우물과 샘물에 얽매인 것인가?'의 뜻이다.

18) 井耶 泉耶 人耶：井非能使人辱 人自辱耳 泉非能使人貪人自貪耳

우물이 사람을 욕되게 한 것이 아니라 사람이 스스로 욕되게 한 것뿐이고, 샘물이 사람을 탐욕스럽게 한 것이 아니라 사람이 스스로 탐욕한 것뿐이다.

董仲舒

사람이 만약 마음이 善에 있지 않으면 만나는 모든 일에 있어, 굽은 것은 당연히〔固〕 굽어지겠지만 곧은 것도 굽어질 것이며, 부정한 것은 당연히 부정해지겠지만 바른 것도 부정해질 것이다. 董仲舒와 公孫弘은 함께 武帝를 섬겼으며, 董仲舒도 ≪春秋≫를 전공하고 公孫弘도 ≪春秋≫를 전공하였으되, 세상 사람들이 모두 董仲舒를 존귀하게

〔內〕 公孫弘을 비천하게〔外〕 여기는 것은 어째서인가? 劉向과 谷永이 함께 成帝를 섬겼으며, 劉向도 간하는 疏를 올리고 谷永도 간하는 소를 올렸으되, 세상 사람들이 모두 劉向을 바른〔右〕 사람으로 谷永을 바르지 못한〔左〕 사람으로 여기는 것은 어째서인가?

公孫弘의 ≪春秋≫를 사람들이 말하기 부끄러워하는 이유는 마음이 그 글에 얽매여 〈그 뜻을 천명하지 못했기〉 때문이고, 谷永의 諫疏를 사람들이 공격하기 좋아하는 이유는 마음이 그 말에 얽매여 〈하고 싶은 말을 시원하게 하지 못했기〉 때문이다. 稜陵의 井辱과 交廣의 泉貪이 과연 누가 연루된 것인가? 우물인가, 샘물인가, 사람인가?

25-04 鄭公子曼滿欲爲卿　鄭나라 公子 曼滿이 卿이 되고자 하다

【左傳】 宣六年이라 鄭公子曼滿與王子伯廖語에 欲爲卿하니 伯廖告人曰 無德而貪은 其在周易豐之(雖)〔離〕[1]하니 弗過之矣[2]리라 間一歲에 鄭人殺之하다

1) 〔역주〕 其在周易豐之(雖)〔離〕[*] : 豐卦의 上六이 變하여 純全한 離卦가 된 것이다. ≪周易≫은 變化를 논한 글이므로 비록 점을 치지 않아도 반드시 변화로써 그 뜻을 말할 수 있다. 豐卦의 上六 爻辭에 "그 집을 크게 지었으나, 그 집에 遮陽을 달았다. 그 문안을 엿보아도 고요하여 사람이 없어서 3년이 되어도 사람을 볼 수 없으니 凶하다."고 하였다. 德도 없으면서 그 집을 크게 지으면 3년이 지나지 않아 반드시 滅亡한다는 뜻을 취한 것이다.〈杜注〉

*) 〔역주〕 (雖)〔離〕 : 저본에는 '雖'로 되어 있으나, ≪春秋左氏傳≫에 의거하여 '離'로 바로잡았다.

2) 〔역주〕 弗過之矣 : 이 말은 三歲不覿의 뜻을 미루어 말한 것이고, ≪周易≫의 爻辭가 아니다.

宣公 6년, 鄭나라 公子 曼滿이 王子 伯廖와 이야기하는 중에 "나는 卿이 되고 싶다." 고 하였다. 伯廖가 어떤 이에게 告하기를 "德도 없으면서 〈높은 벼슬을〉 貪하는 것은 〈그 吉凶을 말한 것이〉 ≪周易≫의 豐之離에 있으니, 3년을 넘기지 못할 것이다."라고 하였는데, 과연 한 해를 거른 뒤에 鄭人이 그를 죽였다.

內闇則外求하고 外求則內虛라 是理也는 樂內之君子는 不言而喩어니와 慕外之士는 所當深省而力戒也라 在易豐之離曰 豐其屋하고 蔀其家라 闚其戶라도 闃其無人하야 三歲不覿(적)하니 凶이라하니라 萬物皆備於我하니 則吾室中之藏이 豈不夥(과)哉아 今歉然以

其家爲不足而屋是豐하니 捨內而求外라 殆有蔀之者矣라 使其家不爲物所蔀하야 反視內觀하야 洞徹明白하면 必不卑吾道德之尊而外求爵位之尊也리라 必不貧吾禮樂之富하야 而外求貨賄之富也리라 必不薄吾仁義之味하야 而外求膏粱之味也리라 其所以皇皇求外之豐하야 憂秩不高하고 憂權不專하며 憂勢不隆하고 憂祿不厚者는 特以其內闇耳라

마음이 어두우면 마음 밖에서 구하고, 마음 밖에서 구하면 마음이 빈다. 이런 이치는 마음으로 〈반성하여 수양하기를〉 즐기는 君子는 말해주지 않아도 깨닫지만, 外物(부귀공명)을 사모하는 선비들은 깊이 반성하고 힘써 경계해야 할 바이다. 〈그 내용이〉 ≪周易≫의 豐之離에 있으니, "그 집을 크게 짓고, 그 집에 거적을 쳐놓은 것이다. 그 문을 엿보니 고요하여 사람이 없어서 3년이 지나도 사람을 볼 수 없으리니 흉하다."라고 하였다. 만물의 이치가 모두 내 마음속에 갖추어 있으니 그렇다면 내 방안에 간직되어 있는 것이 어찌 많지 않겠는가? 그런데 지금 그 집안에 간직된 것을 부족하게 여겨 그 집을 크게 만들었으니 이는 마음속에 있는 것들은 버리고 밖에서 구한 것이라, 거적을 쳐서 가린 것과 거의 같다.

가령 그 집이 외물에 가림을 당하지 않아 집안을 돌아보아 〈간직되어 있는 것들을〉 분명하게 알 수 있다면 반드시 자기가 가진 존귀한 도덕을 하찮게 여겨 밖에서 높은 작위를 구하려 하지 않을 것이고, 반드시 자기가 가진 풍부한 禮樂을 가난하게 여겨 밖에서 부유한 재물을 구하려 하지 않을 것이며, 반드시 자기가 가진 仁義의 맛을 박하게 여겨 밖에서 膏粱의 맛을 구하려 하지 않을 것이다. 그가 불안해하며 밖에서 많은 것을 구하여, 벼슬이 높지 않음을 근심하고 권세를 독점하지 못함을 근심하며, 위세가 융성하지 않음을 근심하고 녹봉이 많지 않음을 근심하는 까닭은 다만 그 마음이 어둡기 때문이다.

內闇日深이면 外求日急이라 激水升陵이면 其淵必涸하고 傾資結客이면 其褚必單이라 吾耳吾目과 吾股吾肱과 吾心思吾神氣를 盡用於外하야 以求其所大欲이면 則其內安得不虛乎아 將見如腹之枵(효)하고 如壁之立하고 如磬之垂하야 枵然而空하야 無所有矣리라 此所以闚其戶하니 闃其無人하야 至於三歲之久라도 猶無所覿也라 亦嘗聞夫子之繫乎曰豐其屋은 天際翔也요 闚其戶하니 闃其無人은 自藏也라 外求之徒는 所以求非所求하고

望非所望하야 **其心浮游(倡)〔猖〕**[1]**狂**하야 **至欲翔於天際者**는 **無他焉**이라 **昏濛蔀塞**하야 **不見其胸中之天而已矣**라 **有能發其蔀而還其胸中之天**하야 **回翔上下**하며 **四顧無極**이면 **安肯近捨吾天而思遠翔於天際乎**아 **闚其戶**하니 **闃其無人**을 **而釋之以自藏者**는 **此微言也**라

1) 〔역주〕 (倡)〔猖〕: 저본에는 '倡'으로 되어 있으나, 四庫全書本・三民書局本에 의거하여 '猖'으로 바로잡았다.

마음의 어두움이 날로 깊어지면 마음 밖에서 구함이 나날이 급해진다. 물을 쳐서 산으로 튀어오르게 하면 그 못의 물이 반드시 마를 것이고, 가진 재물을 모두 써서 빈객을 사귄다면 그가 입은 솜옷이 반드시 엷어질 것이다. 내 귀와 눈, 손과 발, 내 心思와 神氣를 모두 외면에 사용하여 자신이 바라는 큰 욕망을 구한다면 그 마음이 어찌 공허하지 않을 수 있겠는가? 장차 배가 빈 것 같고 벽이 서 있는 같고 경쇠가 늘어진 것 같이 텅 비어 아무것도 없는 것을 보게 될 것이다. 이것이 그 문을 엿보니 고요하여 사람이 없어서 3년이란 오랜 기간에 이르러서도 오히려 보이는 사람이 없는 까닭이다.

내 또 일찍이 부자께서 이 爻에 달아놓은 象傳의 말을 들을 적이 있는데, "그 집을 크게 지었다는 것은 하늘가에서 비상함이고, 그 문을 엿보니 고요하여 사람이 없다는 것은 스스로 감춤이다."라고 하였다. 마음 밖에서 구하는 무리가 구할 바가 아닌 것을 구하고 바랄 바가 아닌 것을 바라서, 그 마음이 들뜨고 함부로 날뛰어 하늘가에서 비상하고자 하는 데 이르렀으니, 이는 다름이 아니라 마음이 어둡고 물욕에 가리어 자기 가슴속의 하늘을 보지 못해서일 뿐이다. 〈만약 사람이〉 그 가린 것을 걷어내어 가슴속의 하늘을 회복하고서 위아래를 비상하며 끝없는 사방을 돌아볼 수 있다면 어찌 가까운 나의 하늘을 버리고 먼 하늘가를 비상하기를 생각하겠는가? "그 문을 엿보니 고요하여 사람이 없다."는 것을 "스스로 감춤이다."라고 해석하셨으니, 이는 정미한 뜻이 담긴 말이다.

人之胸中에 **何所不有**아 **大與天地竝**하고 **明與日月俱**하며 **峻與山嶽齊**하고 **深與江海埒**(랄)이라 **顧乃闃**(격)**之而一無所覿**이면 **向來之蘊蓄運用**이 **皆安所往**가 **是豈他人之所能掩藏乎**아 **馳騖浮競**하야 **以汨其眞**하야 **己有之而己蔽之**니 **自藏而非有藏之者也**라 **易之戒**와 **夫子之繫**가 **反覆切至**하니 **得非深憫慕外之士**하야 **將拔之於聲利之塗歟**아

사람의 가슴속에 무엇인들 갖추어 있지 않겠는가? 크기로는 天地와 가지런하고 밝기로는 日月과 같고, 높기로는 山嶽과 가지런하고 깊기로는 江海와 비슷한 것이 〈갖추어 있는데,〉 돌아보니 도리어 고요하여 하나도 보이는 것이 없다면 종전에 저축하고 운용했던 것들이 다 어디로 갔단 말인가? 이것이 어찌 다른 사람이 감출 수 있는 것인가? 〈名利의 길로〉 달려 경쟁하므로 인해 자기의 본성을 상실했기 때문이다. 이는 자기가 가진 것(天性)을 자기의 욕심이 가린 것이니, 스스로 감춘 것이지 감추게 한 자가 있는 것이 아니다. ≪周易≫의 경계와 부자께서 달아놓은 象傳에 반복한 말씀이 절실하니, 어찌 외물을 사모하는 선비들을 깊이 가엾게 여겨, 장차 그들을 명리의 길에서 뽑아내려고 해서가 아니겠는가?

嗚呼라 **室雖蔀**나 **未嘗隳也**요 **人雖無**나 **未嘗亡也**라 **士也苟**(歉)〔斂〕[1]**豐屋之心**하야 (久)〔反〕[2]**其明於內**면 **則徹其蔀而**〔**見前日之室矣**요 **闚其戶而**〕[3]**見前日之人矣**리라 **內闇除則外求息**하고 **外求息則內虛實**은 **是特一反掌間耳**라 **惜乎**라 **士終鮮能自避此爻之凶**이여 **如鄭公子曼滿欲爲卿者**가 **蓋項背相望也**라 (二)〔王〕[4]**子伯廖擧此爻以摘其失**은 **似中其病**이나 **然玩其辭意**컨대 **不過取三歲不覿之語**하야 **以爲曼滿將死之證**하니 **殆未盡其義**라 **故吾本大易之指**하야 **附著於末**하노라

1) 〔역주〕 (歉)〔斂〕: 저본에는 '歉'으로 되어 있으나, 四庫全書本·三民書局本에 의거하여 '斂'으로 바로잡았다.

2) 〔역주〕 (久)〔反〕: 저본에는 '久'로 되어 있으나, 三民書局本에 의거하여 '反'으로 바로잡았다.

3) 〔역주〕 〔見前日之室矣 闚其戶而〕: 저본에는 '見前日之室矣 闚其戶而'가 없으나, 四庫全書本·三民書局本에 의거하여 보충하였다.

4) 〔역주〕 (二)〔王〕: 저본에는 '二'로 되어 있으나, 四庫全書本·三民書局本에 의거하여 '王'으로 바로잡았다.

아! 집을 비록 거적으로 가렸으나 일찍이 무너진 것이 아니고, 사람이 비록 보이지 않으나 일찍이 사망한 것이 아니다. 〈외물을 사모하는〉 선비가 만약 집을 크게 지을 마음을 거두어 그 광명이 마음에 돌아오게 한다면 가린 거적을 철거하고서 전일의 집을 볼 수 있고, 그 문을 엿보아 전일의 사람을 볼 수 있을 것이다. 마음의 어두움이 제거되면 마음 밖에서 구하고픈 욕심이 止息하고, 밖에서 구하고픈 욕심이 멈추면 공허한 마음이 채워지는 것은 단지 손바닥을 한 번 뒤집는 사이의 일일 뿐이다.

애석하도다! 〈외물을 사모하는〉 선비들 중에 끝내 스스로 이 爻의 흉함을 피한 이가 드묾이여. 鄭나라 公子 曼滿처럼 卿이 되고자 하는 자들이 길에 꼬리를 물었다. 王子 伯廖가 이 효를 들어 曼滿의 잘못을 지적한 것이 그 병통을 정확히 짚은 것 같으나, 伯廖의 말뜻을 깊이 새겨보면 "3년이 지나도 볼 수 없다."는 말을 취하여 曼滿이 장차 죽을 증거로 삼은 데 불과하니 아마도 ≪주역≫의 뜻을 다 발휘하지 못한 듯하다. 그러므로 나는 ≪주역≫의 뜻을 탐구하여〔本〕 이 글의 끝에 부치노라.

25-05 鄭伯敗楚 鄭伯이 楚나라를 패배시키다

【左傳】 宣九年이라 晉郤缺救鄭하다 鄭伯敗楚師于柳棼하니 國人皆喜로되 唯子良憂曰 是國之災也니 吾死無日矣라하다

宣公 9년, 晉나라 郤缺이 鄭나라를 救援하였다. 鄭伯이 柳棼에서 楚軍을 敗北시키니, 鄭나라 사람이 모두 기뻐하였으되 유독 子良만이 근심하며 말하기를 "〈이번의 승리는〉 국가의 災難이니, 우리가 멸망할 날이 멀지 않았다."라고 하였다.

25-05-01 楚子伐鄭 楚子가 鄭나라를 토벌하다

【左傳】 宣十一年이라 春에 楚子伐鄭하야 及櫟이어늘 子良曰 晉楚不務德而兵爭하니 與其來者可也[1]라 晉楚無信하니 我焉得有信이리오 乃從楚하다 夏에 〔楚〕[2]盟(子)〔于〕[3]辰陵하다

1) 〔역주〕 與其來者可也 : 楚나라가 쳐들어온 것을 기회로 楚나라와 和親하는 것도 可하다는 말이다.〈附注〉

2) 〔역주〕 〔楚〕 : 저본에는 '楚'가 없으나, ≪春秋左氏傳≫에 의거하여 보충하였다.

3) 〔역주〕 (子)〔于〕 : 저본에는 '子'로 되어 있으나, ≪春秋左氏傳≫에 의거하여 '于'로 바로잡았다.

宣公 11년, 봄에 楚子가 鄭나라를 討伐하여 櫟에 이르자, 鄭나라 子良이 말하기를 "晉나라와 楚나라가 德으로 〈諸侯를 懷柔하는 데〉 힘쓰지 않고 武力으로 서로 다투니, 쳐들어온 자를 돕는 것이 可합니다. 晉나라와 楚나라는 信義를 지키지 않는데, 우리가 무엇 때문에 신의를 지키겠습니까?"라고 하고서, 楚나라에 복종하였다. 여름에 楚나라가 辰陵에서 會盟하였다.

25-05-02 楚盟辰陵 鄭徼事晉 楚나라가 辰陵에서 맹약하다, 鄭나라가 晉나라를 섬기기를 구하다

【左傳】 宣十一年이라 厲之役에 鄭伯逃歸하니 自是楚未得志焉하다 鄭旣受盟于辰陵하고 又徼事于晉하다

宣公 11년, 厲의 戰爭 때 鄭伯이 도망해 돌아가니, 이때부터 楚나라는 뜻을 얻지 못하였다. 鄭나라는 이미 辰陵에서 楚나라의 盟約을 接受했으면서 또 晉나라 섬기기를 구하였다.

25-05-03 楚圍鄭 楚敗晉於邲 晉侯復荀林父 楚軍이 鄭나라를 포위하다, 楚軍이 晉軍을 邲에서 패배시키다, 晉侯가 荀林父의 직위를 회복시키다

【左傳】 宣十二年이라 春에 楚子圍鄭을 旬有七日하다 鄭人卜行成하니 不吉하고 卜臨于大宮하고 且巷出車하니 吉하다 楚子退師하다 鄭人修城이어늘 進復(부)圍之하야 三月克之하다 鄭伯肉袒牽羊以逆하다 左右曰 不可許也니 得國無赦니이다 王曰 其君能下人하니 必能信用其民矣리라 而許之平하다 夏六月에 晉師救鄭할새 荀林父將中軍하다 云云이라 夫其敗也는 如日月之食焉이니 何損於明[1]이릿가하니 晉侯使復其位하다

1) 〔역주〕 如日月之食焉 何損於明 : 해와 달이 비록 잠시 동안 먹힘〔蝕〕이 있어도 本然의 光明에 손상이 없듯이, 荀林父가 비록 敗戰하였으나 그의 본연의 善에는 손상이 없다는 것을 비유한 말이다.(≪左傳句解≫)

宣公 12년, 봄에 楚子가 鄭나라를 17일 동안 포위하였다. 鄭人이 楚나라와 화평할 것을 占치니 不吉하였고, 宗廟에 가서 痛哭하고서 兵車를 몰고 거리로 나아가 싸울 것을 占치니 吉하였다. 楚子는 〈이를 가엾게 여겨〉 군대를 물리고서 〈鄭나라가 항복하기를 기다렸는데,〉 鄭人이 〈항복하지 않고〉 城을 修築하자, 楚軍은 다시 進軍하여 鄭나라를 포위하고 3개월 동안 공격해 승리하였다. 鄭伯이 윗옷을 벗어 몸을 드러내고 羊을 끌고 와서 楚子를 迎接하고는 〈鄭나라를 보전해줄 것을 청하였다.〉 楚子의 左右가 말하기를 "鄭伯의 요구를 허락해서는 안 됩니다. 다른 나라를 공격해 얻으면 다시 용서하지 않는 것입니다."라고 하니, 楚王이 말하기를 "그 임금이 능히 남에게 자신을 낮추니 반드시 그 백성들의 신임을 얻었을 것이다."라고 하고서 和平을 허락하였다.

여름 6월에 晉軍이 鄭나라를 구원할 때 荀林父가 中軍을 거느렸다.……〈士貞子가 말하기를〉 "荀林父의 敗戰은 日食, 月食과 같으니 어찌 본래의 光明에 손상이 되겠습니까?"라고 하니, 晉侯는 그를 원래의 職位로 회복시켰다.

25-05-04 赤狄伐晉 晉殺先縠　赤狄이 晉나라를 치니 晉나라가 先縠을 죽이다

【左傳】 宣十三年이라 秋에 赤狄伐晉하야 及淸하니 先縠召之也라 冬에 晉人討邲之敗與淸之師[1]하야 歸罪於先縠而殺之하고 盡滅其族하다 君子曰 惡之來也는 己則取之라하니 其先縠之謂乎ㄴ저

1) 〔역주〕 晉人討邲之敗與淸之師 : 邲의 전쟁에서 先縠이 뜻을 얻지 못했기 때문에, 狄을 불러들여 變亂을 일으키고자 한 것이다. 淸의 一名은 淸原이다.

宣公 13년, 가을에 赤狄이 晉나라를 討伐하여 淸邑까지 들어갔으니, 이는 晉나라 先縠이 赤狄을 불러들인 것이다. 겨울에 晉人이 邲의 敗戰과 淸의 전쟁을 追咎하여〔討〕 先縠에게 罪를 돌려 죽이고, 그 一族을 모두 죽였다. 君子는 이에 대해 다음과 같이 論評하였다. "刑戮〔惡〕이 이르는 것은 자기가 부르는 것이라고 하니, 아마도 先縠을 두고 한 말인 듯하다."

25-05-05 晉示鄭以整　晉人이 鄭나라에 정제된 모습을 보이다

【左傳】 宣十四年이라 夏에 晉侯伐鄭하니 爲邲故也[1]라 告於諸侯하고 蒐焉而還[2]하니 中行桓子之謀也라 曰 示之以整하야 使謀而來[3]라하다 鄭人懼하야 使子張代子良于楚[4]하다 鄭伯如楚하니 謀晉故也라 鄭以子良爲有禮라 故召之[5]하다

宣公 14년, 여름에 晉侯가 鄭나라를 討伐하였으니, 이는 邲의 전쟁 〈때 鄭나라가 楚나라를 도왔기〉 때문이다. 〈晉나라가 各國의〉 諸侯에게 通告하고서 閱兵式을 거행하고 還國하였다. 이는 中行桓子의 計謀였으니, 桓子는 "우리 군대가 整齊된 모습을 보여 鄭나라로 하여금 잘 생각해 우리에게 歸順〔來〕하게 하라."고 하였다. 鄭人은 겁이 나서 子張을 楚나라로 보내어 子良 대신 人質이 되게 하였다. 鄭伯이 楚나라에 갔으니, 이는 晉나라에 어떻게 대응해야 할지 모의하기 위함이었다. 鄭나라는 子良이 禮가 있다고 여겼기 때문에 그를 불러 돌아오게 하였다.

25-05-06 晉賞荀林父士伯 晉侯가 荀林父와 士伯에게 상을 주다

【左傳】 宣十五年이라 晉侯賞桓子狄臣千室하고 亦賞士伯以瓜衍之縣曰 吾獲狄土는 子之功也라 微子면 吾喪伯氏矣라

宣公 15년, 晉侯가 桓子에게 狄臣의 千戶를 賞으로 주고, 또 士伯에게 瓜衍縣을 상으로 주며 말하기를 “내가 狄의 땅을 얻은 것은 그대의 功勞이다. 그대가 아니었다면 나는 伯氏(荀林父)를 잃었을 것이다.”고 하였다.

片言[1)]而判者는 議之易(이)決者也라 晉楚爭鄭이 載於史者詳矣니 是非曲直을 皆片言而可定也라 柳棼之勝[2)]은 鄭激楚也라 潁北之逐[3)]은 晉侵鄭也라 辰陵之盟[4)]은 鄭負晉也라 子良之言[5)]는 前智而後愚也라 圍鄭之役[6)]은 討其罪也라 哭陴之謪[7)]은 紓其死也라 皇門之退[8)]는 哀其窮也라 楚鄭之事는 小詐而大共也라 先縠愎也요 中行弱也며 會(之)〔知〕彼也요 首知已也며 厥分惡也요 書察姦也며 原屛黨하고 而錡旃賊也라 先濟之鼓는 志不定也라 舟中之指[9)]는 軍無律也라 敖前之覆[10)]은 備有先也라 築軍汰而作宮[11)]은 遜也라 荀之宥는 德掩責也요 彘之滅은 過作非也라 蒐之整은 弱示强也요 曲梁補過하고 而瓜衍導言也라 凡晉楚鄭三國之故가 無慮數十條나 皆可判於一言之下라 是(故)〔固〕[12)]穉壯之所厭聞이요 師生之所飫講이니 曾何足深論乎아 吾請掇前人之未發者論之하노라

1) 〔역주〕 片言 : 간단한 몇 마디 말을 이른다.

2) 〔역주〕 柳棼之勝 : 柳棼은 鄭나라 땅이다. 宣公 9년에 鄭伯이 柳棼에서 楚軍을 패배시킨 일을 이른다.

3) 〔역주〕 潁北之逐 : 宣公 10년에 晉나라 士會가 鄭나라를 구원하여 楚軍을 潁水 북쪽으로 축출한 것을 이른다.

4) 〔역주〕 辰陵之盟 : 成公 6년에 있었던 厲의 전쟁 때에 楚나라와 맺은 맹약을 鄭나라가 저버렸기 때문에 다시 辰陵에서 결맹한 것이다.

5) 〔역주〕 子良之言 : 宣公 9년에 鄭軍이 柳棼에서 楚軍을 敗退시켰을 때에 한 말과, 宣公 12년에 봄에 楚子가 鄭나라의 櫟에까지 쳐들어왔을 때에 한 말을 이른다.

6) 〔역주〕 圍鄭之役 : 전년에 辰陵에서 鄭나라는 楚나라를 섬기기로 맹약하고도 다시 晉나라를 섬기려고 하기 때문에 宣公 12년에 楚子가 鄭나라를 포위한 것을 이른다.

7) 〔역주〕 哭陴之謪 : 成公 12년 봄에 楚子가 鄭나라를 17일 동안 포위하자, 鄭나라가 마치 遷都라도 할 것처럼 수레를 몰고 거리로 나오니, 사람들이 모두 宗廟로 가서 통곡하고 성가퀴

를 지키는 군사도 모두 통곡한 일을 이른다.

8) 〔역주〕 皇門之退 : 成公 12년 봄에 鄭나라의 국인과 군사들이 통곡하자, 楚子는 이를 가엾게 여겨 군대를 물렸는데도 鄭나라가 복종하지 않으니, 楚子는 다시 鄭나라를 포위하고는 皇門으로부터 쳐들어갔다. 그러자 鄭伯은 윗옷을 벗어 몸을 드러내고 羊을 끌고 와서 楚子를 맞이하여 항복의 의식을 거행하니, 楚子가 가엾게 여겨 鄭伯과 맹약한 뒤에 물러나온 일을 이른다.

9) 〔역주〕 舟中之指 : 隱公 12년에 晉軍이 도하할 때 中軍과 下軍이 먼저 배에 오르려고 다투어 배 안에 잘린 손가락이 많았던 일을 이른다.

10) 〔역주〕 敖前之覆 : 宣公 12년에 晉軍이 敖山 앞에 伏兵을 설치한 것을 이른다.

11) 〔역주〕 築軍汰而作宮 : 楚나라 신하 藩黨이 楚王에게 武軍을 축조하기를 청하니, 楚王은 武軍을 쌓지 않고 先君의 祠堂을 세워 승전을 告하고 돌아간 일을 이른다. 武軍은 죽인 적군의 시신을 수습해 한 곳에 묻고 봉분을 높이 쌓아 戰功을 과시하는 京觀을 이른다.

12) 〔역주〕 (故)〔固〕 : 저본에는 '故'로 되어 있으나, 三民書局本에 의거하여 '固'로 바로잡았다.

간단한 몇 마디 말로 〈옳고 그름을〉 판정하는 것은 쉽게 의결할 수 있는 일이기 때문이다. 晉나라와 楚나라가 鄭나라를 취하려고 서로 경쟁한 일이 史冊에 자세히 실려 있으니 是非曲直을 모두 몇 마디 말로 판정할 수 있다.

柳棼에서 승리한 것은 鄭伯이 楚나라를 격노시킨 것이고, 潁北에서 楚軍을 축출한 것은 晉軍이 鄭나라를 침략하기 위함이며, 辰陵에서 맹약한 것은 鄭나라가 晉나라를 배신했기 때문이고, 子良이 했던 말은 앞서의 말은 지혜로웠으나 뒤의 말은 어리석었다. 楚軍이 鄭나라를 포위한 것은 그 죄를 성토한 것이고, 鄭伯이 백성과 성을 지키는 군사들에게 통곡하게 하여 楚軍을 속인 것은 죽음을 늦추기 위함이며, 楚子가 皇門에서 물러간 것은 鄭나라의 곤궁을 가엾게 여긴 것이다. 〈이로써 보면〉 楚나라와 鄭나라의 일은 작게는 서로 속인 것이지만 크게는 공존을 꾀한 것이다.

先縠은 강퍅하고 中行(荀林父)은 나약하며, 士會는 적을 알고 荀首는 나를 알았으며, 韓厥은 죄를 분담하고 欒書는 姦言을 통찰하였으며, 原과 屛은 黨이 되고 錡와 旃은 賊이 되었으며, 먼저 건너라고 북을 친 것은 의지가 확정되지 않아서이고 배 안에 잘린 손가락이 많은 것은 군대의 기율이 없어서이며, 敖山에 군대를 매복한 것은 사전에 미리 준비한 것이고, 武軍의 축조를 거부하고 선조의 사당을 지은 것은 겸손이고, 荀林父를 사면한 것은 공덕이 죄과를 덮었기 때문이며, 彘子(先縠)가 멸족된 것은 지나치게 잘못을 저질렀기 때문이고, 거마를 검열하고 대오를 정제한 것은 弱國이 스스로 강함을 보이기 위함이며, 荀林父가 曲梁에서 赤狄을 대패시켜 邲의 패전을 보충하고 士貞子에게 瓜衍縣을 상으로 주게 한 것은 그가 인도한 말 때문이다.

무릇 晉·楚·鄭 세 나라에서 발생한 사고가 무려 수십 가지나 되지만 그 시비를 모두 한 마디 말로 판정할 수 있다. 이는 본래 어른과 아이가 충분히 들은 바이고 스승과 제자가 충분히 강론한 바이니 다시 무엇을 깊이 논할 게 있겠는가? 〈그렇지만〉 내 전인들이 아직 말하지 않은 것들을 주워모아서 논해보려 한다.

晉楚之相遇也에 孫叔敖不欲戰하고 而伍參欲戰[1]이라 楚子違叔敖而聽伍參이러니 卒有邲之勝하니라 論者必將咎孫叔敖之無謀矣라 抑不知叔敖令尹也요 伍參嬖人也며 三軍之進退와 國政之大綱繫焉이라 今不出於令尹而出於嬖人하니 雖幸一時之勝이나 而一國之大綱이 自是而亂矣라 以一勝而亂一國之綱하니 是以鴻毛易泰山하고 以敝屣易天下라 豈不(可甚)〔甚可〕[2]惜哉아 使叔敖之謀果非하고 伍參之謀果是라도 猶不可長이온 況叔敖之謀未必不是乎아 晉楚不務德而力爭이로되 收師而退하야 免斯民暴骨之患하니 所全者多矣라 纍俘振凱하야 震威聲而示得意는 庸人之所誇나 而慮遠者之所憂也라 叔敖之謀를 其可厚非哉아

1) 〔역주〕 晉楚之相遇也……而伍參欲戰 : 楚나라가 鄭나라를 포위하니 晉나라가 鄭나라를 구원하기 위하여 出兵하였는데, 晉軍이 黃河에 이르렀을 때 鄭나라가 이미 楚나라와 和平했다는 말을 들었다. 그런데도 晉軍이 楚軍을 추격하니 楚王의 嬖人인 伍參이 맞서 싸우고자 하였다. 그러나 楚나라의 令尹인 孫叔敖는 싸움을 강력히 반대하면서 "만약 전쟁하였다가 승리하지 못한다면 너(伍參)의 고기를 씹어 먹어도 시원찮을 것이다."라고 말하니, 伍參은 "만약 전쟁에 승리한다면 孫叔敖 당신은 計謀가 없는 것이 되고, 만약 敗戰한다면 나의 肉身은 晉軍의 手中에 있을 것인데, 어찌 먹을 수 있겠습니까?"라고 하였다. 楚나라는 伍參의 주장대로 晉軍과 싸워 크게 승리하였다. 자세한 내용이 ≪春秋左氏傳≫ 宣公 12년에 보인다.

2) 〔역주〕 (可甚)〔甚可〕 : 저본에는 '可甚'으로 되어 있으나, 四庫全書本·三民書局本에 의거하여 '甚可'로 바로잡았다.

晉軍과 楚軍이 서로 만났을 때에 孫叔敖(令尹)는 싸우고자 하지 않고 伍參(嬖人)은 싸우고자 하였다. 楚子는 孫叔敖의 말을 듣지 않고 伍參의 말을 들었는데, 마침내 邲의 전투에서 승리하였다. 이 일에 대해 평론하는 자들은 반드시 孫叔敖의 計謀 없음에 허물을 돌릴 것이다. 그러나 이는 孫叔敖는 令尹이고 伍參은 嬖人이며 三軍의 진퇴와 국

정의 大綱이 그에게 매어 있다는 것을 알지 못한 것이다. 그런데 지금 軍令이 令尹에게서 나오지 않고 嬖人에게서 나왔으니, 비록 요행히 한 때의 승리를 얻었으나 한 나라의 대강이 이로부터 어지러워질 것이다. 한 번의 승리로 한 나라의 기강을 어지럽힌 것이니, 이는 鴻毛(경미한 일)를 泰山(중대한 일)과 바꾸고 헌신짝을 천하와 바꾼 꼴이니 어찌 매우 애석하지 않은가?

가령 孫叔敖의 계책이 참으로 그르고 伍參의 계책이 참으로 옳았다 하더라도 오히려 助長해서는 안 되는데, 하물며 孫叔敖의 계책이 반드시 옳지 않은 것이 아님에랴? 晉나라와 楚나라는 德을 닦는 일에는 힘쓰지 않고 전쟁에만 힘쓰면서도 〈오히려〉 군사를 거두어 물러가서 백성들의 뼈가 山野에 드러나는 것을 면하게 하였으니, 이로 인해 생명을 보전한 자가 많다. 포로를 결박해 끌고 개선하여 위세와 명성을 떨쳐 뜻을 얻었음을 보이는 것은 용렬한 사람들이 과시하는 바이나, 심원한 생각이 있는 사람은 근심하는 바이다. 孫叔敖의 계책을 어찌 크게 비난해서야 되겠는가?

吾嘗深繹叔敖之心하니 **見其烱然之誠**이 **貫日月**하고 **洞金石**이어늘 **而後世莫或知焉**이라 **叔敖主退者也**요 **伍參主戰者也**라 **楚子旣黜叔敖之謀矣**에 **不忠者居叔敖之地**면 **必幸師之敗**하야 **以實吾謀**하고 **至於衆人**하야도 **亦將拱手熟視**하야 **置軍旅之事而不問也**리라 **及楚子之逐趙旃**에 **叔敖亟畫先入奪軍之策**하야 **車馳卒奔**하야 **以乘晉師**호되 **惴惴然惟恐楚之不勝**하야 **反若主戰之尤者**는 **獨何歟**아 **蓋當是時**하야 **叔敖之忠誠奮發**하야 **惟知有吾君而已**요 **己之勝與負**는 **不暇恤也**며 **參之中與否**도 **不暇恤也**라 **勝負中否**가 **皆不入於胸中**하고 **獨吾君之是徇**이라 **嗚呼**라 **此(貞)〔眞〕**[1]**事君者也**니 **此萬世爲臣之大法也**라 **吾惜其叢立錯列於重編沓簡之間**하야 **世不復(부)異目視之**라 **故出之以與學者共**하노라

1) 〔역주〕 (貞)〔眞〕: 저본에는 '貞'로 되어 있으나, 四庫全書本・三民書局本에 의거하여 '眞'으로 바로잡았다.

내 일찍이 孫叔敖의 심사를 깊이 추구해보니, 그의 밝은 忠誠이 日月을 꿰고 金石을 뚫을 수 있는 것을 보았는데, 후세에는 누구도 이를 아는 이가 없었다. 孫叔敖는 退軍을 주장하고 伍參은 전쟁할 것을 주장하였다. 楚子가 孫叔敖의 계책을 물리친 뒤에 不忠한 자가 孫叔敖의 자리에 있었다면 반드시 楚軍의 패배를 다행으로 여겨 자기의 계책을 실증하였을 것이고, 일반인들도 두 손을 맞잡고 익히 보면서 군대의 일은 버려두고

묻지 않았을 것이다. 〈그렇다면 뒤에〉 楚子가 趙旃을 추격할 때에 孫叔敖가 먼저 쳐들어가서 적군의 투지를 빼앗을 계책을 내어 전차와 군졸이 일제히 진격하여 晉軍을 습격하되, 楚軍이 승리하지 못할까 벌벌 떨면서 두려워하여 도리어 더욱 전쟁을 주장하는 사람처럼 한 것은 어째서인가?

이때를 당하여 孫叔敖의 충성심이 분발하여 오직 임금이 있는 줄만 알고 자기의 승패는 걱정할 겨를이 없고, 伍參의 주장이 맞는지의 여부도 걱정할 겨를이 없었을 것이다. 승패의 이로움과 불리함이 모두 가슴속에 들어오지 않고 오직을 임금을 따라죽는 한 가지 일만이 있었을 뿐이다. 아! 이래야 참으로 임금을 섬기는 사람이고, 이래야 참으로 만세의 신하들의 大法이 될 수 있다. 나는 〈孫叔敖의 일이〉 두꺼운 簡編 사이에 뒤섞여 나오는데도 세상 사람들이 다시 다른 눈으로 보지 않는 것이 애석하였다. 그러므로 문제로 제출하여 학자들과 함께 토론하는 바이다.

25-06 晉會狄於欑函　晉나라가 狄人과 欑函에서 會合하다

【左傳】 宣十一年이라 晉郤成子求成于衆狄하니 衆狄疾赤狄之役하야 遂服于晉하다 秋에 會于欑(찬)函하니 衆狄服也라 是行也에 諸大夫欲召狄하니 郤成子曰 吾聞之컨대 非德이면 莫如勤이라하니 非勤이면 何以求人이리오 能勤이면 有繼니 其從之也리라 詩曰 文王旣勤止라하니 文王猶勤이온 況寡德乎아

宣公 11년, 晉나라 郤成子가 衆狄에게 和親하기를 요구하니, 衆狄은 赤狄의 使役을 괴롭게〔疾〕 여겨 드디어 晉나라에 복종하였다. 가을에 欑函에서 會合하였으니, 이는 衆狄이 복종하였기 때문이다. 이번에 欑函으로 가려 할 때 大夫들이 衆狄을 부르고자 하니, 郤成子가 다음과 같이 말하였다.

"내가 듣건대 〈남을 복종시킬 만한〉 德이 없으면 勤勞하는 것만한 게 없다고 하였으니, 근로하지 않는다면 어떻게 남이 복종하기를 바라겠는가? 근로하면 계속해 공이 있을 것이니, 나는 그들에게로 갈 것이다. ≪詩經≫에 '文王께서 이미 근로하셨다.'고 하였으니, 文王도 오히려 근로하였는데 하물며 덕이 부족한 우리이겠는가?"

已服之民엔 不可過求요 已馴之虜엔 不可過責이라 流亡之未集也요 姦宄之未殄也요 搶攘之未定也면 爲人上者는 懍懍乎憂民之未服하야 手朽索而足淵水하야 撫之摩之하고

顧之復之하며 **游之泳之**하야 **如護元氣**하고 **如保赤子**하야 **惟恐有一髮之傷**이라

이미 복종한 백성에겐 지나치게 요구해서는 안 되고, 이미 순종한 오랑캐에겐 지나치게 책망해서는 안 된다. 일정한 주거 없이 떠도는 백성들이 아직 정착하지 못하고, 법을 어기고 반란을 일으킨 자들이 아직 다 섬멸되지 않았으며, 분란이 아직 안정되지 않았다면 임금이 된 자는 백성들이 복종하지 않는 것을 경계하고 두려워하여 손은 썩은 새끼줄을 잡은 듯이 〈끊어질까 두려워하고,〉 발은 깊은 물을 밟은 듯이 〈빠져죽을까 두려워하여〉 어루만지고 다독이며 〈백성들로 하여금 나의 교화에〉 젖게 하여, 元氣를 보호하듯이 갓난아이를 보호하듯이 하여 터럭만큼이라도 손상이 있을까 두려워해야 한다.

至於宇內[1]**淸晏**하야 **怨誹息而謳歌升**이면 **爲人上者**는 **遂謂民旣服矣**니 **何令不從**이며 **何索不獲**이리오하야 **旣攫其雛**하고 **又覆其巢**하며 **旣捋其葉**하고 **又斧其幹**이면 **民始不勝其求**하야 **焦然思亂**하니 **殆求之之過也**ㄹ새니라 (戎虜)〔匈奴〕[2]**之禍**가 **何莫由斯**리오 **平城之弩**[3]와 **甘泉之烽**[4]과 **嫚書之侮**[5]와 **尺牘之倨**[6]가 (腥羶)〔猖狂〕[7]**陵縱**이어늘 **驅引弓之民**하야 **南面與漢天子爭爲長雄**하니라 **當是時**하야 **雖欲左右當戶**[8]**之群**의 **解辮束袵**도 **猶或難之**온 **況欲屈單于**[9]**之膝哉**아 **逮至渭橋受謁**[10]**之後**에 **虜勢折矣**라 **元成哀平接於新莽**[11]히 **主昏臣庸**하야 **徒恃寇之已馴而責之無已**하야 **阻其朝焉**하고 **丐其壤焉**하며 **制其條焉**하고 **奪其璽焉**하니 **虜不堪其責**하야 **背叛侵掠**하야 **故態復作**이라 **是非虜之不馴**이라 **殆中國虐之而不容其馴也**ㄹ새니라

1) 〔역주〕 宇內 : 宇宙 안을 이르는데, 여기서는 國內의 뜻으로 쓰였다.
2) 〔역주〕 (戎虜)〔匈奴〕 : 저본에는 '戎虜'로 되어 있으나, 四庫全書本・三民書局本에 의거하여 '匈奴'로 바로잡았다.
3) 〔역주〕 平城之弩 : 漢 高祖 劉邦이 平城에서 匈奴 冒頓(묵특)의 30만 大軍에게 7일 동안 포위되었던 일을 이른다.
4) 〔역주〕 甘泉之烽 : 漢 文帝 4년에 老上單于가 죽고 軍臣單于가 즉위한 뒤 1년여 만에 각각 3만 騎兵을 보내어 上郡과 雲中을 노략하니, 漢軍 또한 邊塞를 굳게 지키며 봉화를 올려 적의 침입을 甘泉에 통고한 것을 이른다.
5) 〔역주〕 嫚書之侮 : 漢 惠帝 때에 묵특이 점점 교만해져서 高后(高祖의 呂后)에게 보낸 편지에 모욕하는 말이 가득했던 일을 이른다. ≪史記索隱≫에 의하면 그 편지에 "내가 가진 것으로

써 그대에게 없는 것과 바꾸기를 원한다.〔願以所有 易其所無〕"는 모욕적인 언사가 있었다고 하니, 그 뜻은 '내 여자가 되라'는 말이다. 嫚書는 모욕적인 서신이다.

6) 尺牘之倨 : 見匈奴傳

≪史記≫ 〈匈奴傳〉에 보인다.

7) 〔역주〕 (腥羶)〔猖狂〕 : 저본에는 '腥羶'으로 되어 있으나, 四庫全書本・三民書局本에 의거하여 '猖狂'으로 바로잡았다.

8) 〔역주〕 當戶 : 흉노의 官職名이다.

9) 〔역주〕 單于 : 匈奴 君長의 호칭이다.

10) 〔역주〕 渭橋受謁 : 漢 宣帝 甘露 2년에 匈奴 呼韓耶單于가 入朝하여 甘泉宮에서 천자를 알현한 것을 이른다.

11) 〔역주〕 新莽 : 漢 平帝를 죽이고 國權을 탈취하여 新나라를 세운 王莽을 이른다.

국내의 정치가 깨끗하고 태평하여 원망과 비방이 끊기고 功德을 찬송하는 노래가 일어나면 임금된 자는 드디어 백성들이 이미 복종했으니 무엇을 시킨들 따르지 않을 것이며 무엇을 요구한들 얻지 못하겠느냐고 여겨, 이미 그 병아리를 잡아갔으면서 또 다시 그 둥지를 엎고, 이미 그 나무의 잎을 따갔으면서 또 도끼로 나무의 줄기를 찍어내면 백성들은 비로소 임금의 요구를 감당할 수 없어서 속을 태우며 반란 일으키기를 생각할 것이다. 이는 요구한 것이 너무 지나친 데서 〈온 결과이다.〉

〈漢나라 때〉 匈奴의 禍患이 어찌 여기에서 연유한 것이 아니겠는가? 平城의 쇠뇌와 甘泉의 봉화와 嫚書의 모욕과 尺牘(書信)의 거만함이 망령되고 방자한데, 〈또 저 匈奴는〉 활을 당길 수 있는 백성들을 驅使해 남쪽을 향해 진격하여 漢나라 天子와 雌雄을 다투었다. 이때에는 비록 左右의 當戶들도 변발을 풀고 옷깃을 여미고서 〈漢나라에 귀순하게 하기도〉 오히려 어려웠는데, 하물며 單于의 무릎을 꿇리고자 하였는가?

〈漢 宣帝 때에〉 이르러 渭橋에서 〈匈奴 呼韓耶單于의〉 알현을 받은 뒤에 오랑캐의 기세가 꺾였다. 元帝・成帝・哀帝・平帝로부터 新나라 王莽에 이르기까지는 임금은 어둡고 신하는 용렬하여, 한갓 외구(흉노)가 이미 순종하는 것만을 믿고서 저들에게 끊임없이 요구하고 저들의 朝見을 막았으며 저들의 토지를 요구하고 저들이 준수할 조약을 제정하고 저들의 인장〔璽〕을 탈취하니, 오랑캐들은 이런 요구를 감당할 수 없어서 배반하고 침략하던 옛 버릇이 되살아났다. 이는 오랑캐들이 순종하지 않아서가 아니라 중국이 저들을 학대해 저들의 순종을 용납하지 않았기 때문이다.

先王之待戎虜에 急其悍而緩其馴이라 故戎虜之困이면 必託命中國하야 以求息肩之地하니 豈若後世爲哉리오 悍則奉之하고 馴則責之면 是長欲其悍이요 而不欲其馴也라 凡人之情은 寧爲人所奉乎아 寧爲人所責乎아 戎虜雖愚라도 其亦知所擇矣니 利害相形이면 彼安得不以(獮)〔稱〕[1]兵窺塞爲大利하고 奉琛入貢爲不祥哉아

1) 〔역주〕 (獮)〔稱〕 : 저본에는 '獮'로 되어 있으나, 四庫全書本·三民書局本에 의거하여 '稱'으로 바로잡았다.

先王이 이적을 상대할 때 저들의 사나움(침략)을 막음에는 서두르고 저들의 순종을 권유함에는 느슨하였다. 그러므로 이적이 곤란한 일이 생기면 반드시 중국에 자기들의 운명(목숨)을 맡기고서 잠시 부담을 벗는 곳으로 삼았으니, 어찌 후세에 〈이적을 대우하는〉 것처럼 하였겠는가? 사나우면 저들을 받들어 섬기고 순종하면 저들에게 끝없이 요구하였으니, 이는 저들이 오래도록 사나운 짓 하기를 바람이고 저들이 순종하기를 바라지 않는 것이다. 무릇 사람의 심정은 어찌 남이 받드는 대상이 되기를 원하겠으며, 어찌 남이 요구하는 대상이 되기를 원하겠는가? 이적이 비록 어리석지만 그들 또한 선택할 줄을 아니, 이해를 서로 비교한다면 저들이 어찌 군대를 일으켜 국경을 엿보는 것을 큰 이익으로 여기지 않고 봉헌할 보물을 가지고 入貢하는 것을 불리함으로 여기지 않겠는가?

晉郤成子之論이 其有見於此矣라 衆狄附晉之始에 諸大夫侈然驕溢하야 諱一動之勞하야 乃欲坐而召狄하니 嗚呼라 諸大夫忘衆狄未附之時乎아 冒鋒鏑하고 蒙甲冑하야 面夷身創者가 未嘗絶也라 其未附則不敢避攻戰之苦러니 其既附則遽欲憚行役之勤하니 何其志之易(이)變耶아 郤成子獨知馭(戎虜)〔衆狄〕[1]之道하야 不可恃其馴而煩其責이라하야 遂以能勤有繼之說로 曉譬諸大夫하고 次於攢函以會衆狄하야 屈已而不勞彼하야 終得衆狄之懽心하니라

1) 〔역주〕 (戎虜)〔衆狄〕 : 저본에는 '戎虜'로 되어 있으나, 四庫全書本·三民書局本에 의거하여 '衆狄'으로 바로잡았다.

晉나라 郤成子(郤缺)의 의논을 〈통하여〉 그가 이에 대해 소견이 있었다는 것을 〈알 수 있다.〉 衆狄이 晉나라에 歸附한 초기에 많은 대부들이 지나치게 교만하여 한번 움직

이는 노고를 꺼려 끝내 앉아서 衆狄을 부르고자 하였으니, 아! 대부들은 衆狄이 귀부하지 않았을 때에 〈우리가〉 칼날과 화살을 무릅쓰고 갑옷과 투구를 쓰고서 이적과 면대해 싸우다가 몸에 상해를 입는 자가 끊이지 않았던 일을 잊은 것인가? 衆狄이 귀부하기 전에는 공격하고 전투하는 노고를 감히 피하지 않더니 衆狄이 귀부하자 갑자기 兵役의 근로를 꺼리고자 하니 어쩌면 그리도 마음이 쉽게 변한단 말인가? 郤成子만이 홀로 衆狄을 다루는 방법을 알아서, 그들이 순종함을 믿고서 그들에게 많은 것을 요구해서는 안 된다고 하였다. 드디어 "근로하면 계속해 功이 있을 것이다.〔能勤有繼〕"는 말로 대부들을 깨우치고서, 攢函으로 가서 衆狄과 회합하여 자기를 굽히고 衆狄을 수고롭게 하지 않음으로써 마침내 衆狄의 환심을 얻었다.

向若從諸大夫之議면 **則衆狄必謂吾附晉屬耳**컨대 **一之日**[1]**已召我於會**라하니 **庸詎知二之日三之日不召我而征役之乎**아 **庸詎知四之日五之日不召我而剪剝之乎**아 **釁端亂兆**가 **未必不基於此時也**라 **或曰 戎虜之性**은 **陵之則慴**하고 **柔之則驕**라하니 **諸大夫之召狄**은 **其或出於此歟**아 **曰 陵之則慴**하고 **柔之則驕**가 **固**(戎虜)**〔狄之〕**[2]**性也**라하야 (中國而戎虜云)**〔晉國欲坐召之〕**[3]**乎哉**아

1) 〔역주〕 一之日 : ≪詩經≫ 〈豳風 七月〉의 詩句를 인용한 것이다. 原義는 夏曆 11월이고 周曆 正月인데, 여기서는 晉나라에 귀부한 지 1개월째 되는 달의 뜻으로 쓰였다. 아래의 二之日과 三之日도 같다.

2) 〔역주〕 (戎虜)〔狄之〕 : 저본에는 '戎虜'로 되어 있으나, 四庫全書本·三民書局本에 의거하여 '狄之'로 바로잡았다.

3) 〔역주〕 (中國而戎虜云)〔晉國欲坐召之〕 : 저본에는 '中國而戎虜云'으로 되어 있으나, 四庫全書本·三民書局本에 의거하여 '晉國欲坐召之'로 바로잡았다.

그때 만약 대부들의 건의를 따랐다면 衆狄은 반드시 "우리가 晉나라에 귀부하였으나, 몰래 엿듣건대〔屬耳〕 1개월만에 우리를 불러 회견한다 하니, 2개월째나 3개월째에 우리를 불러 征役에 내보내지 않을 줄을 어찌 알겠는가? 또 4개월째나 5개월째에는 우리를 불러 몰살시키지 않을 줄을 어찌 알겠는가?"라고 하였을 것이니, 釁端과 전란의 조짐이 반드시 이때에 시작되지 않는다고 기필할 수 없다. 어떤 이는 "이적의 본성은 능멸하면 두려워해 복종하고 회유하면 교만해진다."고 하니, 대부들이 衆狄을 부르려고 한 것은 어쩌면 이런 생각에서 나온 것이 아니겠는가? "능멸하면 두려워해 복종

하고 회유하면 교만해지는 것이 본래 이적의 본성이다."라고 하여, 晉나라에 앉아서 중적을 부르려한 것인가?

25-07 楚子從申叔時諫 復封陳 楚子가 申叔時의 간언에 따라 陳侯를 다시 陳에 봉하다

【左傳】 宣十一年이라 冬에 楚子爲陳夏氏亂故로 伐陳할새 謂陳人無動하라 將討於少西氏라하고 遂入陳하야 殺夏徵舒하야 轘諸栗門하고 因縣陳하다 陳侯在晉하다 申叔時使於齊라가 反하야 復命而退하니 王使讓之曰 夏徵舒爲不道하야 弑其君이어늘 寡人以諸侯討而戮之하니 諸侯縣公皆慶寡人이로되 女獨不慶寡人은 何故오 對曰 猶可辭乎잇가 王曰 可哉라 曰 夏徵舒弑其君은 其罪大矣요 討而戮之는 君之義也니이다 抑人亦有言曰 牽牛以蹊人之田이면 而奪之牛라하니 牽牛以蹊者는 信有罪矣어니와 而奪之牛는 罰已重矣니이다 諸侯之從也는 曰討有罪也어늘 今縣陳하시니 貪其富也니이다 以討召諸侯라가 而以貪歸之면 無乃不可乎잇가 王曰 善哉라 吾未之聞也로다 反之可乎아 對曰 可哉니이다 吾儕小人所謂取諸其懷而與之也니이다 乃復封陳하고 鄕取一人焉以歸하야 謂之夏州라하다

宣公 11년, 겨울에 楚子가 陳나라 夏氏의 亂을 이유로 陳나라를 討伐할 적에 陳人들에게 이르기를 "驚動하지 말라. 少西氏를 치려는 것이다."고 하고서 드디어 陳나라로 쳐들어가 夏徵舒를 죽여 栗門에서 車裂하고서, 陳나라를 楚나라의 縣으로 삼았다. 이때 陳侯는 晉나라에 있었다. 申叔時가 齊나라에 使臣으로 갔다가 돌아와서 復命하고 물러가니, 楚王이 사람을 보내 꾸짖어 말하기를 "夏徵舒가 不道하여 그 임금을 弑害하였기에 寡人이 諸侯를 거느리고 가서 그를 토벌해 죽였다. 제후와 縣公은 모두 과인에게 慶賀하는데 유독 그대만이 과인에게 경하하지 않는 것은 무슨 까닭인가?"라고 하자, 申叔時가 대답하기를 "말씀드려도 좋겠습니까?"라고 하였다. 楚王이 "좋다."고 하자, 申叔時가 말하기를 "夏徵舒가 그 임금을 시해한 것은 큰 罪이고, 그를 토벌해 죽인 것은 君王께서 正義를 행하신 것입니다. 그러나 어떤 사람이 말하기를 '소를 끌고 남의 농지 가운데로 지나다니면 농지의 主人은 그 소를 빼앗는다.'고 합니다. 소를 끌고 남의 농지로 지나다니는 자는 진실로 죄가 있습니다만 그렇다고 그 소를 빼앗는 것은 罰이 너무 무겁습니다. 제후가 君王을 따라 〈함께 陳나라를 친 것은〉 '죄 있는 자를 토벌한다.'고 하셨기 때문인데, 지금 陳나라를 우리나라의 縣으로 삼으려 하시니, 이는 陳

나라의 풍부한 財物을 탐하는 것입니다. 죄 있는 자를 토벌한다는 名分으로 제후를 불러놓고, 재물을 탐하는 것으로 결말을 낸다면 불가하지 않습니까?"라고 하였다. 楚王은 "훌륭한 말이다. 내 아직 이런 말은 들어보지 못하였다. 그 땅을 도로 陳나라에 돌려주는 것이 좋겠는가?"라고 하니, 申叔時가 대답하기를 "좋습니다. 우리 小人들이 이른바 '그 사람의 품에서 빼앗은 물건을 그 사람에게 되돌려준다.'는 것입니다."고 하였다. 이에 楚王은 다시 陳侯를 그곳에 봉해주고, 鄕에서 한 사람씩 데리고 가서 한 곳을 정해 살게 하고는 그곳을 '夏州'라고 이름하였다.

凡言必有端이라 **發端自我**면 **則我輕而彼重**하고 **發端自彼**면 **則我重而彼輕**이라 **臣之事君則無彼我之間**하니 **亦非屑屑挾輕重之地也**라 **然自古善諫其君者**는 **未嘗肯自發其端**하고 **必回翔容與**하야 **待其君之先發**하야 **始徐起而收之**하니 **是豈若戰國策士捭闔之爲哉**리오 **蓋發之自我而不自君**이면 **則言者瀆**하고 **聽者慢**하니 **吾懼其諫之無力也**라 **俯首而告人者**는 **百拒而一從**하고 **仰首而答人者**는 **百從而一拒**하니 **說豈有二哉**리오 **勢隨地而改**하고 **心隨聽而移也**ㄹ새니라 **是故君子將進諫於君**에 **必自其發言之端始**니라

무릇 〈사람들이〉 말을 할 때에는 반드시 시작하는 사람이 있게 마련이다. 내가 먼저 시작하면 나의 말이 가볍고 상대의 말이 중요하지만, 상대가 먼저 시작하면 나의 말이 중요하고 상대의 말이 가볍다. 신하가 임금을 섬김에는 피아의 구별이 없으니 또한 잔달게 경중을 따질 처지가 아니다. 그러나 예로부터 그 임금에게 간언을 잘 올린 사람은 자기가 먼저 말을 시작하려 한 적이 없고 반드시 말을 돌리고 주저하면서 그 임금이 먼저 시작하기를 기다려 〈임금이 먼저 말을 한 뒤에야〉 비로소 천천히 일어나 收攏하였으니, 이것이 어찌 戰國時代 策士들의 縱橫分合〔捭闔〕하던 행위와 같겠는가?

내가 먼저 시작하고 임금이 먼저 시작하지 않는다면 간언을 올리는 자는 不敬을 범하게 되고 듣는 이는 귓등으로 들을 것이니, 나는 그 간언이 아무 효과가 없을까 두렵다. 고개를 숙이고 간언을 올리는 사람에게는 〈항상〉 백번을 거절하다가 겨우 한번을 따라주고, 고개를 들고 대답하는 사람에게는 〈항상〉 백번을 따르다가 겨우 한번을 거절한다. 그러나 올리는 말에 어찌 다름이 있어서이겠는가? 情勢가 환경에 따라 바뀌고 마음이 듣는 사람에 따라 변하기 때문이다. 그러므로 군자가 임금에게 간언을 올리려 할 때에는 반드시 그 발언의 시작을 가지고 〈논해야 한다.〉

楚子之縣陳也에 申叔時旣知其非오도 曷爲入見而不亟諫哉아 入見亟諫은 是叔時自發其端而求楚子之聽也라 以卑而求尊之聽은 其聽其否를 皆付於不可知之中이니 疇能自必乎아 於是不言〔縣陳之得計하고 亦不言〕[1)]縣陳之失圖하고 入見不賀하야 以生楚子之疑하고 以致楚子之詰코서 推問端而使楚子自發之하니라 楚子果懷不能已하고 遽詢不賀之由하니라

1) 〔역주〕〔縣陳之得計 亦不言〕: 저본에는 '縣陳之得計 亦不言'이 없으나, 四庫全書本・三民書局本에 의거하여 보충하였다.

楚子가 陳나라를 楚나라의 한 縣으로 만들려고 할 때에 申叔時는 이미 옳지 않음을 알았으면서도 어찌 들어가서 楚子를 알현할 때에 극력 간하지 않았는가? 들어가서 楚子를 알현할 때에 극력 간하지 않은 것은 바로 申叔時가 먼저 말을 시작하고서 楚子가 들어주기를 구한 것이다. 비천한 신하로서 존귀한 임금이 들어주기를 구하는 경우, 임금이 들어줄는지 들어주지 않을지가 모두 예측할 수 없는 속에 있으니 누가 스스로 기필할 수 있겠는가? 이때에 申叔時가 陳나라를 楚나라의 縣으로 만드는 것이 좋은 계책이라고도 말하지 않고, 또 잘못된 계책이라고도 말하지 않았다. 〈다만〉 들어가 알현할 때에 축하하지 않음으로써 楚子로 하여금 의심하게 하고 힐문하게 하고서, 문제〔問端〕를 미루어 楚子로 하여금 스스로 그 이유를 말하게 하였다. 楚子는 과연 그만둘 수 없는 마음을 품고서 갑자기 축하하지 않은 이유를 물었던 것이다.

嗚呼라 楚子之口一啓에 而操縱予奪之柄이 已入叔時之掌握矣라 乃從容進蹊田奪牛之喩하야 立談之間에 主意開悟하야 而復(부)陳之封하니라 用力省而成功速者는 無他焉이라 蓋楚子渴聞叔時之言이요 而非叔時企望楚子之聽也르새니라 向使入見之初에 卽進此喩면 則楚子之聽豈如是之捷哉아 同是喩也로되 進之於楚子未問之前則如土芥하고 進之於楚子既問之後則如鼎鐘하니 毫釐之差에 用捨判焉이라 吾是以知善進言者又不若善知時者也로라

아! 楚子의 입이 한 번 열리자, 조였다 늦추었다, 주었다 빼앗았다 하는 권한이 이미 申叔時의 손바닥 안으로 들어왔다. 이에 조용히 "蹊田奪牛"의 비유를 올려, 잠깐 사이에 임금의 마음을 깨우쳐 다시 陳나라를 봉해주게 하였다. 힘을 쓴 것은 적은데 功을 이룬

것이 빨랐던 것은 다름이 아니라, 楚子는 申叔時의 간언을 듣기를 갈망했고 申叔時는 楚子가 들어주기를 바란 것이 아니기 때문이다. 그때 가령 들어가서 알현한 처음에 바로 이 비유의 말을 올렸다면 楚子의 들어줌이 어찌 이처럼 빨랐겠는가? 같은 비유이지만 楚子가 묻기 전에 올렸다면 土芥처럼 〈천하게 여겼을 것이고,〉 楚子가 물은 뒤에 올렸다면 〈鼎鐘처럼 귀하게 여겼을 것이니,〉 털끝만한 차이에 쓰느냐 버리느냐가 판명된다. 나는 이로 인해 進言을 잘하는 사람이 시기를 잘 아는 사람만 못하다는 것을 알았다.

抑又有大者焉하니 **楚子悔悟**하야 **將反陳之地**에 **又問於叔時**하니 **使他人承此問**이면 **必躍然慶**하고 **欣然賀**하야 **揜躍鰲抃**(변)하야 **不知措身之所矣**리라 **叔時之處此**에 **何其甚暇而有餘也**오 **曰 可哉**라 **吾儕小人**이 **所謂取諸其懷而與之也**라 **改如是之過**하고 **成如是之善**이로되 **曾無一毫贊譽之辭**하고 **質略簡易**(이)가 **如家人父子相與語米鹽瑣事者**하니 **則叔時方寸之地**를 **豈譾譾者所能窺哉**아 **大憂不慄**하고 **大喜不搖**하야 **閎量遠度**하니 **雖委之六尺之孤**하고 **投之百里之命**이라도 **殆未足爲增損也**리라

또 이보다 더 중대한 것이 있다. 楚子가 뉘우쳐 깨닫고서 陳나라 땅을 돌려주려 할 때에 또 이 일을 申叔時에게 물었으니, 가령 다른 사람이 이런 물음을 받았다면 반드시 뛸 듯이 기뻐하고 미친 듯이 환희하면서 〈임금께〉 경하하며 몸 둘 곳을 몰라 했을 것이다. 그런데 申叔時는 이 일을 처리함에 있어 어쩌면 그리도 한가롭고 여유가 있었는가?

나는 대답한다. "당연하다. 우리 小人들이 이른바 '그의 품 안에서 취하였다가 그에게 돌려준다.'는 것과 같다. 楚子가 이와 같은 과오를 고치고서 이와 같은 선행을 성취하였는데도 칭찬하는 말은 한 마디도 한 적이 없고, 질박하고 간략하고 평이한 것이 마치 집안의 아비와 자식이 쌀과 소금에 관한 자잘한 일을 서로 이야기하는 것 같았으니, 그렇다면 申叔時의 마음을 어찌 천박한 자가 엿볼 수 있는 바이겠는가? 큰 근심을 만나고도 두려워하지 않고 큰 기쁨을 만나고도 흔들리지 않아 도량이 넓고 식견이 원대하였으니, 비록 어린 임금을 부탁하고 한 나라의 정사를 맡기더라도 자못 增減이 되기에 부족할 것이다.

後世之士가 **豈無愛君(愛)〔憂〕**[1]**國之志哉**리오 **所養不堅**하고 **爲事所動**하야 **其志先昏**하고

其神先沮하야 **蒼惶**(惴)〔喘〕[2]**汗**하며 **顚倒弁冕**하고 **奔走而告諸君**에 **氣竭語盡**이면 **而其君纔以嘻笑遇之**요 **幸而君意稍回**면 **則不勝其喜**하야 **墮玉失潟**하야 **君之言方一**에 **而奬之者已百**이요 **君之言方十**에 **而奬之者已千**이라 **淺中狹量**하고 **驟諫倐喜**하니 **非特其心易**(이)**滿**이라 **適所以驕其君而使之易**(이)**滿也**라 **噫**아 **安得如申叔時者**하야 **與之論事君哉**리오

1) 〔역주〕(愛)〔憂〕: 저본에는 '愛'로 되어 있으나, 四庫全書本·三民書局本에 의거하여 '憂'로 바로잡았다.
2) 〔역주〕(惴)〔喘〕: 저본에는 '惴'로 되어 있으나, 四庫全書本·三民書局本에 의거하여 '喘'으로 바로잡았다.

후세의 선비인들 어찌 임금을 사랑하고 국가를 근심하는 마음이 없겠는가마는 수양한 바가 견고하지 못하여 세상일에 마음이 흔들려 그 뜻이 먼저 어두워지고 그 정신이 먼저 꺾여서, 〈일을 만나면〉 허둥대고 헐떡이며 너무 급해 모자도 바로 쓰지 못하고 달려가서 임금께 고할 때에 기운이 고갈되어 언어가 다하면 그 임금은 겨우 즐겁게 웃는 모습으로 대할 뿐이다. 다행히 임금의 마음이 조금 돌아오면 기쁨을 견디지 못해 패옥이 떨어지고 신발이 벗겨진 줄도 모르고 달리면서 임금이 한 마디를 말하면 誇奬하는 자는 백 마디를 말했다고 하고, 임금이 열 마디를 말하면 과장하는 자는 천 마디를 말했다고 한다. 옅은 마음과 좁은 도량으로 갑자기 諫하고 갑자기 기뻐하니, 이는 그 마음이 쉽게 만족할 뿐만 아니라 다만 그 임금까지도 교만하게 만들어 쉽게 만족하게 할 뿐이다. 아! 어디서 申叔時 같은 사람을 만나서 함께 임금 섬기는 일을 토론할 수 있겠는가?

25-08 楚子伐蕭　楚子가 蕭나라를 토벌하다

【左傳】 宣十二年이라 冬에 楚子伐蕭하다 蕭人囚熊相宜僚及公子丙하니 王曰 勿殺하라 吾退하리라 蕭人殺之한대 王怒하야 遂圍蕭하니 蕭潰하다 申公巫臣曰 師人多寒이라하니 王巡三軍하야 拊而勉之하니 三軍之士가 皆如挾纊(광)하다 遂傅於蕭하다 還無社與司馬卯言하야 號申叔展[1]하니 叔展曰 有麥麴乎아 曰 無라 有山鞠窮乎아 曰 無[2]라 河魚腹疾[3]奈何오 曰 目於眢(완)井而拯之[4]하라 若爲茅(經)〔絰〕하라 哭井則已[5]리라 明日蕭潰하다

1) 〔역주〕 還無社與司馬卯言 號申叔展 : 還無社는 蕭나라의 大夫이고, 司馬 卯와 申叔展은 모두 楚나라 大夫이다. 還無社는 평소 申叔展과 알고 지내는 사이였기 때문에 司馬 卯를 통해 그를 부른 것이다.〈杜注〉
2) 〔역주〕 叔展曰……曰無 : 麥麴과 鞠窮은 濕氣를 막는 藥材이다. 申叔展이 還無社를 흙탕물 속으로 도망시키려고 이런 말을 하였으나, 還無社는 그 말뜻을 이해하지 못하였기 때문에 '없다'고 한 것이다. 軍中에서는 감히 정직하게 말할 수 없기 때문에 隱語〔謬語〕를 사용한 것이다.〈杜注〉
3) 〔역주〕 河魚腹疾 : 습기로 인해 병을 얻는 것을 비유한 말이다.
4) 〔역주〕 目於眢(완)井而拯之 : 還無社가 그 뜻을 깨닫고 우물 속으로 들어가려 하였기 때문에 申叔展에게 廢井을 보거든 나를 건져달라고 요구한 것이다. 물에 빠진 사람을 건져내는 것을 '拯'이라 한다.〈杜注〉
5) 〔역주〕 若爲茅(絰)〔絰〕[*] 哭井則己 : 申叔展이 또 還無社에게 띠를 꼬아 廢井에 표시를 해두라고 가르치고서, 우물 위에서 哭을 하면 우물 안에서 응답하기로 약속한 것이다.〈杜注〉
*) 〔역주〕 (絰)〔絰〕 : 저본에는 '絰'으로 되어 있으나, ≪春秋左氏傳≫에 의거하여 '絰'으로 바로잡았다.

宣公 12년, 겨울에 楚子가 蕭나라를 討伐하였다. 蕭人이 楚나라 熊相宜와 公子 丙을 사로잡으니, 楚王이 蕭人에게 "그들을 죽이지 말라. 내가 물러가겠다."고 하였으나, 蕭人은 그들을 죽였다. 그러자 楚王이 怒하여 드디어 蕭나라를 포위하니 蕭軍이 무너졌다. 楚나라 申公 巫臣이 말하기를 "군대 중에 추위에 떠는 자가 많습니다."고 하니, 楚王이 三軍을 巡視하며 군대를 위무하고 권면하니 삼군의 군사들은 모두 솜옷을 입은 것처럼 따뜻해 하였다. 드디어 蕭나라의 都城으로 肉薄하였다.

蕭나라의 還無社가 楚나라 司馬 卯에게 말하여 申叔展을 부르게 하니, 申叔展이 "麥麴이 있는가?"라고 묻자, 還無社가 "없다."고 하였다. 申叔展이 다시 "山鞠窮이 있는가."라고 묻자, 還無社가 "없다."고 하였다. 申叔展이 다시 "河魚腹疾을 어찌할 생각인가?"라고 하니, 還無社가 〈그 뜻을 깨닫고〉 "廢井을 보거든 나를 구출하라."고 하였다. 그러자 申叔展이 "그대가 들어 있는 廢井 위에 띠로 絰을 만들어 걸어두어라. 廢井 위에서 哭하는 사람이 있으면 그것이 바로 나일 것이다."고 하였다. 다음날 蕭軍이 붕궤되었다.

以物爲惠는 惠之粗요 以城爲守는 守之下라 楚師之圍蕭也에 衣雖寒而三軍之士不

寒하고 蕭人之受圍也에 城未破而還無社之心先破라 蓋以卒伍之賤으로 而得勞拊於其君이면 固已不啻重(䌫)〔繭〕[1]純綿之溫이나 至於士心內離면 則雖雉堞天立이 百倍於蕭之城이라도 亦將隨之而潰矣리라 惠豈在物하고 而守豈在城耶아

楚王이 어진 말로 군사들을 감동시키다〔仁言動衆〕

1) 〔역주〕 (璽)〔繭〕 : 저본에는 '璽'로 되어 있으나, 四庫全書本에는 '繭'으로, 三民書局本에는 '璽'으로 되어 있다. '璽'는 字形이 '璽'과 유사하고, '璽'은 '繭'의 俗字이므로 저본의 글자가 잘못된 듯하다. 三民書局本에 의거하여 바로잡았다.

물건을 주어 은혜를 베푸는 것은 거친 은혜이고, 城을 믿고 수비하는 것은 최하의 수비이다. 楚나라 군사가 蕭나라를 포위했을 때에 군사들의 옷이 비록 얇았으나 三軍의 병사들은 추워하지 않았고, 蕭人이 포위당했을 때에 성은 아직 깨지지 않았으나 還無社의 마음이 먼저 깨졌다. 미천한 졸개로서 그 임금에게 위로를 받는다면 진실로 〈그 마음이〉 이미 두꺼운 명주옷이나 무명베옷을 입은 것보다 따뜻할 뿐만이 아니지만, 병사들의 마음이 이미 떠났으면 비록 하늘 높이 서 있는 성가퀴가 蕭나라의 성보다 일백 배가 넘는다 하더라도 장차 〈흩어진 군사들의 마음과〉 함께 무너질 것이다. 〈그렇고 보면〉 은혜가 어찌 물건에 있고, 수비가 어찌 성곽에 있는 것이겠는가?

世儒習聞此說也하고 遂以謂善言煖於布帛하니 物皆可廢요 人心險於金湯[1]하니 城皆可隳라하니라 審如是면 則武王大巡六師하야 慰藉奬勉이 政煩泰牧二誓矣[2]며 而爵之五[3]와 土之三[4]과 財之散과 粟之發[5]을 胡爲汲汲繼之[6]오 彼周家積德累功이 夫豈不得人心者리오 而詩雅所載城東方[7]朔方[8]之類는 果何謂也오 大抵惠有名有實하니 不可偏勝이요 守有本有末하니 不可獨遺라 名實相資然後에 其惠孚하고 本末竝用然後에 其守固라 楚王之勞拊에 不待有實而人佩其惠者는 以其方在塗耳ㄹ새니라 使其居國이면 左府右庫어늘 坐視師人之寒하야 扃鑰而不肯發하고 徒欲以空言悅之면 堂堂三軍을 豈可如嬰兒孺子(紿)〔紿〕[9]之乎아 蕭人旣失心하니 苟又無數仞之城이면 則楚師一呼에 魚潰鳥散이어늘 所以猶及明日而陷하야 寬一夕之期者는 城之功也라 向使衆心成城하야 與版築之城互相表裏면 雖如强楚라도 豈能遽搖之哉아

1) 〔역주〕 金湯 : 金城湯池(쇠로 만든 城과 끓는 물로 채운 못)의 준말로, 함락하기 어려운 매우 堅固한 城과 垓子를 비유한다.

2) 〔역주〕 政煩泰牧二誓矣 : 政은 '곧' 또는 '바로'를 뜻하는 부사이고, 煩은 '번다함'이고, 泰牧은 ≪書經≫의 〈泰誓〉와 〈牧誓〉이니, 곧 두 誓에 武王이 六軍을 순시하며 위로하고 면려한 일이 많이 보인다는 말이다.

3) 〔역주〕 爵之五 : 官爵을 公·侯·伯·子·男 다섯 등급으로 나눈 것을 이른다.

4) 〔역주〕 土之三 : 公과 侯에게는 1백 리, 伯에게는 70리, 子와 男에게는 50리의 토지를 封해

주는 제도를 이른다.

5) 〔역주〕 財之散 粟之發 : 武王이 殷나라를 친 뒤에 鹿臺의 재물을 흩고, 鉅橋의 곡식을 풀어 백성을 구제했다고 한다.(≪書經≫ 〈武成〉)

6) 財之散……胡爲汲汲繼之 : 書武成

≪書經≫ 〈武成〉에 보인다.

7) 〔역주〕 城東方 : 城彼東方의 준말이다. ≪詩經≫ 〈大雅 烝民〉에 "周 宣王이 仲山甫에게 명하여 저 東方에 성을 쌓게 했네."라는 말이 보인다.

8) 〔역주〕 朔方 : 城彼朔方의 준말이다. ≪詩經≫ 〈小雅 出車〉에 "天子가 南仲에게 명하여 저 朔方(북방)에 성을 쌓게 하셨네."라는 말이 보인다.

9) 〔역주〕 (給)〔紿〕 : 저본에는 '給'으로 되어 있으나, 四庫全書本·三民書局本에 의거하여 '紿'로 바로잡았다.

세간의 儒者들은 이런 말을 익히 듣고서, 드디어 "좋은 말로 〈위로하는 것이〉 무명이나 명주옷보다 따뜻하니 물건으로 〈은혜를 베푸는 일은〉 모두 폐기해도 좋고, 사람의 마음이 金城湯池보다 험고하니 성곽은 모두 허물어 없애도 좋다."고 한다. 진실로 이 말대로라면 武王이 六軍을 순시하면서 위로하고 면려한 것이 바로 ≪書經≫ 〈泰誓〉와 〈牧誓〉에 많이 보이는 것은 어째서이며, 뒤이어 작위를 5등급으로 나누고 토지를 3등급으로 나누며, 재물을 흩고 창고를 열어 〈백성들에게〉 곡식을 나누어주는 일을 무엇 때문에 그리 서둘러 시행하였는가? 저 周나라 왕실의 쌓은 공덕이 어찌 인심을 얻을 수 없었겠는가? ≪詩經≫ 〈大雅 烝民〉에 실린 '저 東方에 성을 쌓았다'와 〈小雅 出車〉에 실린 '저 朔方(북방)에 성을 쌓았다'는 따위는 과연 무엇을 이른 것인가?

대체로 은혜에는 명예의 은혜(위로해 다독인 은혜)도 있고 실제의 은혜(물건을 주어 입히는 은혜)도 있으니 한 쪽을 지나치게 하여 형평을 잃어서는 안 되고, 수비에도 근본(인심을 얻는 것)이 있고 枝末(성곽을 높이 쌓는 것)이 있으니 한 쪽을 버리고 돌아보지 않아서는 안 된다. 명예의 은혜와 물질의 은혜가 서로 幇助한 뒤에야 그 은혜의 실제 효과가 나타나고, 근본과 지말을 竝用한 뒤에야 그 수비가 공고해진다. 楚王이 위로할 때에 병사들이 물질의 은혜를 기다리지 않고 모두 그 위로해준 은혜에 감복한 것은 그때 바야흐로 행군하는 도중에 있었기 때문이다. 가령 국내에 있었다면 좌우의 府庫에 〈物資가 풍부한데도〉 병사들이 추위에 떠는 것을 앉아서 구경만하고, 창고 문을 닫아 걸고서 의복을 내어주려 하지 않고, 한갓 빈말로 〈병사들의 마음을〉 기쁘게 하려 했다면 당당한 三軍을 어찌 어린아이처럼 쉽게 속일 수 있었겠는가?

蕭人이 이미 鬪志를 상실하였으니, 만약 몇 길 높이의 성마저 없었다면 楚나라 군사들의 한 번의 고함소리에 물고기나 새처럼 사방으로 흩어졌을 것인데, 오히려 이튿날에 미쳐 함락되어 하룻밤 사이의 시간을 늦춘 것은 바로 城의 공로이다. 그때 가령 〈蕭나라〉 민중이 일치단결하여 쌓은 성곽과 서로 호응하였다면 아무리 강한 楚나라라 해도 어찌 그리 쉽게 뒤흔들 수 있었겠는가?

物固不可恃也나 **輔以誠意**면 **則聖人之惠也**요 **城固不可恃也**나 **輔以人和**면 **則聖人之守也**라 **君子之論**은 **止於中而已矣**라 **以誠爲輕物爲重者**는 **固不足責**이어니와 **若曰我專任誠而廢物**이면 **亦非中也**라 **以人爲輕城爲重者**는 **固不足責**이어니와 **若曰我專任人而廢城**이면 **亦非中也**라 **君子之論**은 **止於中而已矣**라

물질은 본래 믿을 수 없으나 誠意로써 보완하면 聖人의 은혜가 되고, 성곽은 본래 믿을 수 없으나 人和로써 보완하면 聖人의 수비가 된다. 군자의 논의는 〈過不及이 없는〉 中에 그칠 뿐이다.

성의를 경시하고 물질을 중시하는 자는 본래 꾸짖을 만한 가치도 없으나, 만약 "나는 오로지 성의만을 믿고 물질은 폐기하겠다."고 한다면 이 또한 中이 아니다. 인화를 경시하고 성곽을 중시하는 자는 본래 꾸짖을 만한 가치도 없으나, 만약 "나는 오로지 인화만을 믿고 성곽은 폐기하겠다."고 한다면 이 또한 中이 아니다. 군자의 논의는 中에 그칠 뿐이다.

唐德宗之狩奉天에 **嘗遣人諜賊**하니 **寒而請袴**어늘 **求而不能得**하야 **憫然而遣之**[1]하니 **士竟爲之用**하니라 **蓋哀其窮而感其誠**하야 **領憫然之意**가 **固踰於五袴之賜矣**니라 **是人雖未有得袴之實**이나 **而深體德宗有無袴之實也**하니 **世謂德宗以名使人**이나 **吾獨謂德宗以實使人也**라하노라 **方德宗雄據都邑之時**에 **犒軍少糲**하야 **遽致涇原之變**[2]하니 **食糲尙耳**어늘 **況無袴乎**아 **當其豐**하야는 **則有食猶足以生亂**이요 **當其窮**하야는 **則無袴猶足以使人**이니 **信矣**로다 **人之不可欺也**여 **奉天之難**에 **雖渾瑊韓游(懷)〔瓌〕**[3]**不二心之臣**이 **盡死以扞社稷**이나 **當梯衝**[4]**竝進**하고 **君臣相泣之際**에 **非前築奉天之城**이면 **則忠臣義士亦何所致力耶**아 **吾又知得本果不可忘末也**라 **世儒之論**을 **可盡信哉**아 **昔孔門之論兵食**에 **必**

曰不得已而去요 未嘗得已而欲去之也[5)]니 其亦異於世儒之論矣라

1) 唐德宗之狩奉天……憫然而遣之：見本紀

≪舊唐書≫ 〈本紀〉에 보인다.

2) 〔역주〕 涇原之變：唐 德宗 建中 4년(783)에 涇原節度使 姚令言이 군사 5천을 거느리고 京師로 들어왔는데 군사들은 비를 맞아 매우 추웠고, 대부분 자제들을 데리고 와서 후한 하사품을 받아 집에 보내주려 하였다. 그런데 막상 당도해보니 주는 물건이 하나도 없었고, 犒饋하는 음식도 현미밥에 채소뿐이니, 軍衆이 노하여 음식상을 발로 차서 엎어버리고서 드디어 반란을 일으켰다.

3) 〔역주〕 (懷)〔壞〕：저본에는 '懷'로 되어 있으나, 四庫全書本・三民書局本에 의거하여 '壞'로 바로잡았다.

4) 梯衝：梯는 城을 넘을 때 쓰는 사다리인 雲梯를 이르고, 衝은 적진을 돌파하는 兵車인 衝車를 이른다.

5) 未嘗得已而欲去之也：論語[*)]

≪論語≫ 〈顔淵〉에 보인다.

*) 〔역주〕 論語：≪論語≫ 〈顔淵〉에 "子貢이 政事를 묻자, 孔子께서 말씀하시기를 '양식을 풍족히 하고 군대를 충실하게 갖추고 백성들이 나라를 믿게 하는 것이다.'라고 하였다. 子貢이 묻기를 '부득이하게 꼭 버려야 한다면 이 세 가지 중에 무엇을 먼저 버려야 합니까?'라고 하자, 孔子께서 말씀하시기를 '군대를 버려야 한다.'라고 하였다. 子貢이 또 묻기를 '부득이하게 꼭 버려야 한다면 이 두 가지 중에 무엇을 먼저 버려야 합니까.'라고 하자, 공자께서 말씀하시기를 '양식을 버려야 한다. 예로부터 사람은 누구나 다 죽기 마련이지만 백성은 신의가 없으면 존립할 수가 없다.'라고 하였다.〔子貢問政 子曰 足食足兵 民信之矣 子貢曰 必不得已而去 於斯三者 何先 曰去兵 子貢曰 必不得已而去 於斯二者 何先 曰去食 自古皆有死 民無信不立〕"라는 내용이 보인다.

唐나라 德宗이 난리를 피해 奉天으로 가서 있을 때에 사람을 보내어 적의 동태를 정탐하게 한 적이 있었다. 날씨가 추워 그 사람이 바지를 청하자, 德宗은 바지를 구해보았으나 구할 수가 없어서 가여워하며 보냈는데, 그 사람은 끝내 믿고 쓰는 사람이 되었다. 이는 〈당시의 환경이〉 곤궁함을 애달파하고 德宗의 誠意에 감동하여, 가여워하며 보낸 뜻이 바지 다섯 벌을 준 것보다 낫다는 것을 깨달았기 때문이다. 이 사람이 비록 실지로 바지를 얻지는 못했으나, 당시 德宗에게 실지로 바지가 없었던 것을 깊이 體諒하였다. 세상 사람들은 德宗이 〈위로해준〉 은혜로 사람을 부렸다고 하지만, 나는 홀로 德宗이 〈물건을 준〉 은혜로 사람을 부렸다고 생각한다. 德宗이 도읍(長安)에 웅거하고

있을 때에 犒軍하는 쌀을 현미로 주었다가 즉시 涇原의 변란을 불렀으니, 현미를 먹는 것도 오히려 이러한데 하물며 추위를 막을 바지가 없는 것이겠는가? 풍성한 때를 당해서도 식품이 오히려 반란을 일으키기에 충분하였고, 곤궁할 때를 당해서는 바지가 없어도 오히려 사람을 부릴 수 있었으니, 사람을 속일 수 없다는 것이 진실이로다.

奉天의 변란 때에 비록 渾瑊·韓游瓌 같은 두 마음을 품지 않은 충신이 죽을힘을 다해 사직을 보위하였으나 적군의 雲梯와 衝車가 나란히 나왔고, 우리의 君臣이 서로 눈물을 흘릴 때에 전에 축조했던 奉天城이 아니었다면 충신과 義士들이 어떻게 죽을힘을 다할 수 있었겠는가? 이에서 나는 또 근본(人和)을 얻었어도 과연 지말(兵備)을 잊어서는 안 된다는 것을 알았다. 세상 유자들의 의논을 다 믿을 수 있는가? 옛날에 孔門에서 兵과 食을 논할 적에 반드시 "마지못해 버린다면"이라고 말하고 "말 수 있는데 버리고자 한다."고 말하지 않았으니, 이 또한 세상 유자들의 의논과 다르다.

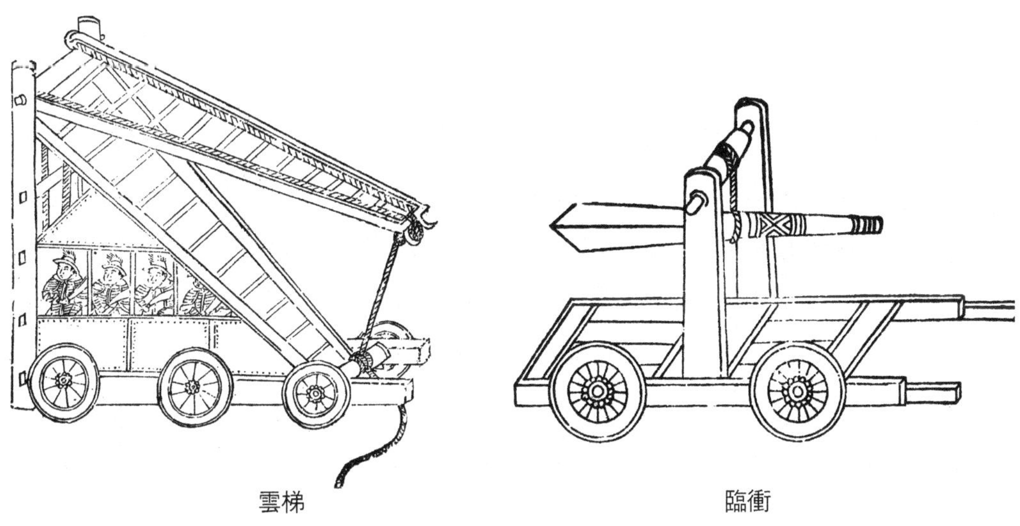

雲梯 臨衝

25-09 公孫歸父言魯樂 公孫 歸父가 魯나라에 거주하는 즐거움을 말하다

【左傳】 宣十四年이라 冬에 公孫歸父會齊侯于穀에 見晏桓子하고 與之言魯樂이어늘 桓子告高宣子曰 子家其亡乎ㄴ저 懷於魯矣로다 懷必貪하고 貪必謀人이라 謀人이면 人亦謀己니 一國謀之면 何以不亡이리오

宣公 14년, 겨울에 公孫 歸父가 穀에서 齊侯와 會合할 때 晏桓子를 만나 魯나라에서 거주하는 즐거움을 이야기하였다. 晏桓子가 高宣子에게 말하기를 "子家(歸父)는 아마도 魯나라에서 도망하게 될 것이다. 그 이유는 魯나라에서 〈寵愛가 끊이지 않기를〉 생각하기 때문이다. 생각하면 반드시 貪心이 생기고, 탐심이 생기면 반드시 남의 利益을 빼앗기를 꾀한다. 남의 이익을 빼앗으면 남도 나의 이익을 빼앗기를 꾀할 것이니, 온 나라 사람이 남의 이익을 빼앗기를 꾀한다면 어찌 도망하지 않을 수 있겠는가?"라고 하였다.

【主意】 歸父居魯而譽魯之樂하니 必是奔齊리라 嗜利하니 雖非晏子라도 固可指期而俟其亡矣라

歸父가 魯나라에 거주하면서 魯나라에 거주하는 즐거움을 찬양하였으니, 필시 齊나라로 도망갈 것이다. 歸父는 이익을 탐하였으니 비록 晏子가 아니더라도 반드시 머잖아 도망가기를 기다렸을 것이다.

舊國舊都를 望之悵然[1]하야 遲遲其行者는 亦聖人去父母國之道也[2]라 土思者는 聖愚之所共[3]이니 公孫歸父懷於魯[4]가 曷以獨爲晏氏之所譏[5]오 曰[6] 去國而懷者는 情之正也[7]니 儀之琴居北而音南[8]하고 舄之吟身楚而聲越[9]은 是固情之不可解[10]라 而仁人君子之所許也[11]라 因去國之悲然後에 懷在國之樂[12]이니 曷有居其國而知其樂者乎[13]아 獸在阱則思壙[14]이나 當其走壙에 未嘗知壙之樂也[15]요 鳥在籠則思林[16]이나 當其棲林에 未嘗知林之樂也[17]라 歸父方居魯[18]而喋喋以魯樂告人[19]하니 自非不安其常而嗜其利면 何自而知其樂哉[20]아 岱之山[21]과 洙之水[22]와 五父之衢[23]와 大庭之庫[24]와 城闕井邑과 物産土俗[25]은 弧而育焉[26]하고 髫而嬉焉[27]하며 弁而游焉[28][29]이요 固非驟見而忽聞[30]이니 胡爲而誇語於人哉[31]아 日飯稻粱은 未嘗以告人[32]이나 一得熊蹯牛心之饌이면 則譽其珍[33]하고 歲衣布帛은 未嘗以告人[34]이나 一得霧縠[35]文錦之服이면 則譽其美[36]니 吾是以知歸父之譽魯樂은 必棄常而嗜利也[37]라 棄常嗜利하야 乾沒不已[38]하니 雖非晏氏라도 固可指期而俟其亡矣[39]라

1) 舊國舊都 望之悵然 : 二句出莊子 悵然 傷感之意

이 두 句는 《莊子》 〈則陽〉에 보인다. 悵然은 슬퍼서 가슴 아파하는 뜻이다.

2) 遲遲其行者 亦聖人去父母國之道也：孔子去魯曰 遲遲 吾行也 去父母國之道也
《孟子》〈盡心 下〉에 "孔子가 魯나라를 떠날 때에 '더디고 더디구나. 나의 걸음이여!'라고 하셨으니, 이는 부모의 나라를 떠나는 도리이다."라고 한 말이 보인다.

3) 土思者 聖愚之所共：接上生下
위의 글을 이어 아래의 글을 일으킨 것이다.

4) 公孫歸父懷於魯：見本題註
본편의 註에 보인다.

5) 曷以獨爲晏氏之所譏：設問
문제를 제기한 것이다.

6) 曰：答
답한 것이다.

7) 去國而懷者 情之正也：離去父母之邦而思念者 此性情之正也
부모의 나라를 떠나면서 그리워하는 것은 性意의 正常이다.

8) 儀之琴居北而音南*)：昔囚楚人鍾儀與之琴 操南音
옛날에 구금되어 있던 楚나라 사람 鍾儀에게 琴을 주었더니 南方의 음악을 연주했다고 한다.

*) 〔역주〕 儀之琴居北而音南：楚나라 鄖縣의 태수 鍾儀이다. 魯 成公 7년 가을에 鄭나라 共仲과 侯羽가 鍾儀를 잡아 晉나라에 바치니, 晉人이 鍾儀를 데리고 돌아가서 군중의 창고에 가두었다. 뒤에 晉 景公이 군중의 창고를 시찰하다가 鍾儀를 보고서 그의 束縛을 풀어주게 하고 그를 불러 族(世官)을 물으니, 泠人(樂工)이라고 대답하였다. 景公이 사람을 시켜 그에게 琴을 주게 하니, 그는 南方의 음악을 演奏하였다고 한다. 《春秋左氏傳》 成公 7년과 9년 條에 보인다.

9) 舃之吟身楚而聲越*)：舃 越人 在楚而爲越吟 事見戰國策
舃은 越나라 사람이다. 楚나라에 있으면서 越나라 말투의 신음을 하였다고 하다. 자세한 내용은 《戰國策》에 보인다.

*) 〔역주〕 舃之吟身楚而聲越：舃은 바로 越人 莊舃이다. 越나라 사람 莊舃이 楚나라로 가서 높은 관직에 올라 호사를 누렸는데, 오래지 않아 병으로 누웠다. 楚王은 "莊舃은 본래 越나라의 미천한 백성이었다. 지금은 楚나라의 高官이 되어 존귀하다고 할 수 있는데, 그래도 越나라를 그리워하는지 모르겠다."고 하자, 中謝가 "사람은 병을 앓을 때에 가장 고국을 그리워합니다."고 하였다. 楚王이 몰래 사람을 보내어 그를 엿보게 하였더니, 그의 신음소리가 과연 越나라 말투였다고 한다.(《史記》〈張儀列傳〉)

10) 是固情之不可解：桑梓之念重
고향〔桑梓〕에 대한 그리움이 중하기 때문이다.

11) 仁人君子之所許也：情得其正 無可譏者

性情이 올발라서 비난할 것이 없기 때문이다.

12) 因去國之悲然後 懷在國之樂 : 應上去國而懷

위의 고국을 떠나면서 그리워한 것에 호응한 것이다.

13) 曷有居其國而知其樂者乎 : 此歸父所以取譏也

이것이 歸父가 비난을 취한 원인이다.

14) 獸在阱則思壙 : 譬如獸墮於陷阱然後 思走壙之樂

비유하면 짐승이 함정에 빠진 뒤에야 廣野를 달리던 즐거움을 그리워하는 것과 같다.

15) 當其走壙 未嘗知壙之樂也 : 在壙則與壙相忘矣

광야에 있을 때에는 광야와 함께 즐거움을 잊는다.

16) 鳥在籠則思林 : 譬如鳥入於樊籠然後 思在林之樂

비유하면 새가 새장에 들어간 뒤에야 숲에 있을 때의 즐거움을 그리워하는 것과 같다.

17) 當其棲林 未嘗知林之樂也 : 在林則與林相忘矣

숲에 있을 때에는 숲과 함께 즐거움을 잊는다.

18) 歸父方居魯 : 猶獸走壙 鳥棲林時

짐승이 광야를 달리고 새가 숲에 깃들어 있을 때와 같다.

19) 喋喋以魯樂告人 : 見晏桓子與言魯樂

〈歸父가〉 晏桓子를 만나 그와 더불어 魯나라에 〈거주하는〉 즐거움을 말한 것이다.

20) 自非不安其常而嗜其利 何自而知其樂哉 : 以棄常嗜利斷歸父 一篇主意在此

常道를 버리고 이익을 즐긴다는 것으로 歸父를 단정하였다. 이 한 편의 主意가 여기에 있다.

21) 岱之山 : 泰山也

〈岱之은〉 泰山이다.

22) 洙之水 : 洙泗之水

洙水는 泗水의 지류이다.

23) 五父之衢 : 五父 衢名

五父는 거리의 이름이다.

24) 大庭之庫 : 魯城內有大庭氏之虛 於其上作庫 ○已上皆言魯地

魯나라 성안에 大庭氏의 폐허가 있는데, 그 위에 창고를 지었다. ○ 이상은 모두 魯나라 땅이다.

25) 城闕井邑 物産土俗 : 皆所飫聞而厭見者

모두 물리도록 듣고 물리도록 본 것들이라는 말이다.

26) 弧而育焉 : 初生桑弧*)時 産育於此地

처음 출생하여 桑弧할 때에 이곳에서 生育하였다는 말이다.

*) 〔역주〕 桑弧 : 뽕나무 활과 쑥대 화살이다. 옛날에는 사내아이가 태어나면 3일 뒤에 아이를 업고, 뽕나무로 만든 활에 쑥대로 만든 화살을 먹여 천지와 사방을 향해 여섯 대를 쏘아, 앞으로 이 아이가 천지 사방에 일이 있을 것을 상징하였다.(≪禮記≫ 〈內則〉)

27) 髫而嬉焉 : 幼小垂髫時 嬉戱於此也

유년시절에 이곳에서 장난쳤다는 말이다.

28) 弁而游焉 : 及長加冠時 游息*)於此地

成童이 되었을 때에 이곳에서 놀기도 하고 쉬기도 했다는 말이다.

*) 〔역주〕 游息 : ≪禮記≫ 〈學記〉에 "군자가 학문을 함에 있어, 학문에 뜻을 품고〔藏〕, 끊임없이 修習·休息할 때나 遊觀할 때에도 학습을 잊지 않는다.〔君子之於學也 藏也 修也 息也 遊也〕"고 하였다. 註者는 '弁而游焉'을 ≪禮記≫에서 말한 '息焉游焉'의 뜻으로 이해한 듯하다.

29) 〔역주〕 弧而育焉……弁而游焉 : 弧는 弧縣으로 남자의 생일을 이르고, 髫는 유년시절을 이르고, 弁은 冠으로 성년을 이른다. 이 세 句는 魯나라에서 출생하고 魯나라에서 유희하고 성인이 된 뒤에 魯나라에서 생활한 것을 이른다.

30) 固非驟見而忽聞 : 見之已稔 聞之已熟

본 것이 이미 익숙하고 들은 것이 이미 익숙하다는 말이다.

31) 胡爲而誇語於人哉 : 豈有甚樂之事可以告人

어찌 남에 일러줄 만한 매우 즐거운 일이 있겠느냐는 말이다.

32) 日飯稻粱 未嘗以告人 : 以其所常食也

그것은 항상 먹는 것이기 때문이다.

33) 一得熊蹯牛心*)之饌 則譽其珍 : 熊蹯 熊掌也 以其非常所食也

熊蹯은 곰발바닥이다. 그것은 항상 먹는 것이 아니기 때문이다.

*) 〔역주〕 牛心 : 牛心炙(소염통구이)를 이른다.(三民書局本 ≪新譯 東萊博議≫ 註釋)

34) 歲衣布帛 未嘗以告人 : 以其常所衣也

그것은 항상 입는 것이기 때문이다.

35) 〔역주〕 霧縠 : 엷은 안개 같은 비단을 이른다.

36) 文錦之服 則譽其美 : 以其非常所衣也

그것은 항상 입는 것이 아니기 때문이다.

37) 吾是以知歸父之譽魯樂 必棄常而嗜利也 : 斷以主意

主意로 단정한 것이다.

38) 棄常嗜利 乾沒*)不已 : 懷衆人之利爲己有

남들의 이익을 자기의 소유로 만들기를 생각함이다.

*) 〔역주〕 乾沒 : 남의 재물을 탈취해 제 것으로 만듦을 이른다.

39) 雖非晏氏 固可指期而俟其亡矣 : 此乃取亡之道 不待晏桓子言而後知也

이것이 바로 망명을 자초하는 길이라는 것을 晏桓子의 말을 기다린 뒤에야 알 수 있는 것이 아니다.

고국을 떠날 때에 古都를 바라보고 한탄하면서 천천히 걸어가는 것은 이 또한 聖人(孔子)께서 고국을 떠날 때에 쓰셨던 방법이다. 鄕土를 그리는 심정은 성인이나 愚人이나 일반인데, 公孫 歸父가 魯나라에서 〈총애가 끊이지 않기를〉 생각한 것이 어찌 유독 晏氏의 비난을 받아야 했는가? 나는 이렇게 생각한다.

고국을 떠나면서 그리워하는 것은 人情의 正常이니, 楚나라 사람 鍾儀는 먼 북방(晉나라)에 잡혀 있었으나 琴을 연주할 때는 남방의 음악을 연주하였고, 越나라 사람 莊舃은 몸은 楚나라에 있었으나 越나라 말로 신음하였으니, 이는 본래 인정에 없을 수 없는 것이어서 仁人・君子가 칭찬한 바이다. 고국을 떠나는 비통을 겪은 뒤에야 고국에 있을 때의 즐거움을 그리워할 수 있으니, 어찌 국내에 거주하면서 국내에 거주하는 즐거움을 아는 자가 있겠는가?

짐승이 함정에 빠졌을 때는 廣野를 그리겠지만 그 짐승이 광야를 달릴 적에는 일찍이 광야의 즐거움을 알지 못하고, 새가 새장에 갇혔을 때에는 숲을 그리겠지만 그 새가 숲에 있을 적에는 일찍이 숲의 즐거움을 알지 못한다. 그런데 歸父는 바야흐로 魯나라에 살고 있으면서 남에게 魯나라에 사는 즐거움을 수다스럽게 말하였으니, 본래 常道를 편안히 여기지 않고 이익을 즐긴 자가 아니라면 어디에서 그런 즐거움을 알았겠는가?

泰山과 洙水, 五父衢와 大庭庫, 궁궐과 마을, 물산과 풍속은 태어나서는 자라고, 어려서는 장난치고, 장성해서는 공부하던 곳이어서 〈익히 보고 들은 것들이고〉 본래 갑자기 보고 갑자기 들은 것이 아닌데, 무엇 때문에 남에게 자랑하였겠는가? 날마다 먹는 쌀밥은 남에게 자랑해 말하지 않지만 어쩌다 곰의 발바닥이나 소의 염통구이를 얻으면 진귀한 식품이라고 찬미하고, 해마다 입는 무명옷은 남에게 자랑해 말하지 않지만 어쩌다 얇은 비단이나 문양이 있는 비단옷을 얻으면 아름다운 의복이라고 찬미한다.

나는 이로 인해 歸父가 魯나라에 거주하는 즐거움을 칭찬한 것은 반드시 常道를 버리고 이익을 탐하였기 때문임을 알았다. 상도를 버리고 이익을 탐하여 남의 재물을 수탈하였으니, 비록 晏氏가 아니더라도 반드시 머잖아 도망가기를 기다렸을 것이다.

至樂之地는 人皆有之[1)]나 惟不能有其樂하고 而樂移於物[2)]이라 故馳騖而忘反[3)]이라 權

寵之樂은 勃如也[4)]하고 詞華之樂은 驕如也[5)]하며 聲色之樂은 昏如也[6)]하고 畋遊之樂는 蕩如也[7)]하니 是皆陋人之所樂[8)]이요 君子之所哀[9)]라 哀之者는 豈預憂其禍之至哉[10)]리오 鴟鴉嗜鼠[11)]하고 蝍蛆甘帶[12)]하니 何等臭腐[13)]아 而忻慕耽惑[14)]하야 以身償而不悔[15)]하니 此固達者之所甚憐也[16)]라 歸父譽魯樂之時에 固已可悲[17)]하니 奚必悲其將亡哉[18)]아 吾嘗聞孔顔之樂矣[19)]니 蓋樂其樂而未嘗倚於一物也[20)]라 請問孔子之樂에 曰 飯疏食飮水하야 曲肱而枕之라도 樂亦在其中矣라하고 請問顔子之樂에 曰 一簞食(사)와 一瓢飮으로 在陋巷을 人不堪其憂어늘 回也不改其樂이라하니라 然則飯也와 飮也와 曲肱也[21)]가 非孔子之樂也[22)]라 特樂在其中而已[23)]요 簞也와 瓢也와 陋巷也[24)]가 非顔子之樂也[25)]라 特不改其樂而已[26)]라 卽六物而求孔顔之樂이면 邈不可得이라 意者컨대 孔顔之樂이 果窅(요)然而無物耶[27)]아 彼所謂樂在其中者의 在之一辭는 必有所居也[28)]요 彼所謂不改其樂者의 其之一辭는 必有所指也[29)]라 居는 何所居며 指는 何所指요 吾黨盍共繹之[30)]아

1) 至樂之地 人皆有之 : 如結尾所引孔顔之樂是也

예컨대 말미에 인용한 孔子와 顔子의 즐거움이 바로 이것이다.

2) 惟不能有其樂 而樂移於物 : 不知自有其樂 而以外物爲樂

자기에게 그런 즐거움이 있는 줄을 모르고 外物을 즐거움으로 여긴다는 말이다.

3) 故馳騖而忘反 : 流而忘反 以及於禍

물길을 따라 흐르고 돌아오기를 잊어서 禍에 미친다는 말이다.

4) 權寵之樂 勃如也 : 權勢恩寵 勃然陵人

權勢와 恩寵이 있으면 얼굴빛을 바꾸며 남을 능멸한다.

5) 詞華之樂 驕如也 : 文詞華藻 矜己傲物

문장이 아름다우면 자신을 자랑하고 남을 가벼이 여긴다.

6) 聲色之樂 昏如也 : 淫聲美色 昏人之志

음탕한 노래와 아름다운 여색은 사람의 뜻을 어둡게 한다.

7) 畋遊之樂 蕩如也 : 田獵遊宴 蕩人之心

사냥과 연회는 사람의 마음을 방탕하게 한다.

8) 是皆陋人之所樂 : 陋人 無見識者

陋人은 식견이 없는 자이다.

9) 君子之所哀 : 知識君子 以爲可哀

지식이 있는 군자는 이를 슬퍼할 만하다고 여긴다는 말이다.

10) 哀之者 豈預憂其禍之至哉 : 以其事之可哀 非爲禍而哀也

그 일이 슬퍼할 만해서이지 禍 때문에 슬퍼하는 것이 아니다.

11) 鴟鴉嗜鼠：鴟鴉之禽 得鼠則樂

올빼미나 까마귀는 쥐를 얻으면 즐거워한다.

12) 喞咀甘帶：咀 子餘反 帶 蛇也 ○ 喞咀之虫 得蛇則樂 此二句出莊子

咀는 子와 餘의 반절이다. 帶는 뱀이다. ○ 지네는 뱀을 얻으면 즐거워한다. 이 두 구절은 ≪莊子≫에 보인다.

13) 何等臭腐：外物之樂 鼠耳蛇耳

外物의 즐거움은 쥐와 뱀일 뿐이다.

14) 忻慕耽惑：世人皆淫溺於外物

세상 사람들은 모두 외물에 빠졌다는 말이다.

15) 以身僨而不悔：雖喪其身而不怨悔

비록 그 몸의 생명을 잃는다 해도 원망하지도 후회하지도 않는다는 말이다.

16) 此固達者之所甚憐也：達於理者 憐其受禍

事理에 통달한 자가 〈세상 사람들이〉 화를 당하는 것을 가여워 한다는 말이다.

17) 歸父譽魯樂之時 固已可悲：君子固已哀之

군자가 본래 이미 슬퍼한 것이다.

18) 奚必悲其將亡哉：不待料其必亡而後悲也

그가 반드시 도망갈 것으로 헤아리기를 기다린 뒤에 슬퍼하는 것이 아니다.

19) 吾嘗聞孔顔之樂矣：引用此事 話頭甚高 此所謂至樂之地 人皆有之者

이 일을 인용한 話頭가 매우 고상하다. 이것이 이른바 '지극히 즐거운 경지는 사람마다 모두 가지고 있다.'는 것이다.

20) 蓋樂其樂而未嘗倚於一物也：自有其樂而不在於外物

자기에게 본래 그런 즐거움이 있는 것이고 외물에 있는 것이 아니라는 말이다.

21) 然則飯也 飮也 曲肱也：飯疏食飮水 曲肱而枕之

거친 밥을 먹고 물을 마시고서 팔을 굽혀 벤다는 말이다.

22) 非孔子之樂也：樂不倚於物

즐거움은 외물에 의지하지 않는다는 말이다.

23) 特樂在其中而已：程子曰 非樂疏食飮水也 雖疏食飮水 不能改其樂也

程子가 말하기를 "거친 밥을 먹고 물은 마신 것을 즐긴 것이 아니라, 비록 거친 밥을 먹고 물을 마셔도 자기의 즐거움을 고치지 않은 것이다."라고 하였다.

24) 簞也 瓢也 陋巷也：一簞食 一瓢飮 在陋巷

한 대그릇의 밥과 한 표주박의 마실 것으로 누추한 골목에서 생활한 것이다.

25) 非顔子之樂也：樂不倚於物

즐거움은 외물에 의지하지 않는다.

26) 特不改其樂而已：程子曰 非樂簞瓢陋巷也 蓋自有其樂耳 其字當玩味

程子가 말하기를 "대그릇과 표주박과 누추한 골목을 즐길 만한 것이 아니고, 본래 그 즐거움이 있었으니, '其'자를 마땅히 완미해야 한다."라고 하였다.

27) 果窅(요)然而無物耶：設疑問難

의심스럽고 난해한 문제를 제기한 것이다.

28) 彼所謂樂在其中者……必有所居也：在有所居之義

'在'에는 거주의 뜻이 있다.

29) 彼所謂不改其樂者……必有所指也：其有所指之意

'其'에는 지시하는 뜻이 있다.

30) 居……吾黨盍共繹之：程子曰 昔受學於周茂叔 每令尋仲尼顔子樂處所樂何事 ○ 晦翁曰 程子之言 引而不發[*] 欲使學者深思而自得之 此篇結尾之意 蓋本於此 意味深長 指者皆謂此博議中第一篇子 而丘本不取 蓋未可曉

程子가 말하기를 "예전에 周敦頤에게 수학할 적에 매양 仲尼와 顔子가 즐긴 곳과 즐긴 바가 무슨 일이었는지를 찾아보게 하였다."라고 하였다.

○ 晦翁(朱熹)이 말하기를 "程子의 말은 활을 당기기만 하고 화살을 쏘지 않았으니, 이는 배우는 자들로 하여금 깊이 생각하여 스스로 터득하게 하고자 한 것이다. 이 편 말미의 뜻이 여기에서 근거한 것이니 의미가 매우 깊다. 지적하는 자들은 모두 이 편이 ≪東萊博議≫ 중에서 제일 좋은 편이라고 하는데, 丘本에 취하지 않은 것은 이해가 되지 않는다."라고 하였다.

*) 〔역주〕 引而不發：활을 당기기만 하고 화살을 쏘지 않는 것인데, 문제만 제기하고 해답을 하지 않은 것을 비유하는 말로 쓰인다.

지극히 즐거운 경지는 사람마다 모두 갖고 있지만 오직 그 즐거움을 향유하지 못하고 즐거움이 물질로 옮겨가기 때문에 마음이 물질을 향해 내달리고 돌아오기를 잊는다. 권세와 은총의 즐거움은 남의 안색을 바꾸게 하고, 화려한 문장의 즐거움은 나를 교만하게 하고, 노래와 여색의 즐거움은 사람을 혼미하게 하고, 사냥의 즐거움은 사람을 방탕하게 하니, 이는 모두 비루한 사람들이 즐기는 바이고 군자가 슬퍼하는 바이다. 슬퍼하는 이유가 어찌 고작 그 화가 이를 것을 미리 근심하는 것이겠는가? 올빼미와 까마귀는 쥐를 즐겨 먹고 지네는 작은 뱀을 달게 먹으니 저 물건들의 썩은 냄새가 얼마나 고약한가. 그래도 즐기고 탐하여 혹 이로 인해 죽는다 해도 후회하지 않으니, 이는 본래 사리에 통달한 이들이 매우 가여워한 바이다. 歸父가 魯나라에서 즐거웠던 일을 칭찬할 때에 〈晏桓子가〉 진실로 이미 슬퍼하였으니, 무엇 때문에 반드시 장차 도망갈 것을 슬퍼하였겠는가?

내 일찍이 孔子와 顔子의 즐거움에 대해 들은 적이 있는데, 두 분은 자기의 즐거움을 즐기고 어떤 사물에도 기댄 적이 없었다고 한다. 孔子의 즐거움에 대해 묻자 "거친 밥을 먹고 물을 마시고서 팔을 굽혀 베더라도 즐거움이 그 가운데 있다."고 하셨고, 顔子의 즐거움에 대해 묻자 "한 대그릇의 밥과 한 표주박의 물로 누추한 골목에 사는 것을 사람들은 그 근심을 견디지 못하는데, 顔回는 그 즐거움을 고치지 않는다."고 하셨다. 그렇다면 거친 밥을 먹고 물을 마시고 팔을 굽혀 베는 것을 孔子가 즐긴 것이 아니라 다만 즐거움이 그 가운데 있었을 뿐이고, 대그릇밥과 표주박과 누추한 골목을 顔子가 즐긴 것이 아니라 다만 그 즐거움을 고치지 않은 것뿐이다. 여섯 가지를 가지고 孔子와 顔子가 즐긴 것을 찾아보면 아득하여 알 수가 없다.

생각건대 孔子와 顔子가 즐긴 것이 과연 정미하여 의거할 만한 사물이 없는 것인가? 孔子가 이른바 "즐거움이 그 가운데 있다."고 한 곳의 '있다〔在〕'는 한 마디 말은 반드시 거주하는 것이 있다는 것이고, 孔子가 이른바 "그 즐거움을 고치지 않는다."고 한 곳의 '그〔其〕'라는 한마디 말은 반드시 가리킨 것이 있다. 居는 어디에 거주하는 것이고, 指는 무엇을 가리킨 것이지를 우리들이 어찌 함께 演繹해보지 않겠는가?

題東萊博議後序 ≪東萊博議 後序≫를 쓰다

昔六經遭秦火에 而孔壁之所藏者卒出[1)]하고 昌黎文章磨滅於五季[2)]之後에 而歐陽子復(부)收錄於頹壁敗篋之中[3)]하니 世皆歸於數나 予意不然이라 蓋物之萃渙이 固有定數나 而其靈異不群者는 天地鬼神이 實呵護之니 雖微孔壁歐陽子라도 將遂已乎아 今東萊先生左氏博議가 市肆間行之已久나 獨其全帙不見하고 於天下間有蓄者나 又多缺亡하니 而窮鄕下邑에는 亦不復知有是書矣니라

1) 〔역주〕 孔壁之所藏者卒出 : 戰國時代 말엽에 천하가 혼란하자, 孔子의 8世孫 孔鮒와 孔騰 형제가 書籍이 유실될 것을 우려하여, 孔子의 舊宅에 壁을 이중으로 만들어 그 속에 서적을 간직하였다. 漢 武帝 때 魯 恭王 劉餘가 宮室을 넓히기 위해 孔子의 구택을 허물다가 벽 속에 간직했던 書籍들을 발견한 것을 이른다.

2) 〔역주〕 五季 : 907년에서 959년까지 52년 사이에 後梁·後唐·後晉·後漢·後周 등 다섯 王祖가 바뀐 혼란기를 이른다.

3) 〔역주〕 歐陽子復(부)收錄於頹壁敗篋之中 : 歐陽脩가 어릴 때에 李彦甫의 집에서 ≪昌黎先生文集≫을 발견한 일을 말한다. 歐陽脩의 〈記韓文後〉에 "내가 소싯적에 漢東에 살았는데, 漢東은 궁벽하고 풍속이 누추하여 학자가 없었고, 우리 집은 가난하여 藏書가 없었다. 隋州 남쪽에 大姓 李氏가 살고 있는데, 그 아들 彦甫가 자못 학문을 좋아하였으므로 내가 童子 때에 그 집에 가서 노는 날이 많았다. 벽장 사이에 古書가 담긴 헌 광주리가 있는 것을 보고서 들추어 보다가 唐나라 昌黎先生의 文集 여섯 권을 발견하였다.〔予少家漢東 漢東僻陋 無學者 吾家又貧 無藏書 州南有大姓李氏者 其子彦甫頗好學 予爲兒童時 多遊其家 見其弊筐貯古書在壁間 發而視之 得唐昌黎先生文集六卷〕"는 말이 보인다.(≪譯註 唐宋八大家文抄 韓愈 1≫)

옛날에 六經이 秦 始皇에 의해 불태워지고나서 孔壁에 간직되었던 書籍이 마침내 세상에 나왔고, 韓昌黎(韓愈)의 文章이 五季 때 磨滅된 뒤에 歐陽子(歐陽修)가 무너진 벽 사이의 헌 상자 속에서 〈昌黎의 문장을〉 수습하여 다시 기록하였다. 세상 사람들은 이를 모두 운명이라 하지만 나는 그렇게 생각하지 않는다. 대체로 물건이 모였다가 흩어

지는 것이 본래 정해진 운수가 있지만, 신기하고 괴이한 비상한 물건은 천지 귀신이 실로 보호하는 바이니, 비록 孔壁과 歐陽子가 없었다 하더라도 어찌 끝내 없어지고 말았겠는가? 지금 東萊先生의 ≪左氏博議≫가 시장의 책 가게 사이에 돌아다닌 지가 이미 오래이나, 한 帙이 완전히 갖추어진 것은 볼 수 없었고, 천하에 간혹 이 책을 收藏한 자가 있으나 결본이 더욱 많았으니, 궁벽한 시골 사람들은 다시 이 책이 있는 줄조차 몰랐다.

正德丁卯[1]에 **鉛山張侍御**가 **以其十卷**으로 **授予兄廷鎭刻之**나 **時**에 **以缺卷尙多**로 **意在赼趄**(자저)러니 **未幾**에 **復得十卷於當塗濮內瀚**하고 **吾鄕梅留守**가 **又出其所抄末五卷**하고 **盱江何冬官**이 **亦以其世藏先生手敍一通見畀**하니 **是書遂爲完璧矣**니라

1) 〔역주〕 正德丁卯 : 正德은 明 武宗의 연호이다. 丁卯年은 正德 2년(1507)을 가리킨다.

正德 丁卯年(1507)에 鉛山의 張侍御가 ≪左氏博議≫ 열 권을 나의 兄 廷鎭에게 주어 板刻하게 하였으나, 그때 빠진 낱권이 많으므로 판각을 留保할 뜻이 있었는데, 얼마 지나지 않아 다시 當塗縣의 濮內瀚에게 열 권을 얻고, 우리 고을 梅留守가 또 抄錄한 끝부분의 다섯 권을 내어주고, 盱江의 何冬官 또한 대대로 간직했던 선생의 手敍(손수 쓴 序文) 한 통을 내어주니, 이 책이 마침내 完帙을 갖추게 되었다.

噫라 **先生之書**가 **自宋元之後**로 **散失於幾百年**이라가 **而一朝始合**하고 **搜羅於數家**하야 **而一帙始成**하니 **夫豈偶然也哉**아 **抑先生之文**은 **與昌黎相表裏**하고 **其刳精鉥心**[1]한 **雄詞博辯**은 **又出入乎六經之中**하니 **譬之布帛菽粟**하야 **天下萬世**가 **仰焉而不可缺**이니 **此豈沈淪中物耶**아 **昔人謂靈異之物**은 **終當復合**[2]이라하니 **珠還(洛)〔合〕浦**[3]와 **劍入延平**[4]이 **有足徵者**니라 **其待於予家**는 **天固假手耳**니 **未可以數言也**니라

1) 〔역주〕 刳精鉥心 : 精力을 다하고 誠心을 드러냄이다.

2) 〔역주〕 靈異之物 終當復合 : ≪晉書≫ 〈張華傳〉에 "靈異之物 終當化去"란 말과 "天生神物 終當合耳"란 말이 보인다.

3) 〔역주〕 珠還(洛)〔合〕[*]浦 : 合浦 앞바다를 떠났던 진주조개가 다시 돌아온 故事를 이른다. 合浦에는 곡식이 생산되지 않고 오직 바다에서 珍珠만이 생산되므로 백성들이 진주를 채취해 양곡을 交易하여 생활하였다. 그런데 전임 太守가 탐욕스러워 진주를 마구 채취하니, 진

주조개가 점차 交阯의 바다로 옮겨가서 合浦 바다에는 다시 진주가 생산되지 않았다. 이때 孟嘗이 合浦太守가 되어 지난날의 弊政을 개혁하니, 채 1년도 되지 않아 떠났던 진주조개가 다시 돌아왔다고 한다.(≪後漢書補逸≫)

*) 〔역주〕 (洛)〔合〕: 저본에는 '洛'으로 되어 있으나, ≪後漢書≫ 〈孟嘗傳〉에 의거하여 '合'으로 바로잡았다.

4) 〔역주〕 劍入延平 : 干將劍과 莫耶劍이 다시 만난 故事를 이른다. 옛날에 吳나라 武器庫에 토끼 암수 두 마리가 굴을 파고 살면서 鐵材武器를 모두 먹어치웠다. 吳王이 그 토끼를 잡아 배를 갈라보니 간과 콩팥이 모두 鐵이었다. 吳王이 劍工 干將과 莫耶(간장의 아내)를 불러 암수 토끼의 간과 콩팥으로 劍을 만들게 하였는데 예리하기가 그지없으니, 吳王은 이를 보물로 여겨 石函에 넣어 땅속에 묻었다. 뒤에 晉나라 때에 이르러 밤에 붉은 빛이 北斗星과 牽牛星에 뻗치니, 당시의 宰相 張華가 雷煥을 豊城縣令으로 삼아 땅속에 묻힌 寶劍을 發掘하게 하였다. 雷煥은 이 검을 발굴하여 干將劍만을 張華에게 바치고, 莫耶劍은 자신이 차지하였는데, 뒤에 張華가 피살되자 干將劍도 행방이 묘연해졌다. 뒤에 雷煥의 아들 雷華가 莫耶劍을 차고서 延平津을 지나는데, 검이 갑자기 소리를 내며 빠져나가 물속으로 들어갔다. 잠수부를 시켜 물속으로 들어가서 찾아보게 하였더니, 검은 보이지 않고 단지 두 마리의 용이 서로 얽혀 있는 것만이 보였다고 한다.(≪說郛≫ 〈昆吾山〉)

아! 선생의 글이 宋元 이후로 수백 년 동안 흩어져 없어졌다가 하루아침에 비로소 다시 모였고, 여러 집에서 수집하여 한 질이 비로소 완성되었으니, 이것이 어찌 우연이겠는가? 선생의 문장은 昌黎의 문장과 서로 表裏가 되고, 精力을 다하고 誠心을 드러낸 雄建한 문장과 해박한 변론은 또 六經을 넘나들었다. 비유하자면 衣食과 같아서 천하 만세가 依賴하고 損壞할 수 없는 문장이니, 이것이 어찌 영원히 묻힐 물건이겠는가? 옛사람이 '〈비할 데 없이〉 신기하고 괴이한 물건은 끝내 다시 합쳐진다.'고 하였는데, 진주조개가 合浦로 돌아오고, 寶劍이 延平津으로 들어간 것처럼 〈선생의 글이 다시 모였으니, 이로써 보면 그 말을〉 신빙하기에 충분하다. 〈선생의 글이〉 우리 집안에서 收集하기를 기다려 모아진 것은 본래 하늘이 우리의 손을 빌리려 한 것뿐이니, 운명이라고 말하는 것은 옳지 않다.

計是書면 **凡二十五卷**이라 **刻於正德丁卯冬**하야 **踰歲己巳夏**에 **始成**하니라 **而鳩工庀材**하고 **正訛駁謬**는 **則皆廷鎭兄之功云**이라

이 책의 권수를 계산해보면 모두 25권이다. 正德 丁卯年 겨울에 판각을 시작하여 2

년 뒤 己巳年(1509) 여름에서야 비로소 완성하였다. 工人을 모으고 版材를 준비하여 오류를 바로잡은 것은 모두 兄 廷鎭의 공로이다.

正德己巳 孟秋既望五日에 **後學江東張偉**는 **謹識**하노라

正德 己巳年 7월 既望(16일) 5일 후에 後學 江東 張偉는 삼가 기록하다.

〔附 錄 1〕

1. 宋史 呂祖謙列傳 ≪宋史≫〈呂祖謙列傳〉

呂祖謙字伯恭이니 尙書右丞好問之孫也라 自其祖始로 居婺州하다 祖謙之學은 本之家庭하야 有中原文獻之傳하니라 長從林之奇・汪應辰・胡憲游하고 旣又友張栻・朱熹하야 講索益精하니라

呂祖謙의 자는 伯恭으로 尙書右丞을 지낸 呂好問의 증손이며, 조부 때부터 婺州(지금의 浙江省 金華)에서 살았다. 여조겸의 학문은 家學에 근원하여, 중국 정통의 문헌을 전수하였다. 장성하여 林之奇・汪應辰・胡憲와 교유하였고, 또 張栻・朱熹와 벗하여 강학과 탐구가 더욱 정밀하였다.

初에 蔭補入官하야 後擧進士하고 復(부)中博學宏詞科하야 調南外宗敎하니라 丁內艱[1])하야 居明招山에 四方之士爭趨之하니라 除太學博士하다 時中都官待次[2])者例補外로 添差敎授嚴州하니라 尋復(부)召爲博士 兼國史院編修官 實錄院檢討官하니라 輪對에 勉孝宗留意聖學하고 且言 恢復大事也ㄴ댄 規模當定하고 方略當審이니 陛下方廣攬豪傑하사 共集事功하소서 臣願精加考察하사 使之確指經晝之實하고 就爲先後하사 使嘗試僥倖之說不敢陳於前하소서 然後與一二大臣定成算而次第行之면 則大義可伸이며 大業可復矣리이다

1) 〔역주〕 內艱 : 母親喪을 이르며 '內憂'라고도 한다. 宋 孝宗 乾道 2년(1166) 呂祖謙의 모친 曾氏의 죽음을 가리킨다.

2) 〔역주〕 待次 : 관원이 직임을 제수받은 뒤 자격과 이력에 따라 결원에 보충되기를 기다리던 것을 말한다.

처음에는 蔭補로 관직에 들었다가 나중에 進士試에 급제하고 다시 博學宏詞科에 합격하여 南外 敦宗院의 宗學敎授에 選調되었다. 모친상을 당하여 明招山에 거주하였는데, 사방의 선비들이 다투어 그에게 나아와 가르침을 받았다. 太學博士에 제수되었고,

당시 中都官에 待次하고 있는 자는 으레 외직에 보임되었으므로 嚴州의 州學教授에 차임되었다. 얼마 있다가 다시 조정의 부름으로 博士 兼國史院編修官 實錄院檢討官이 되었다. 輪對에서 孝宗에게 聖學에 유념할 것을 권면하고 또 아래와 같이 상주하였다. "국가의 중대사를 회복하려면 마땅히 규모를 정하고 방책을 잘 살피셔야 합니다. 폐하께서는 바야흐로 널리 호걸을 뽑아 함께 모여 좋은 결과를 이루셔야 합니다. 신은 원컨대 〈폐하께서〉 보다 정밀하게 살피시어 국가를 경영하는 계획의 실상을 확실하게 지시하시고, 선후에 맞게 행하시어 〈신하가〉 요행을 바라는 말을 御前에서 감히 진설하지 못하게 하셔야 합니다. 그런 뒤에 한두 대신과 함께 세워둔 계획을 확정하여 차례로 시행하신다면 大義를 펼 수 있을 것이며 大業을 회복할 수 있을 것입니다."

召試[1)]館職[2)]하다 先是에 召試者率前期從學士院求問目한대 獨祖謙不然이로되 而其文特典美하니라 嘗讀陸九淵文喜之로되 而未識其人이러니 考試禮部得一卷하고 曰 此必江西小陸之文也라하니라 揭示果九淵이니 人服其精鑑하니라 父憂免喪하고 主管台州崇道觀하니라

1) 〔역주〕 召試 : 館職 후보자에 대한 특별 시험으로, 적임자를 선정하여 上奏하면 皇命으로 불러 詩・賦・論・策問 등을 시험하고 합격한 자를 임용하는 것이다.

2) 〔역주〕 館職 : 唐宋시대에 昭文館・史館・集賢院 등에서 修撰이나 編校 등의 직책을 맡은 사람을 통틀어 부르는 말이다.

召試로 선발되어 館閣의 직임을 맡았다. 이보다 앞서 召試를 치르는 자들은 대체로 미리 學士院에서 問目을 구하여 〈연습하고 응시하였는데,〉 여조겸은 홀로 그렇게 하지 않았음에도 문장이 매우 전아하고 아름다웠다. 일찍이 陸九淵의 문장을 읽고 좋아하였는데, 처음에는 글쓴이를 몰랐다가 禮部에서 시험을 치르고 한 권을 얻어 읽어보고는 "이 글은 분명히 江西의 小陸(陸九淵)의 문장이다."라고 하였다. 나중에 게시물을 보니 과연 陸九淵이었으므로 사람들이 그의 정밀한 식견에 감복하였다. 父親喪을 당하고 脫喪한 뒤에 台州의 崇道觀을 주관하였다.

越三年에 除秘書郎國史院編修官 實錄院檢討官하고 以修撰李燾薦으로 重修徽宗實錄하다 書成進秩에 面對하야 言曰 夫治道體統은 上下內外不相侵奪而後安이니이다 鄉

者에 陛下以大臣不勝任으로 而兼行其事하시고 大臣亦皆親細務하야 而行有司之事하니 外至監司守令職任히 率爲其上所侵하야 而不能令其下니이다 故豪滑玩官府하고 郡縣忽省部하며 掾屬凌長吏하고 賤人輕柄臣하니 平居未見其患이나 一旦有急이면 誰與指麾而伸縮之邪(야)릿가 如曰臣下權任太重하니 懼其不能無私면 則有給舍[1]以出納焉하시고 有臺諫[1]以救正焉하시며 有待從以詢訪焉하소서 儻得端方不倚之人分處之면 自無專恣之慮어늘 何必屈至尊以代其勞哉릿가 人之關鬲脈絡에 少有壅滯면 久則生疾이니이다 陛下於左右에 雖不勞操制라도 苟玩而弗慮면 則聲勢浸長하고 趨附浸多하야 過咎浸積하야 內則懼爲陛下所遣而益思壅蔽하고 外則懼爲公議所疾而益肆詆排니이다 願陛下虛心以求天下之士하시고 執要以總萬事之機하소서 勿以圖任或誤而謂人多可疑하시고 勿以聰明獨高而謂智足偏察하시며 勿詳於小而忘遠大之計하시고 勿忽於近而忘壅蔽之萌하소서

1) 〔역주〕 給舍 : 王命의 출납을 맡는 자리로, 朝鮮의 承政院과 비슷한 기능을 갖고 있다.
2) 〔역주〕 臺諫 : 臺官과 諫官을 가리킨다. 朝鮮의 司憲府・司諫院과 비슷한 기능을 갖고 있다.

그로부터 3년 뒤에 秘書郞 및 國史院 編修官과 實錄院 檢討官에 제수되었으며, 修撰 李燾의 추천으로 ≪徽宗實錄≫을 重修하였다. 책이 완성되자 품계가 올랐는데 황제를 면대하여 아래와 같이 상주하였다.

“나라를 다스리는 기강은 군주와 신하 및 중앙과 지방 간에 서로 침탈하지 않은 뒤에야 편안할 수 있습니다. 지난번에 폐하께서 대신이 임무를 감당하지 못한다 하여 몸소 대신의 일을 겸행하시고, 대신들도 모두 자잘한 업무를 직접 챙겨 有司의 일을 행하니, 밖으로 監司와 守令의 직임까지 모두 윗사람에게 〈그 직권을〉 침탈당하여 아랫사람에게 명령할 수 없습니다. 그러므로 교활한 豪族이 官府(관장)를 무시하고 郡縣이 省部(중앙 정부)를 경시하며, 하급관리가 長吏를 능멸하고 賤人이 權臣을 업신여기니, 평소에는 그 환란을 보지 못하겠지만 하루아침에 위급한 일이 생긴다면 누구와 함께 지휘하여 사태를 수습하겠습니까?

만일 신하의 권한과 임무가 너무 중대하니 私心이 없지 않을 것이 걱정되신다면 給舍를 두어 王命을 출납하게 하시고, 臺官과 諫官을 두어 잘못된 일을 바로잡게 하시며, 待從을 두어 자문하게 하소서. 가령 端正하고 方正하여 치우치지 않는 인재를 얻어서 나누어 배치하신다면 제멋대로 자행할 우려가 저절로 없어질 것인데 무엇 때문에 至尊을 굽혀 신하의 노고를 대신할 필요가 있겠습니까?

사람의 관절과 경락에 조금이라도 막힘이 있다면, 오래되면 병이 생기게 마련입니다. 폐하께서 신하에 대해 비록 힘들이지 않고 통제할 수 있다 하여도, 만일 가볍게 여겨 염려하지 않으신다면 〈신하의〉 명성과 권세가 점점 자라나고 추종하는 무리가 점점 많아져서 허물이 점점 쌓여, 안으로는 폐하께 꾸짖음을 당할까 두려워해 더욱 〈폐하의 이목을〉 가리기를 생각하고, 밖으로는 公議에 미움 받을까 두려워해 더욱 멋대로 배척할 것입니다.

바라건대 폐하께서는 겸허한 마음으로 천하의 선비를 구하시고 요점을 잡아 萬機를 總攬하소서. 생각해 임용한 것이 혹 잘못되었다 하여 사람들에게 의심할 만한 것이 많다고 여기지 마시고, 홀로 총명함이 높다 하여 지혜가 두루 살필 수 있다고 여기지 마시며, 작은 것에 상세하다 하여 원대한 계획을 잊지 마시고, 近侍를 소홀히 대하여 〈近侍에게서 이목을〉 가리는 싹이 틈을 잊지 마소서."

又言호되 **國朝治體**는 **有遠過前代者**하고 **有視前代爲未備者**하니 **夫以寬大忠厚**로 **建立規模**하고 **以禮遜節義**로 **成就風俗**이 **此所謂遠過前代者也**니이다 **故於俶擾艱危之後**에 **駐蹕東南**[1]**踰五十年**에 **無纖毫之虞**하니 **則根本之深可知矣**니이다 **然文治可觀**이나 **而武績未振**하고 **名勝相望**이나 **而幹略未優**라 **故雖昌熾盛大之時**나 **此病已見**이니이다 **是以**로 **元昊之難**[2]에 **范韓**은 **皆極一時之選**이나 **而莫能平殄**이니 **則事功之不競從可知矣**니이다 **臣謂今日治體**에 **視前代未備者**는 **固當激厲而振起**요 **遠過前代者**는 **尤當愛護而扶持**니이다

1) 〔역주〕 駐蹕東南 : 駐蹕은 본래 임금이 거둥하는 중간에 御駕를 멈추고 머무르거나 묵는 것을 가리키나, 여기서는 北宋이 金나라에 의해 망할 즈음에 欽宗의 아우 高宗이 揚子江을 건너 남쪽으로 내려가 臨安에 도읍하여 南宋(1127~1279)을 연 것을 이른다.

2) 〔역주〕 元昊之難 : 西夏의 임금 趙元昊가 쳐들어와서 누차 宋나라를 괴롭힌 일을 이른다.

또 아래와 같이 상주하였다.

"國朝의 정치체제가 前代보다 훨씬 나은 것도 있고 전대에 비해 미비한 것도 있습니다. 寬大와 忠厚로써 나라의 규모를 세우고, 禮遜과 節義로써 풍속을 이룬 것이 이른바 전대보다 훨씬 낫다는 것입니다. 그러므로 어지럽고 위태롭게 된 뒤에 東南(臨安)으로 옮겨 駐蹕한 50년 동안 털끝만한 근심거리도 없었으니 근본이 깊었음을 알 수 있습니다.

그러나 文治는 볼만하나 武功은 떨치지 못하고, 명망 있는 인사가 많았으나 재간과

지략이 넉넉지 못하였기 때문에 비록 창성한 때였지만 이러한 병통이 이미 드러난 것입니다. 이러므로 趙元昊의 난리 때에 范仲淹과 韓琦는 당시의 極選(가장 우수한 자를 선발함)이었으되 〈西夏軍을〉 전멸시키고 전란을 평정할 수 없었으니, 이렇고 보면, 공적을 이룰 만큼 강하지 못했음을 따라서 알 수 있습니다. 그러므로 신은 오늘날 정치체제에서 전대에 비해 미비된 것은 당연히 격려해 진작시켜야 하고, 전대보다 훨씬 나은 것은 더욱 아끼고 보호해 유지해야 한다고 생각합니다."

遷著作郎이나 **以末疾**[1]로 **請祠歸**하니라 **先是**에 **書肆有書曰聖宋文海**라 **孝宗命臨安府校正刊行**하니 **學士周必大言 文海去取差謬**하야 **恐難傳後**하니 **盍委館職銓擇**하야 **以成一代之書**니잇고 **孝宗以命祖謙**하니 **遂斷自中興以前**하되 **崇雅黜浮**하야 **類爲百五十卷**하야 **上之**하니 **賜名皇朝文鑑**이라하다

1) 〔역주〕 末疾 : 손과 발이 마비되는 증세를 가리킨다.

著作郞으로 승진하였으니 末疾로 인해 고향에 돌아가 奉祠할 것을 청하였다. 이보다 앞서 書肆에 ≪聖宋文海≫라는 서적이 있었는데, 孝宗이 臨安府에 명하여 교정하고 간행하게 하였다. 學士 周必大가 "≪聖宋文海≫는 취사선택에 오류가 많아 후세에 전하기 어려울 듯하니, 어찌 館閣에 일임해 〈알맞은 인재를〉 가려 뽑아서 一代의 書籍으로 완성하지 않으십니까?"라고 하니, 孝宗이 이 일을 呂祖謙에게 명하였다. 〈呂祖謙은〉 마침내 中興 이전부터 잘라서 선택하되 고아함을 존숭하고 浮誇한 것은 삭출하여 분류해 150권을 만들어 올리니, ≪皇朝文鑑≫이라는 이름을 내리셨다.

詔除直秘閣이라 **時方重職名**하야 **非有功不除**하니라 **中書舍人陳(揆)〔騤〕**[1]**駁之**한대 **孝宗批旨云 館閣之職**은 **文史爲先**이니 **祖謙所進**은 **採取精詳**하야 **有益治道**라 **故以寵之**하니 **可卽命詞**[2]하라하니 **(揆)〔騤〕不得已草制**라 **尋主管沖祐觀**하고 **明年**에 **除著作郎 兼國史院編修官**이라 **卒**에 **年四十五**라 **謚曰成**이라

1) 〔역주〕 (揆)〔騤〕 : 四庫全書本에 '揆'로 되어 있으나, ≪東萊集≫ 〈年譜〉에 의거하여 '騤'로 수정하였다. 아래도 같다.

2) 〔역주〕 命詞 : 황제를 대신하여 任命하는 詔書를 起草하는 것을 이른다.

조서를 내려 直秘閣에 제수하였다. 당시에는 바야흐로 職銜을 중시하여 공적이 있는 자가 아니면 〈이 직에〉 제수하지 않았다. 그러므로 中書舍人 陳騤가 이를 논박하니, 孝宗이 내린 批旨에 "館閣의 직임에는 문학과 사학의 지식을 우선으로 삼는데, 呂祖謙이 올린 책은 채취한 것이 정밀하고 상세하여 治道에 유익하므로 이 관직을 주어 그를 총애한 것이니 즉시 命詞를 짓도록 하라."라고 하니, 陳騤는 마지못해 조서를 起草하였다. 오래지 않아 冲祐觀을 주관하고, 이듬해에 著作郎 兼國史院編修官에 제수되었다. 卒하니, 享年이 45세였다. 시호를 成이라 하였다.

祖謙學以關洛爲宗하고 而旁稽載籍하야 不見涯涘하고 心平氣和하야 不立崖異하니 一時英偉卓犖(락)之士皆歸心焉이라 少卞急한대 一日誦孔子言躬自厚而薄責於人하고 忽覺平時忿懥(치)渙然冰釋이라 朱熹嘗言호되 學如伯恭이라야 方是能變化氣質이라 其所講畫은 將以開物成務[1]니라 既臥病에도 而任重道遠[2]之意不衰하니라 居家之政이 皆可爲後世法이라 修讀詩記·大事記나 皆未成書라 考定古周易·書說·閫(곤)範·官箴·辨志錄·歐陽公本末은 皆行于世하나니라 晩年會友之地曰麗澤書院이니 在金華城中이라 既歿에 郡人卽而祠之라 子延年이라

1) 〔역주〕 開物成務 : ≪周易≫ 〈繫辭傳 上〉 11章에 있는 구절로, ≪本義≫에는 "사람으로 하여금 점을 쳐서 길흉을 알아서 사업을 이루도록 하는 것이다.〔使人卜筮 以知吉凶而成事業〕"라고 하였다. 즉 사람이 아직 모르는 곳을 開發하여, 하고자 하는 바를 成就시킨다는 뜻이다.

2) 〔역주〕 任重道遠 : ≪論語≫ 〈泰伯〉에서 曾子가 말하기를 "선비는 도량이 넓고 뜻이 굳세지 않으면 안 되니 책임이 무겁고 길이 멀기 때문이다. 仁으로 자기의 책임을 삼으니 또한 막중하지 않은가? 죽은 뒤에야 끝나는 것이니 또한 멀지 않은가?〔士不可以不弘毅 任重而道遠 仁以爲己任 不亦重乎 死而後已 不亦遠乎〕"라고 하였다.

呂祖謙의 학문은 關中의 張載와 洛陽의 二程(程顥, 程頤)을 종주로 삼고 널리 전적을 상고하여 〈그 지식의〉 한계를 볼 수 없고, 심기가 화평하여 괴이한 행동을 하지 않으니 당시의 영걸하고 탁월한 인사들이 모두 진심으로 귀의하였다. 청년기에 性情이 조급하였더니, 어느 날 "자기를 책망하기를 많이 하고 남을 책망하기를 적게 하라."고 하신 孔子의 말씀을 외고는 갑자기 평소의 분노가 얼음 녹듯이 풀림을 깨달았다. 朱熹는 일찍이 "학문을 伯恭(呂祖謙의 字)처럼 하여야 비로소 氣質을 변화시킬 수 있다."라고 하

였다.

그가 학문을 강론하며 세운 계획은 아마 開物成務하려는 것이었을 것이다. 그러므로 병석에 누운 뒤에도 任重道遠의 의지가 쇠하지 않았다. 집안을 다스린 정사도 모두 후세에 모범이 되었으니, ≪呂氏家塾讀詩記≫와 ≪大事記≫를 찬수하였으나 모두 책을 완성하지 못하였다. 考定한 ≪古周易≫, ≪書說≫, ≪閫範≫, ≪官箴≫, ≪辨志錄≫, ≪歐陽公本末≫ 등은 모두 세상에 유행한다. 만년에 벗들과 모여 강학하던 곳이 麗澤書院인데 金華城 안에 있다. 사후에 郡民들이 그곳에 사당을 지어 제사를 모셨다. 아들은 〈이름이〉 延年이다.

2. 東萊集 年譜 東萊 呂祖謙 年譜

高宗 紹興七年丁巳

高宗 紹興 7년 丁巳(1137, 1세)

是歲에 **公外王父曾文淸公**[1)]은 **爲廣西轉運使**하고 **公皇考倉部**[2)]는 **時在桂林甥館**하다
三月十七日〔亥〕[3)]**時公生**하다

1) 曾文淸公 : 幾
曾幾(1084~1166)이다.

2) 〔역주〕 公皇考倉部 : 呂祖謙의 부친 呂大器(1113~1172)이다.

3) 〔역주〕 〔亥〕 : 四庫全書本에는 1자 빈칸으로 되어 있으나, ≪呂祖謙年譜≫(杜海軍, 中華書局)에 의거하여 '亥'를 보충하였다.

이 해에 公의 외조부 文淸公 曾幾는 廣西轉運使의 직임을 맡았고, 公의 부친 倉部 呂大器는 당시에 桂林의 甥館(데릴사위)으로 있었다.

3월 17일, 亥時에 공이 태어났다.

紹興八年戊午

紹興 8년 戊午(1138, 2세)

紹興九年己未

紹興 9년 己未(1139, 3세)

紹興十年庚申

紹興 10년 庚申(1140, 4세)

紹興十一年辛酉

紹興 11년 辛酉(1141, 5세)

紹興十二年壬戌

紹興 12년 壬戌(1142, 6세)

紹興十三年癸亥

紹興 13년 癸亥(1143, 7세)

紹興十四年甲子

紹興 14년 甲子(1144, 8세)

紹興十五年乙丑

紹興 15년 乙丑(1145, 9세)

紹興十六年丙寅

紹興 16년 丙寅(1146, 10세)

是歲 年十歲이라 倉部爲江東提擧司幹官하야 公隨侍于池陽하다 十二月八日에 公祖駕部終于婺州하다

이 해는 나이 10세이다. 부친 倉部가 江東提擧司幹官이 됨에 따라 公이 池陽에서 〈부친을〉 모시고 있었다.

12월 8일, 公의 조부 駕部員外郎 呂弸中이 婺州에서 생을 마쳤다.

紹興十七年丁卯

紹興 17년 丁卯(1147, 11세)

隨侍在婺州하다

〈부친의 발령에 따라〉 婺州에서 〈부친을〉 모시고 있었다.

紹興十八年戊辰

紹興 18년 戊辰(1148, 12세)

四月에 **以祖駕部致仕**로 **恩補將仕郎**하다

4월에 조부 駕部員外郎의 致仕로 인해 公이 將仕郎에 蔭補되었다.

紹興十九年己巳

紹興 19년 己巳(1149, 13세)

紹興二十年庚午

紹興 20년 庚午(1150, 14세)

紹興二十一年辛未

紹興 21년 辛未(1151, 15세)

是歲에 **倉部爲浙東提刑司幹官**하야 **公隨侍于越**하다

이 해에 부친 倉部가 浙東提刑司幹官이 됨에 따라 公이 越에서 〈부친을〉 모시고 있었다.

紹興二十二年壬申

紹興 22년 壬申(1152, 16세)

紹興二十三年癸酉

紹興 23년 癸酉(1153, 17세)

有賦眞覺僧房蘆詩하다

〈賦眞覺僧房蘆詩〉를 지었다.

紹興二十四年甲戌

紹興 24년 甲戌(1154, 18세)

紹興二十五年乙亥

紹興 25년 乙亥(1155, 19세)

是年春에 **倉部爲福建提刑司幹官**하야 **公隨侍于福唐**하다 **三月**에 **從三山林先生少穎**[1] **游**[2]하다

1) 林先生少穎 : 之奇

林之奇(1112~1176)이다.

2) 游 : 先生時待次[*]汀州長汀尉

先生(林之奇)은 당시 汀州長汀尉에 待次하고 있었다.

*) 〔역주〕 待次 : 관원이 직임을 제수받은 뒤 자격과 이력에 따라 결원에 보충되기를 기다리던 것을 말한다.

이 해 봄에 부친 倉部가 福建提刑司幹官이 됨에 따라 公이 福唐에서 부친을 모시고 있었다.

3월, 三山(福州)의 少穎 林先生과 교유하였다.

紹興二十六年丙子

紹興 26년 丙子(1156, 20세)

是年年二十歲라 **應福建轉運司進士**하야 **擧爲首選**하다 **十一月九日**에 **如臨安**하다 **於是**에 **林先生入爲祕書省正字**하다 **是歲**에 **有許由・淸曉出郊・城樓・夏詩諸詩**하다

이 해는 나이 20세이다. 福建轉運司 進士시험에 응시하여 1등으로 뽑혔다.

11월 9일, 臨安에 갔다. 이때에 林先生(林之奇)이 조정에 들어가 祕書省 正字가 되었다.

이 해에 〈許由〉, 〈淸曉出郊〉, 〈城樓〉, 〈夏〉 등 여러 시를 지었다.

紹興二十七年丁丑

紹興 27년 丁丑(1157, 21세)

是春에 **試禮部**나 **不中**하다 **赴銓試**[1]하다 **四月七日**에 **授迪功郞**하야 **監潭州南嶽廟**하다 **因如天台省外祖**하다 **六月二日**에 **自天台歸福州**하다 **十月**에 **倉部任滿**하야 **公隨侍歸婺州**하다 **十二月十六日**에 **如信州**하다 **二十九日**에 **親迎于韓氏新知建州建安縣**[2]**之女**하다

1) 赴銓試：下等第三人

〈등수는〉 下等 第3人이다.

2) 韓氏新知建州建安縣：元吉

韓元吉(1118~1187)이다.

이 해 봄에 禮部試에 응시했으나 낙방하였다. 銓試에 응시하였다.

4월 7일, 迪功郞에 제수되어 潭州의 南嶽廟를 감독했다. 이로 인하여 天台에 가서 외조부 묘소에 성묘하였다.

6월 2일, 天台에서 福州로 돌아왔다.

10월, 부친 倉部의 임기가 만료됨에 따라서 公이 모시고 婺州로 돌아왔다.

12월 16일, 信州에 갔다.

12월 29일, 韓氏를 親迎하였는데, 〈韓氏는〉 知建州建安縣에 새로 부임한 韓元吉의 여식이다.

紹興二十八年戊寅

紹興 28년 戊寅(1158, 22세)

四月二日에 **公歸自信州**하야 **以韓夫人廟見**하다

4월 2일, 公이 信州에서 돌아와 韓夫人과 함께 사당에 알현하였다.

紹興二十九年己卯

紹興 29년 己卯(1159, 23세)

十一月初四日에 **女華年生**하다

11월 4일, 딸 華年이 태어났다.

紹興三十年庚辰

紹興 30년 庚辰(1160, 24세)

四月에 嶽祠滿하다 六月에 赴銓[1)]하다 倉部亦以祠滿赴闕하야 授岳州通判하고 館于伯舅糧料院曾公原伯[2)]寓舍하다 於是籍溪胡先生原仲[3)]爲祕書省正字와 汪公聖錫[4)]爲祕書少監으로 公皆嘗從遊하다 八月에 歸婺州하다

1) 赴銓 : 上等第二人

〈등수는〉 上等 第2人이다.

2) 曾公原伯 : 逢

曾逢이다.

3) 胡先生原仲 : 憲

胡憲(1086~1162)이다.

4) 汪公聖錫 : 應辰

汪應辰(1118~1176)이다.

4월, 南嶽廟祠의 임기가 만료되었다.

6월, 銓試에 응시했다. 부친 倉部도 廟祠의 임기가 만료되어 대궐에 나아가 岳州通判을 제수받고, 糧料院 벼슬을 하는 伯舅인 原伯 曾公의 寓舍에 묵었다. 이에 公은 祕書省正字인 籍溪의 原仲 胡先生(胡憲)과 祕書少監인 聖錫 汪公(汪應辰)과 교유하였다.

8월, 婺州로 돌아왔다.

紹興三十一年辛巳

紹興 31년 辛巳(1161, 25세)

正月十三日에 授嚴州桐廬縣尉하다 二十三日에 子岳孫生이나 兩旬而夭하다 是歲五月에 王公[1)]爲大宗正丞하고 十二月에 林先生少穎가 出爲提擧福建市舶한대 皆過婺來訪하다

1) 王公 : 十朋

王十朋(1112~1171)이다.

1월 13일, 嚴州桐廬縣尉를 제수받았다.

1월 23일, 아들 岳孫이 태어났으나, 20일 만에 요절하였다.

이 해 5월에 王公(王十朋)이 大宗正丞이 되었고, 12월에 少穎 林先生이 提擧福建市舶이 되어 외직에 나갔는데, 〈두 사람이〉 모두 婺州를 지나는 길에 들러 公을 방문하였다.

紹興三十二年壬午

紹興 32년 壬午(1162, 26세)

正月八日에 公如信州하다 於是韓公[1]爲司農寺主簿하야 公以夫人歸寧하다 三月二十八日에 歸自臨安하다 四月倉部用從臣薦으로 差知黃州하다 六月初七日에 子齊孫生하다 是月十二日에 倉部之官黃州하니 公侍母夫人如越中外家하다 時伯舅通判紹興府事라 六月二十三日에 韓夫人卒于臨安하다 是日에 公自越如臨安하다 八月에 以韓夫人之喪歸婺하다 九月二十六日에 葬韓氏于武義縣明招山하다 所生男亦夭하다 冬如越하다 是歲에 發兩浙轉運司解[2]하다

1) 韓公 : 元吉
韓元吉이다.

2) 發兩浙轉運司解*) : 第二人
〈등수는〉 第2人이다.

*) 〔역주〕 發兩浙轉運司解 : 發解는 州縣의 考試에 급제한 학생을 그 지방 관청에서 중앙 정부에 올려보내어 京師에서 과거에 응시하게 하는 것을 말한다.

1월 8일, 公이 信州에 갔다. 이때에 聘父 韓元吉이 司農寺主簿가 되어 公이 夫人과 함께 歸寧하였다.

3월 28일, 臨安에서 〈婺州로〉 돌아왔다.

4월, 부친 倉部가 從臣의 추천으로 知黃州에 差任되었다.

6월 7일, 아들 齊孫이 태어났다.

6월 12일, 倉部가 黃州의 任所에 있으므로 公이 母夫人을 모시고 越中의 外家에 갔다. 당시 伯舅(曾逢)가 通判紹興府事를 맡고 있었다.

6월 23일 韓夫人이 臨安에서 졸하였다. 이날 公이 越에서 臨安으로 갔다.

8월, 韓夫人의 상여를 婺州로 運柩하였다.

9월 26일, 韓氏를 武義縣 明招山에 장사지냈다. 韓氏 所生인 아들도 요절했다.

겨울에 越에 갔다. 이 해에 兩浙轉運司에서 發解하여 응시하였다.

孝宗 隆興元年癸未

孝宗 隆興 원년 癸未(1163, 27세)

春에 試禮部[1)]하다 四月十二日에 賜進士及第하고 改左迪功郎하다 又中博學宏詞科하다 六月七日에 特授左從政郎하고 改差南外敦宗院宗學教授[2)]하다

1) 春 試禮部 : 奏名第六人

公의 이름이 第6人으로 上奏되었다.

2) 改差南外敦宗院宗學教授 : 制詞[*1)] 勅左迪功郎新差南外敦宗院宗學教授呂某 唐之科目雖多而輕故有食餌小魚之譏 然連中者亦寡矣 此青銅錢[*2)]所繇取譽於當世也 爾兩科皆優選 宜有以旌其能資敍超升 是亦常典 可特授左從政郎差遣如故 中書舍人錢周材行

制詞 : 左迪功郎으로서 南外 敦宗院의 宗學教授에 새로 차임된 呂祖謙에게 신칙하노라. 唐나라의 科目이 비록 많으나 보잘 것 없으므로 미끼를 먹는 작은 물고기에 비유한 기롱이 있다. 그러나 연이어 급제한 사람은 또한 드므니, 青銅錢을 사용하여 당세에 명예를 취한 것과 같도다. 그대는 2번의 科試에서 모두 우수한 성적으로 선발되었으니, 의당 그 재능을 旌閭함이 있어야겠기에 순서를 뛰어넘어 資品을 올리노라. 이 또한 떳떳한 의전이니, 특별히 左從政郎에 제수하여 전례대로 차출하노라. 中書舍人 錢周材는 行한다.

*1) 〔역주〕 制詞 : 百官의 벼슬을 제수할 때 辭令狀에 적은 글이다. 임명한 관리의 재주와 덕망을 쓴 후, 어떠한 관직에 임명하겠으니 그 맡은 바 임무를 다해줄 것을 당부하는 내용을 담고 있다.

*2) 〔역주〕 青銅錢 : 시험을 볼 때마다 모두 합격했음을 비유한 말이다. 唐 高宗 때 張鷟(장작)이 시험을 볼 때마다 반드시 합격하였는데, 青銅錢은 만 번을 골라 뽑아도 규격이 서로 차이가 나지 않는다는 뜻에서, 당시 사람들이 장작의 문장을 청동전에 비유하여 그를 青錢學士라 호칭하였다.(≪新唐書≫ 〈張薦傳〉)

봄에 禮部試에 응시하였다.

4월 12일, 進士試에 응시할 자격을 하사받아 응시하여 급제하였고, 左迪功郎으로 승진하였다. 또 博學宏詞科에 합격하였다.

6월 7일, 左從政郎에 특별히 제수되었고, 南外 敦宗院의 宗學教授에 改差되었다.

隆興二年甲申

隆興 2년 甲申(1164, 28세)

四月에 **公如黃州**하다 **八月**에 **侍倉部**하야 **赴闕奏事**하다 **九月**에 **如越**하다 **十一月**에 **如浙西**하다 **閏月**에 **歸婺州**하다

4월, 公이 黃州에 갔다.
8월, 부친 倉部를 모시고 대궐에 나아가 上奏하였다.
9월, 越에 갔다.
11월, 浙西에 갔다.
閏月, 婺州로 돌아왔다.

乾道元年乙酉
乾道 원년 乙酉(1165, 29세)

八月에 **倉部之官池州**하다 **公侍母夫人**하야 **以十二月至郡**하다

8월, 부친 倉部가 〈池州守가 되어〉 池州의 임소에 나아갔다. 公이 母夫人을 모시고 12월에 郡에 도착하였다.

乾道二年丙戌
乾道 2년 丙戌(1166, 30세)

是年 年三十歲이라 **十月**에 **倉部 自池州召歸爲郎**하야 **先如臨安**하고 **公侍母夫人歸至建康**하다 **十一月一日**에 **夫人以疾終于舟中**하야 **公護喪歸婺**하다

이 해는 나이 30세이다.
10월, 부친 倉部가 池州에서 돌아오라는 부름을 받고 〈대궐에 나아가〉 郞이 되어 먼저 臨安에 갔다. 公이 母夫人을 모시고 돌아와 建康에 도착했다.
11월 1일, 母夫人이 배 안에서 병으로 생을 마쳤다. 公이 상여를 호송하여 婺州로 돌아왔다.

乾道三年丁亥
乾道 3년 丁亥(1167, 31세)

正月二十二日에 **葬夫人曾氏于明招山**하다 **倉部謁告歸**하야 **會葬**하다 **四月**에 **如臨安**하야 **省侍**하다 **五月**에 **復歸明招**하다 **冬**에 **在明招**어늘 **學子有來講習者**라

1월 22일, 母夫人 曾氏를 明招山에 장사지냈다. 부친 倉部가 알현하여 〈대궐에〉 아뢰고 돌아와 함께 모여 장례하였다.

4월, 臨安에 가서 昏定晨省의 예로 부친을 모셨다.

5월, 다시 명초산으로 돌아왔다.

겨울에 명초산에 있었는데 그곳에 사는 학생들이 〈公에게〉 와서 강학하고 익히는 자가 있었다.

乾道四年戊子

乾道 4년 戊子(1168, 32세)

秋에 **自明招歸城**하다 **於是**에 **倉部出知江州**하야 **待次**하고 **尋改知吉州**하다 **冬**에 **授業曹家巷**하고 **始有規約及左氏博議**하다 **是歲修東萊公家傳**하다

가을, 明招山에서 歸城하였다. 이때에 부친 倉部가 외직에 나가 知江州로 待次하였고, 얼마 뒤 知吉州로 改差되었다.

겨울, 曹家巷에서 학업을 敎授하고, 비로소 ≪規約≫과 ≪左氏博議≫를 저술하였다.

이 해에 ≪東萊公家傳≫을 찬수하였다.

乾道五年己丑

乾道 5년 己丑(1169, 33세)

二月에 **從吉**[1]하다 **二日**에 **如宣城省外氏**하다 **三月四日**에 **還自宣城**하다 **五月**에 **如德清**하야 **因遊靈洞**하고 **有戴衍字序**하다 **二十日**에 **親迎于韓氏**하니 **實元妃之女弟**라 **六月初六日**에 **除太學博士**하다 **待闕**[2]하다 **八月十一日**에 **歸自德清**하야 **以韓夫人廟見**하다 **二十五日**에 **改添差嚴州州學教授**하니 **以近旨中都官待次者補外故也**ㄹ새라 **二十七日**에 **如三衢**하야 **見汪公聖錫**하다 **十月七日**에 **歸自三衢**하다 **十八日**에 **之官嚴州**하다 **二十一日**에 **交事**하다 **是歲**에 **有己丑規約及謝遣初學約束**[3]하고 **又有己丑課程己丑所編**하다 **至嚴**하야 **有春秋講義**하다

1)〔역주〕從吉 : 喪服을 벗고 吉服으로 갈아입는 것을 이른다.

2) 除太學博士 待闕 : 制詞 勅左從政郎呂某 首善自京師 而教化原於太學博士員 又所以駕其說以誨諸生也 推選既重 宜擇其人 以爾讀書業文 無它耆好 由門蔭得官 而二日連中兩科 聲華籍甚 士論稱之 玆用擢爾 重席*)上庠 爲之誦說 使夫博古通經之士輩見於時則爲稱職 可特授依前左從政郎太學博士 替王信年滿闕 中書舍人胡沂行

制詞 : 左從政郎 呂祖謙에게 신칙하노라. 善을 숭상하여 다스림은 京師에서 주관하는 것이나 教化는 太學博士를 맡은 관원에 달려 있다. 또 〈太學博士의 직분은〉 그 학설을 전파하여 諸生을 교육하는 것이다. 추천하고 선발하는 것이 이미 중하니 마땅히 적임자를 가려야 하며, 그대는 학업과 문학을 익혀 다른 것을 좋아함이 없어야 한다. 門蔭으로 관직을 얻었으나 이틀에 걸쳐 연달아 두 科試에 합격하여 빛나는 명성이 자자하니 士論이 칭송한다. 이에 그대를 발탁하여 上庠의 자리에 重席하고 말해주니, 가령 옛일에 밝고 경서에 통달한 선비들이 때에 본다면 직분에 걸맞다고 할 것이다. 특별히 전례대로 左從政郎 太學博士를 제수하니, 王信의 임기가 만료되어 궐원되기를 기다렸다가 대신하라. 中書舍人 胡沂는 行한다.

*)〔역주〕重席 : 좌석에 요와 방석을 이중으로 까는 것으로, 존경함을 뜻한다.

3) 是歲 有己丑規約及諭遣初學約束 : 五月九日

5월 9일이다.

2월, 吉服으로 갈아입었다.

2월 2일, 宣城으로 가서 외조부모를 배알했다.

3월 4일, 宣城에서 돌아왔다.

5월, 德淸에 가서 인하여 靈洞에서 노닐고 〈戴衍字序〉를 지었다.

5월 20일, 韓氏(韓嫘)를 親迎하니, 사실 첫째 부인의 여동생이다.

6월 6일, 太學博士에 제수되어 闕員이 있기를 기다렸다.

8월 11일, 德淸에서 돌아와 韓夫人과 함께 사당에 알현하였다.

8월 25일, 嚴州의 州學教授로 개차되었는데, 이는 최근의 詔書에 의하면 中都官에 待次하고 있는 자는 으레 외직에 보임되어야 했기 때문이다.

8월 27일, 三衢에 가서 聖錫 汪公(汪應辰)을 알현하였다.

10월 17일, 三衢에서 돌아왔다.

10월 18일, 嚴州의 任所에 나아갔다.

10월 21일, 任所의 사무를 처리했다.

이 해에 ≪己丑規約≫과 ≪諭遣初學約束≫을 저술하고 또 ≪己丑課程≫과 ≪己丑所

編≫을 저술하였다. 嚴州에 도착하여 ≪春秋講義≫를 저술하였다.

乾道六年庚寅

乾道 6년 庚寅(1170, 34세)

廣漢張公[1)]爲守하다 公有爲張公作乞免丁錢奏狀及謝表하다 又編次閫範이어늘 張公爲之序하다 五月初七日에 除太學博士[2)]하다 閏五月四日에 公自嚴陵歸婺하다 八日에 會諸生于麗澤하니 有規矩七事하다 九日에 復還嚴陵이라가 遂如臨安하다 是月倉部之官吉州하다 十二月十九日에 兼國史院編修官 實錄院檢討官하다 公之召也에 張公亦自嚴陵召歸爲郞兼講官하야 與公同巷居하다 吳興芮公煜爲國子司業하야 與公共修學政[3)]하다 是歲에 有輪對箚子及太學策問하고 及爲門人定喪葬禮하다

1) 張公：栻

張栻이다.

2) 除太學博士：制詞 勑左從政郎呂某 朕追懷故老 慨想遺風 惟累葉之相門 有一時之才子 爾學優多士 名擢兩科 準易草經 獨守揚雄之志 下惟授業 共尊董相之風 玆召自於泮宮 俾入躋於學省 以慰諸儒之望 庶幾師道之明 尙副予知 益推所學 可特授依前左從政郎太學博士 權中書舍人王秬行

制詞：左從政郎 呂祖謙에게 신칙하노라. 朕은 예전의 노성한 신하를 추억하고 그들이 남긴 풍속을 쓸쓸히 그리워하노니, 여러 대에 걸친 재상의 가문을 생각하여 한 시대를 끌고 갈 인재를 두고자 한다. 그대는 배움이 넉넉한 훌륭한 선비로 두 과거시험에 발탁된 명예가 있다. ≪易經≫을 표준으로 起草한 것은 홀로 揚雄의 뜻을 준수한 것이고, 아래로 학업을 전수할 것을 생각한 것은 董仲舒의 기풍을 존숭한 것이다. 이에 泮宮(學宮)으로 불러, 〈그대로 하여금〉 들어와 太學〔學省〕의 일을 맡게 하여 여러 학자들의 기대를 위로하니, 거의 師道가 밝아지는 데 가까울 것이다. 이는 내가 인재를 알아보는 심정에 부응하는 것이니 더욱 학문의 길을 추진하라. 특별히 전례대로 左從政郎 太學博士에 제수하노라. 權中書舍人 王秬는 行한다.

3) 吳興芮公煜爲國子司業 與公共修學政：明年春 芮公爲祭酒 劉公焞爲司栻業

이듬해 봄, 芮煜은 祭酒가 되고 劉焞은 司栻業이 되었다.

廣漢의 張公(張栻)이 태수가 되었다. 공이 張公을 위하여 〈乞免丁錢奏狀〉과 〈謝表〉를 지었다. 또 ≪閫範≫을 편차했는데 張公이 이 책의 서문을 지었다.

5월 7일, 太學博士에 제수되었다.

윤 5월 4일, 公이 嚴陵(嚴州)에서 婺州로 돌아왔다.

윤 5월 8일, 諸生이 麗澤에 모이니 〈規矩七事〉를 지었다.

윤 5월 9일, 다시 嚴陵으로 돌아왔다가 마침내 臨安에 갔다.

이달에 부친 倉部가 吉州의 임소로 갔다.

12월 19일, 兼國史院編修官 實錄院檢討官이 되었다. 公이 조정의 부름을 받았는데 張公도 부름을 받고 嚴陵에서 돌아와 郎兼講官이 되어 公과 같은 구역에 거처하였다. 吳興의 芮煜이 國子司業이 되어 公과 함께 學政을 정비하였다.

이 해에 〈輪對箚子〉와 〈太學策問〉을 지었고, 門人을 위하여 ≪喪葬禮≫를 정리하였다.

乾道七年辛卯

乾道 7년 辛卯(1171, 35세)

四月二十二日에 **螺女生**하다 **五月十三日**에 **韓夫人卒**하다 **六月**에 **請告歸婺**하야 **十七日**에 **葬韓氏于明招**하다 **是月倉部自吉州奉祠**하다 **七月六日**에 **公如龍游迓倉部**하다 **八日**에 **侍倉部歸婺**하다 **與宰相書請祠侍親**이나 **不許**하다 **是月二十四日**에 **以通歷任四考**하야 **改左宣教郎**하고 **召試館職**하다 **九月十六日**에 **除祕書省正字**한대 **兼職如故**[1]라 **是歲**에 **祭酒芮公・太史劉公**[2]**・詹事王公**[3]이 **皆卒**하다 **公有祭芮祭酒文**과 **王詹事挽章及爲宰臣虞允文恭書御書崔實政論下方**하고 **又有李粹伯侍御母挽章**하다

1) 除祕書省正字 兼職如故：制詞 勅左宣教郎呂某等 冊府地秘職清 英俊之林 卿相之儲也 博采時名 復試焉而後授 選任如此 不已精乎 爾某連中儒科 有窺古之學 爾戡世濟名德 有康時之心 其往觀 未見之書 沈浸涵泳 以就遠器 朕將收其用焉 可依前件 中書舍人趙雄行

制詞：左宣教郎 呂祖謙 등에게 신칙하노라. 冊府(帝王의 전적을 보관하는 곳)는 장소가 깊숙한 곳에 있고 〈관리자의〉 직분이 청렴하니, 英俊이 모인 곳이며 卿相이 될 인재를 기르는 곳이다. 그리하여 당시에 이름난 재목을 널리 채용하여 다시 시험해본 뒤에 제수한다. 선발하여 맡기는 절차가 이와 같으니 매우 정밀하지 아니한가. 그대는 儒科에 연이어 합격하여 옛 것을 잘 살피는 학문을 지녔고, 또 그대는 세상에 이름난 덕을 이루어 시대를 강령하게 할 수 있는 심성을 지녔도다. 〈冊府에〉 가서 아직 보지 못했던 서적을 잘 관찰하라. 푹 잠기고 머금어서 원대한 국량을 기르면 짐이 장차 거두어 쓸 것이다. 전례대로 제수한다. 中書舍人 趙雄은 行한다.

2) 太史劉公：夙

劉夙(1124~1171)이다.

3) 詹事王公 : 十朋

王十朋이다.

4월 22일, 再娶 韓嫘가 딸을 낳았다.

5월 13일, 韓夫人이 졸하였다.

6월, 휴가를 청하여 婺州로 돌아와 17일에 韓氏를 明招山에 장사지냈다.

이달 부친 倉部가 吉州에서 奉祠하였다.

7월 6일, 公이 龍游로 가서 부친 倉部를 마중하였다.

7월 8일, 倉部를 모시고 婺州로 돌아왔다. 宰相에게 편지를 올려 奉祠와 侍親을 청했으나, 허락하지 않았다.

이달 24일, 네 번 考課를 통과하여 左宣教郞에 개차되었고, 召試로 館閣의 직분을 맡았다.

9월 16일, 祕書省 正字를 제수받았는데 兼職은 바뀌지 않았다.

이 해에 祭酒 芮煜, 太史 劉夙, 詹事 王十朋이 모두 卒하였다. 公이 〈祭芮祭酒文〉, 〈王詹事挽章〉, 〈爲宰臣虞允文恭書御書崔實政論下方〉을 짓고, 또 〈李粹伯侍御母挽章〉을 지었다.

乾道八年壬辰

乾道 8년 壬辰(1172, 36세)

春에 爲省試考官하야 在試院할새 聞倉部屬疾하고 請告歸婺하다 二月四日에 丁憂하다 復修喪葬禮定祭禮하다 十一月三日에 葬倉部于明招山하다 是歲에 螺女亦夭하다

봄에 省試考官이 되어 試院에 있을 때, 부친 倉部가 병환이 났다는 소식을 듣고 휴가를 청하여 婺州로 돌아왔다.

2월 4일, 부친상을 당했다. 다시 ≪喪葬禮≫를 다듬고, ≪祭禮≫를 정리하였다.

11월 3일, 부친 倉部를 明招山에 장사지냈다.

이 해에 再娶 韓嫘 소생의 딸도 요절하였다.

乾道九年癸巳

乾道 9년 癸巳(1173, 37세)

是歲에 **諸生復集**하야 **講尙書**하다 **有癸巳手筆**하다 **七月**에 **薛常州**[1]**卒**하다 **八月**에 **劉子澄及陸子壽來**하다 **十月**에 **陸子壽復來**하니 **公與同觀實錄**하고 **有實錄節**하다

1) 薛常州：季宣

薛季宣이다.

이 해에 제생들이 다시 모여 ≪尙書≫를 강학했다. 〈癸巳手筆〉을 지었다.

7월, 常州 薛季宣이 卒하였다.

8월, 子澄 劉淸之와 子壽 陸九齡(1132~1180)이 來訪했다.

10월에 子壽 陸九齡이 다시 내방하니 公이 그와 함께 ≪實錄≫을 보고, ≪實錄節≫을 지었다.

淳熙元年甲午

淳熙 원년 甲午(1174, 38세)

正月에 **以韓尙書**[1]**守婺**로 **散遣諸生**하니 **始編讀詩記**하다 **閱春秋左氏傳**하고 **有摽抹本**하다 **劉子澄來**하다 **三月**에 **如明招**하다 **四月**에 **從吉**하다 **五月十三日**에 **如三衢**하다 **二十六日**에 **陸子靜自臨安來**하다 **六月一日**에 **歸自三衢**하다 **是月二十三日**에 **主管台州崇道觀**하다 **八月二十八日**에 **如越**할새 **潘叔度偕行**하다 **九月二十七日**에 **歸自越**하야 **有入越錄**하다 **十二月**에 **過烏石**하다 **是歲魏元履卒**하니 **有挽章**하고 **又有哭芮祭酒十詩**와 **薛常州墓誌**와 **喬德瞻墓誌及左氏手記**하다

1) 韓尙書：元吉

韓元吉이다.

1월, 尙書 韓元吉이 婺州의 태수로서 〈讀書를 위해〉 제생을 흩어서 다른 곳으로 보내니, 비로소 ≪讀詩記≫를 편찬하였다. ≪春秋左氏傳≫을 열람하고 抹本을 표시하였다. 子澄 劉淸之가 來訪하였다.

3월, 明招山에 갔다.

4월, 吉服으로 갈아 입었다.

5월 13일, 三衢에 갔다.

5월 26일, 子靜 陸九淵이 臨安에서 내방하였다.

6월 1일, 三衢에서 돌아왔다.

6월 23일, 台州의 崇道觀을 주관하였다.

8월 28일, 潘叔度와 함께 越에 갔다.

9월 27일, 越에서 돌아와 ≪入越錄≫을 지었다.

12월, 烏石을 방문했다.

이 해에 魏元履가 卒하니 〈挽章〉을 지었다. 또 〈哭芮祭酒十詩〉, 〈薛常州墓誌〉, 〈喬德瞻墓誌〉 및 ≪左氏手記≫를 지었다.

淳熙二年乙未

淳熙 2년 乙未(1175, 39세)

春에 **在明招**하다 **四月二十一日**에 **如武夷**하야 **訪朱編修元晦**어늘 **潘叔昌從**하다 **留月餘**에 **同觀關洛書**하고 **輯近思錄**하다 **朱編修**가 **送公于信州鵞湖**한대 **陸子壽・子靜・劉子澄**과 **及江浙諸友皆會**하다 **留止旬日**에 **歸至三衢**하고 **又留旬日迺歸**하야 **有入閩錄**하다 **七月**에 **自明招如武義之上㭬**하야 **會葬**하다 **因遊劉氏山園**하고 **有綠映亭諸詩**하다 **八月一日**에 **復歸明招**하야 **閱通鑑**하고 **有摽抹本**하다 **學子多來講習者**라 **閏九月五日**에 **還城**하다 **是歲**에 **有乙未手筆**하다 **十二月十九日**에 **端明汪公卒**하다

봄에 明招山에 있었다.

4월 21일, 武夷에 가서 編修 元晦 朱熹(1130~1200)를 방문했는데 潘叔昌이 따라왔다. 한 달 남짓 머물면서 함께 關中의 張載와 洛陽의 二程(程顥, 程頤)의 저작을 보고 ≪近思錄≫을 편집했다. 編修 朱熹가 公을 信州의 鵞湖寺에서 전송했는데, 〈그 자리에〉 子壽 陸九齡, 子靜 陸九淵, 子澄 劉淸之와 江蘇省, 浙江省의 여러 벗들이 함께 모였다. 열흘 동안 머문 뒤, 돌아오는 길에 三衢에 이르렀다. 그곳에서 열흘을 머문 뒤에야 〈婺州로〉 돌아와 ≪入閩錄≫을 지었다.

7월, 明招山에서 武義의 上㭬으로 가서 모여 장사지냈다. 인하여 劉氏의 山園에서 노닐고 〈綠映亭〉 등 여러 시를 지었다.

8월 1일, 다시 명초산에서 돌아와 ≪通鑑≫을 열람하고 抹本을 표시하였다. 강습하

러 온 학생들이 많았다.

윤 9월 5일, 歸城하였다.

이 해에 〈乙未手筆〉을 지었다.

12월 19일, 端明殿學士를 지낸 汪應辰이 졸하였다.

淳熙三年丙申

淳熙 3년 丙申(1176, 40세)

是年 年四十歲이라 **正月十二日**에 **如三衢**하야 **哭汪公**하고 **有祭文**하다 **十八日**에 **歸自三衢**하다 **是月二十五日**에 **磨勘**[1)]하야 **轉奉議郎**하다 **三月二十三日**에 **女華年歸于潘景良**하다 **二十八日**에 **往會朱編修于三衢**하다 **四月十日**에 **歸自三衢**하다 **七月十日**에 **遷塾于右司宅**하고 **復編讀詩記**하다 **八月十七日**에 **遊靈洞**하다 **九月十九日**에 **遊赤松**하다 **十月一日**에 **如越**하다 **二十六日**에 **由明招歸**하다 **是日除祕書省祕書郎 兼國史院編修官 實錄院檢討官**하야 **以重修徽宗皇帝實錄**하다 **用禮部侍郎 兼同修國史實錄院**으로 **同修撰李燾之薦也**[2)]하다 **十月二十九日**에 **如臨安**하다 **十一月五日**에 **供職**하다 **是歲有林安之邢邦用墓誌**하다

1)〔역주〕磨勘 : 唐宋 시대에 관원의 근무 성적을 考課하여 승진시키거나 강등시키던 제도이다. 宋나라 范仲淹이 저술한 〈答手詔條陳十事〉에 "지금 문관의 품계는 3년에 한 번 승진하고 무관의 직책은 5년에 한 번 승진하는데, 이를 磨勘이라고 한다."라고 하였다.

2) 兼同修國史實錄院 同修撰李燾之薦也 : 制詞 勅奉議郎呂某 士君子之所履 觀易之履盡矣 安素分而守正 館閣儲才 所期在此 以爾守有宮庭 學有榘矱 醇靜樸茂 亦聞于時 爲郎司編 仍贊筆削 必有可觀 更思履道 當知制行之爲難 養名之不易(이)也 可特授依前奉議郎祕書省祕書郎兼國史院編修官實錄院檢討官 權中書舍人陳騤行

制詞 : 奉議郎 呂祖謙에게 신칙하노라. 士君子가 履行해야 할 것은 ≪周易≫의 履卦를 보면 다 알 수 있다. 현재의 분수에 편안하고 바름을 지켜야 하니 館閣에서 재주를 지닌 자에게 기대하는 것이 이 점에 있다. 그대는 행실엔 宮庭의 예가 있고 학문엔 법도가 있어서 순정하고 고요하며 질박하고 후중하여 또한 한 시대에 이름이 났도다. 奉議郎으로 ≪實錄≫의 편찬을 맡아 筆削을 贊翼하니 반드시 볼 만한 결과가 있도다. 다시 道를 이행할 것을 생각함에 마땅히 행실을 제어함이 어렵고, 명예를 얻는 것이 쉽지 않음을 알아야 할 것이다. 특별히 전례대로 奉議郎 祕書省 祕書郎 兼國史院編修官 實錄院檢討官에 제수하노라. 權中書舍

人 陳騤는 行한다.

이 해는 나이 40세이다.

1월 12일, 三衢에 가서 汪應辰의 영전에 곡하고 祭文을 지었다.

1월 18일, 三衢에서 돌아왔다.

이달 25일, 磨勘하여 奉議郞으로 陞轉하였다.

3월 23일, 딸 華年이 潘景良에게 시집갔다.

3월 28일, 編修 朱熹를 三衢에 가서 만났다.

4월 10일, 三衢에서 돌아왔다.

7월 10일, 右司宅으로 書塾을 옮기고, 다시 ≪讀詩記≫를 편찬했다.

8월 17일, 靈洞에서 노닐었다.

9월 19일, 赤松에서 노닐었다.

10월 1일, 越에 갔다.

10월 26일, 明招山에서 돌아왔다. 이날 祕書省祕書郞 兼國史院編修官 實錄院檢討官에 제수되어 ≪徽宗皇帝實錄≫를 重修했다. 同修撰 李燾(1115~1184)의 추천으로 禮部侍郎 兼同修國史實錄院에 등용되었다.

10월 29일, 臨安에 갔다.

11월 5일, 〈臨安에서〉 직무를 맡아보았다.

이 해에 林安의 邦用 邢世材(1140~1176)를 위하여 〈墓誌〉를 지었다.

淳熙四年丁酉

淳熙 4년 丁酉(1177, 41세)

三月九日에 實錄院進徽宗皇帝實錄二百卷하다 四月二十九日에 以與修實錄有勞라하야 轉承議郞하다 罷檢討하고 仍兼史職[1)]하다 十一月二日에 娶芮氏 故國子祭酒煜之季女하다 九日에 被旨하고 校正聖宋文海하다 公請一就刪次하고 斷自中興以前하다 十六日에 有旨從之하다 是歲有輪對箚子二首하다 林先生少穎卒하니 有祭文[2)]하다

1) 以與修實錄有勞……仍兼史職：制詞 奉議郞 祕書省祕書郞 兼國史院編修官 實錄院檢討官呂某右可特授承議郞 試祕書省祕書郞 兼國史院編修官 勑奉議郞 守祕書省著作郞 兼國史院編修官 實錄院檢討官 兼權司封郞官傳伯壽等 昔唐開元實錄厄於興慶[*)] 殆無存者 其後搜得一二 雖相繼有

以家藏來上 亦豈無遺事邪 惟我徽祖臨御寓內二十有六載 禮樂庶事 罔不備具 記注所載 中更散逸 故紹興間裒集成書 尙多闊略 朕下明詔 復加纂修 爾等皆以奧學良才 博聞强識 續業其間 豈特文直事核 而比舊增多百卷 斯亦勤矣 恭閱奏篇 爲之歎嘉 咸進文階 以示褒勸 可依前件 權中書舍人 劉孝韙行

制詞 : 奉議郎 祕書省祕書郎 兼國史院編修官 實錄院檢討官 呂祖謙, 위 사람을 특별히 承議郎 試祕書省祕書郎 兼國史院編修官에 제수하고, 奉議郎 守祕書省著作郎 兼國史院編修官 實錄院檢討官 兼權司封郎官 傅伯壽 등에게 신칙하노라. 예전에 唐나라의 ≪開元實錄≫이 興慶宮에서 곤액을 당하여 거의 보존된 것이 없었는데, 그 뒤에 한두 가지를 수집하니 비록 家藏은 이을 수 있었으나 또한 어찌 누락된 일이 없겠는가? 생각건대 우리 徽宗皇帝께서 대내에 임하여 다스리신지 26년에 禮樂 및 여러 일들이 두루 갖추어지지 않은 것이 없었는데, 記注官이 기록한 것이 중간에 흩어져 없어졌다. 그러므로 紹興 연간에 다시 수집하여 서책을 완성했으나 여전히 성글고 소략한 것이 많아, 朕이 밝은 조서를 내려 다시 纂修할 것을 명하였다. 그대들은 모두 학문의 경지가 심오한 훌륭한 인재로, 견문이 넓고 식견을 갖춤이 뛰어났으면서도 그간에 학업을 계속하였으니, 어찌 다만 그 글이 정직하고 그 일이 사실 그대로인 것〈만을 칭찬하겠는가.〉 예전에 비해 책수가 100권이나 더 증가했으니 이 또한 매우 부지런한 것이로다. 상주한 篇章을 공경히 열람하고 감탄하여 가상히 여기노니, 모두 문신의 품계를 올려 포상과 권면의 뜻을 보이노라. 전례대로 제수하노라. 權中書舍人 劉孝韙는 行한다.

*) 〔역주〕 興慶 : 唐나라 興慶宮을 지칭한다. 安史의 난 이후 태자였던 肅宗이 즉위하고, 玄宗은 太上皇이 되어 실권을 잃은 채 흥경궁에 거처하였다. 玄宗이 자주 長慶樓에 올랐는데, 父老들이 그 앞을 지나다가 우러러보고 만세를 부르니, 환관 李輔國과 張后는 肅宗에게 불리하다고 생각하였다. 이에 肅宗을 종용해서 태상황인 玄宗을 대내로 옮기고 상황의 심복인 高力士를 巫州로 귀양 보내는 등 玄宗의 측근을 제거하도록 했다. 玄宗은 이 때문에 辟穀하다가 병들어 세상을 떠났다.(≪新唐書≫ 〈肅宗皇帝本紀〉, ≪資治通鑑≫ 〈唐紀 38〉)

2) 祭文 : 作文在明年夏

이듬해 여름에 祭文을 지었다.

3월 9일, 實錄院에서 ≪徽宗皇帝實錄≫ 200권을 올렸다.

4월 29일, ≪實錄≫의 撰修에 참여한 공로가 많다 하여 承議郎에 陞轉하였다. 檢討는 파직하고, 兼史職은 그대로 맡았다.

11월 2일, 故 國子祭酒 芮煜의 막내딸인 芮氏에게 장가 들었다.

11월 9일, 조서를 받고 ≪聖宋文海≫를 교정하였다. 公이 刪次를 살펴보고 이를 수정하여 中興 이전부터 편성할 것을 주청하였다.

11월 16일, 〈편차 수정을 윤허한다는〉 조서를 받았다. 이 해에 〈輪對箚子〉 2首를 지었다. 少穎 林先生이 卒하니, 〈그를 위하여〉 ≪祭文≫을 지었다.

淳熙五年戊戌

淳熙 5년 戊戌(1178, 42세)

春에 **爲殿試考官**하다 **三月十三日**에 **磨勘**하야 **轉朝奉郞**하다 **四月二十三日**에 **除著作佐郞 兼史職**[1]하다 **六月十三日**에 **兼權禮部郞官**으로 **以與修中興館閣書目**하다 **書成進御**하니 **減二年磨勘**하다 **九月三日**에 **車駕幸祕書省觀賜宴**하다 **翌日**에 **內出近體詩一首賜群臣**[2]하니 **丞相以下皆進詩**하다 **公進和篇一首**와 **及代宰臣恭書御製下方**하고 **又代宰臣作謝表**하다 **二十七日**에 **以幸省恩**으로 **轉朝散郞**[3]하다

1) 除著作佐郞 兼史職 : 制詞 朝奉郞 行祕書省祕書郞 兼國史院編修官 呂某 右可特授依前朝奉郞 行祕書省 著作佐郞 兼國史院編修官 勅承事郞 試祕書省著作佐郞 兼國史院編修官 兼權太子侍講鄭鑑等 中祕[*1]圖書之府 承明[*2]著作之廷 爲郞其間 厥選惟重 以爾鑑有志於世 持論不阿 爾某積學於身 信道甚篤 靜重而敏於事 若晉臣西蜀之英 諒直而濟以文 若泌者三吳之秀 或褒序於在位 或簡擢於它官 持載筆之三長 典異書之四部 惟玆成命 旣叶於公言 副我虛懷 更恢於遠業 可依前件 權中書舍人劉孝韙行

制詞 : 朝奉郞 行祕書省祕書郞 兼國史院編修官 呂祖謙, 위 사람을 특별히 전례대로 朝奉郞 行祕書省 著作佐郞 兼國史院編修官에 제수하고, 承事郞 試祕書省著作佐郞 兼國史院編修官 兼權太子侍講 鄭鑑 등에게 신칙하노라. 中祕는 황궁의 도서를 관장하는 관부이고, 承明은 著作이 근무하는 공간이다. 郞은 그 사이에서 일하니 그를 선발함은 매우 중요하다. 그대의 睿鑑은 세상을 교화하는 데 뜻을 두어 논지를 지키고 아부하지 않으며, 그대는 몸에 학문이 쌓여 道를 믿음이 매우 돈독하다. 고요하고 중후하면서 일에 민첩한 것은 마치 晉臣이 西蜀의 영웅인 듯하고, 진실하고 정직하여 문장을 이룸은 마치 泌者가 三吳에서 우수한 것과 같다. 혹은 높은 자리에 차서대로 포상하고 혹은 다른 관직에 발탁함은 〈그대가〉 史官의 세 가지 장점(재주・학문・식견)을 지니고 있고 四部의 방대한 서적을 전범으로 하고 있어, 이에 命을 내리면 이미 公言에 들어맞고 허심탄회한 나의 생각에 부응하여 다시 원대한 기업을 회복할 수 있기 때문이다. 전례대로 제수하노라. 權中書舍人 劉孝韙은 行한다.

*1) 〔역주〕 中祕 : 황궁의 도서들을 보관하고 관장하는 곳이다.

*2) 〔역주〕 承明 : 漢나라 때 임금의 寢所인 承明殿 곁에 있던 承明廬로, 侍臣들이 直宿하던 곳인데, 여기서는 館閣을 이르는 말이다.

2) 內出近體詩一首賜群臣：比以秋日臨幸祕書省 因成近體詩一首 賜丞相史浩以下 玉軸牙籤*1)煥寶章 簪紳列侍映秋光 宴開芸閣儒風盛 坐對蓬山逸興長 稽古右文慙菲德 禮賢下士法前王 欲臻至治觀熙洽*2) 更罄嘉猷爲贊襄*3)

요사이 가을이라 하여 祕書省에 거둥하시고, 인하여 近體詩 1首를 지어 丞相 史浩 이하에게 하사하였다.

玉軸과 牙籤은 寶章閣에서 빛나고, 고관과 낭관들은 가을빛에 반짝이네. 芸閣에서 잔치 여니 학자들의 풍모가 훌륭하고, 앉아서 蓬山을 대하니 길이 흥취가 이네. 옛날을 연구한 훌륭한 문장에 얇은 재주 부끄럽고, 賢人을 예우하는 낮은 선비는 先王을 본받았네. 至治를 다하고자 하니 광명과 화합이 겹침을 보겠고, 다시 嘉猷를 다하고자 하니 신하가 돕고 돕는 다네.

*1) 〔역주〕 玉軸牙籤：玉軸은 옥으로 만든 卷軸이고, 牙籤은 상아로 만든 찌이다. 즉 좋은 장정이 입혀진 서책을 뜻한다.

*2) 〔역주〕 熙洽：重熙景洽의 줄임말이다. 광명과 화합을 겹친다는 뜻으로, 대대로 현명한 임금이 나와 태평성대를 이어간다는 말이다.

*3) 〔역주〕 贊襄：신하가 임금을 돕고 보좌하여 治積을 이룬다는 뜻이다. '贊'은 輔佐, '襄'은 成就의 뜻이니, ≪書經≫ 〈皐陶謨〉의 "贊贊襄哉"에서 나온 말이다.

3) 以幸省恩 轉朝散郎：制詞 朝奉郎 行祕書省著作佐郎 兼國史院編修官 兼權禮部郎官 呂某 右可特授朝散郎 依前行祕書省著作佐郎 兼國史院編修官 兼權禮部郎官 勅承議郎 祕書丞 兼權吏部郎官 黃洽等 列職圖書之府 參聯史氏之官 皆極一時之選 儲爲異日之用也 朕仰遵太上皇帝之睿謨 擧行紹興甲子之縟典 載臨祕閣 欽閱寶儲 延見群士 賜宴賦詩 以侈榮寵 居官其間 進秩一等 稽之彝章 允爲異數 朕之所以稽古右文 禮賢下士之意 于此見矣 爾其精白一心 圖厥報稱 以永有辭 可依前件 權中書舍人鄭丙行

制詞：朝奉郎 行祕書省著作佐郎 兼國史院編修官 兼權禮部郎官 呂祖謙, 위 사람을 특별히 전례대로 朝散郎 行祕書省著作佐郎 兼國史院編修官 兼權禮部郎官에 제수하고, 承議郎 祕書丞 兼權吏部郎官 黃洽 등에게 신칙하노라. 圖書를 관장하는 관부에서 나란히 직무를 맡고 史官의 소임에 참여하게 한 것은, 모두 한 시대의 인재 선발을 지극히 하여 훗날의 쓰임에 대비하려는 것이다. 朕이 太上皇帝의 睿謨를 準奉하여 紹興 연간 甲子年(1144)의 성대한 禮典을 거행하노라. 이에 祕閣에 임하여 寶儲를 공경히 열람하고, 여러 선비들을 맞이하여 잔치를 하사하고 詩를 지어서 영광스런 총애를 전하노라. 祕閣에서 관직을 맡고 있는 이들에게 1등급의 품계를 올려줄 것이니, 법전을 상고하여 진실로 특별히 대우하라. 朕이 옛것을 살피고 文을 숭상하여 현인을 예우하고 선비에게 몸을 낮추는 뜻을 여기에 나타내노라. 그대들은 정밀하고 밝게 한결같은 마음으로 보답하고 부응할 것을 도모하여, 길이 찬사가 있게 하라. 전례대로 제수하노라. 權中書舍人 鄭丙은 行한다.

봄, 殿試考官이 되었다.

3월 13일, 磨勘하여 朝奉郎으로 陞轉하였다.

4월 23일, 著作佐郎 兼史職에 제수되었다.

6월 13일, 兼權禮部郎官으로 ≪中興館閣書目≫의 찬수에 참여하였다. 서적이 완성되어 진헌하였는데, 〈그 공로로〉 2년 동안 磨勘을 감면받았다.

9월 3일, 車駕가 祕書省에 거둥하여 서적을 관람하고, 주연을 하사하였다. 다음날, 황제가 近體詩 1首를 內出하여 群臣들에게 하사했다. 丞相 이하 관원이 모두 詩을 지어 올렸다. 公은 〈和篇〉 1수와 〈代宰臣恭書御製下方〉을 짓고, 또 〈代宰臣作謝表〉를 지었다.

9월 27일, 以幸省恩 朝散郎으로 陞轉하였다.

十月十七日에 **除著作郎**하다 **兼職如故**[1)]라 **十二月十四夜**에 **感末疾**로 **給假**하야 **半月將治**하다 **是歲**에 **朱祕書元晦起知南康軍**하다

1) 除著作郎 兼職如故 : 制詞 朝散郎 行祕書省著作佐郎 兼國史院編修官 兼權禮部郎官呂某 右可特授依前朝散郎 祕書省著作郎 兼國史院編修官 兼權禮部郎官 勅具官[*)]呂某等 朕間隆興以來著記近稱整齊 尙慮未盡直筆 建炎以後祕藏 近成輯錄 尙慮不無逸編 士之相語於朝 咸謂爾某爾必爾价者粹美有蘊 淵源有學 正而不矯 通而不流 有用之器也 朕聞之亦喜焉 或以次遷 或自它擢 各修乃職 尙何慮哉 朕一朝而除館閣之士三 其在大雅曰 藹藹王多吉士 乃今見之 咸副所望 可依前件 中書舍人陳騤行

制詞 : 朝散郎 行祕書省著作佐郎 兼國史院編修官 兼權禮部郎官 呂祖謙, 위 사람을 특별히 전례대로 朝散郎 祕書省著作郎 兼國史院編修官 兼權禮部郎官에 제수하고, 具官 呂祖謙 等에게 신칙하노라. 朕이 들으니, 隆興 연간 이후의 著記는 거의 整齊되었다고 하나 오히려 直筆을 다하지 못했을까 염려되고, 建炎 연간 이후의 祕藏은 거의 輯錄을 이루었다고 하나 오히려 누락한 文編이 있을까 염려된다고 한다. 조정에서 사대부들이 서로 말하기를 "그대들 呂祖謙, 必, 价는 순수하고 아름다움이 온축되었고 학문에 연원이 있어, 바르면서 가식이 없고 통하면서 간사함으로 흐르지 않으니 쓸모 있는 인재이다."라고들 한다. 朕이 이 말을 듣고 또한 기뻐하여 혹은 陞差하고 혹은 발탁하여 각각 직무를 맡게 하니 오히려 무슨 염려가 있겠는가? 朕이 하루아침에 館閣에 근무할 벼슬아치 3인을 제수하니, ≪詩經≫ 〈大雅〉에서 "주렁주렁 王에게 吉士가 많도다."라고 한 상황을 곧 지금 보는듯하다. 모두 기대에 부응하라. 전례대로 제수하노라. 中書舍人 陳騤는 行한다.

*) 〔역주〕 具官 : 官爵을 써야 할 경우에 생략하고서 대신 쓰는 말이다. 본래 官吏의 인원수를 채워 갖춘다는 뜻인데, 唐宋 시대 이후로는 문장을 지을 때 구체적인 職名을 쓰는 것을 생략

하고, 단지 具官이라고 쓰는 예가 생겨났다.

10월 17일, 著作郎에 제수되었다. 兼職은 바뀌지 않았다.

12월 14일 밤, 末疾에 걸려 휴가를 받아 보름 정도 치료하였다.

이 해에 祕書 朱元晦(朱熹)가 知南康軍의 직무를 맡기 시작하였다.

淳熙六年己亥

淳熙 6년 己亥(1179, 43세)

公自歲前感疾請祠하다 **正月十一日**에 **詔與州郡差遣**하다 **十六日**에 **又詔與添差參議官差遣**하니 **免謝辭**하다 **二十四日**에 **樞密使王淮宣旨**[1]하야 **問所編文海次第**하다 **公遂以其書繳申**[2]**三省以進**하다 **二月三日**에 **得旨 呂某編類文海**는 **採摭精詳**하니 **與除直祕閣**이라하다 **四日**에 **又遣中使李裕文**하야 **宣賜銀絹三百疋兩**하니 **公具表謝**하고 **且辭免除職**하다 **時中書舍人陳騤**가 **繳公直閣之命**하야 **以爲推賞太優**하니 **尋奉聖旨**에 **館閣之職**은 **文史爲先**이라 **今所編次**는 **採取精詳**하야 **觀其用意**하니 **有益治道**라 **故以寵之**하니 **可卽命詞**[3]하라 **公辭免職名至再**나 **竟不允**하다 **乃拜命**하야 **所進文海**하니 **賜名皇朝文鑑**하고 **命翰林學士周必大爲之序**하다

1) 〔역주〕 宣旨 : 황제의 명령, 혹은 황제의 명령을 선포하는 것을 이른다.

2) 〔역주〕 繳申 : 관아에 제출하는 서류에, 관계되는 서류를 덧붙여 보고하는 것이다.

3) 故以寵之 可卽命詞 : 制詞 勅朝散郎呂某 館閣之職 文史爲先 以爾編類文海 用意甚深 採摭精詳 有益治道 寓直中祕 酬寵良多 爾當知恩之有自 省行之不誣 用竭報焉 人斯無議 可特授依前朝散郎直祕閣 中書舍人陳騤行 騤旣繳駁不行 故假王言以寓誣詆云

制詞 : 朝散郎 呂祖謙에게 신칙하노라. 館閣의 직임에는 문학과 사학의 지식을 우선으로 삼는데, 그대가 분류별로 편찬한 ≪聖宋文海≫는 용의주도하여 채취한 것이 정밀하고 상세하니 治道에 유익하므로 中祕에 寓直하게 하여, 보답하고 총애하기를 진실로 성대하게 하노라. 그대는 마땅히 은혜가 내려진 연유를 알고 왕명이 시행됨은 무고해서는 안 됨을 살펴서, 힘을 다해 보답하여 이에 대해 의론하는 이들이 없게 하라. 특별히 전례대로 朝散郎 直祕閣을 제수한다. 中書舍人 陳騤는 行한다.

陳騤가 이미 〈呂祖謙의 임명이 부당함을〉 논박하여 繳還(皇命을 받들지 않고 반려함)하였으나 실행되지 않았으므로, 王이 내린 批旨를 빌려서 誣告하여 비난하였음을 부친 것이다.

公이 작년부터 걸린 병이 낫지 않아 奉祠를 청하였다.

1월 11일, 조서를 내려 州郡의 差遣을 윤허하였다.

1월 16일, 또 조서를 내려 參議官差遣의 차임을 윤허하니, 사직을 면하였다.

1월 24일, 樞密使 王淮에게 宣旨하여 편찬할 ≪聖宋文海≫의 차서를 下問하였다. 公은 마침내 서면으로 繳申하여 三省에 올렸다.

2월 3일, 조서를 내려 "여조겸이 분류별로 편찬한 ≪聖宋文海≫는 채록한 것이 정밀하고 자세하니 그에게 直祕閣을 제수한다" 라고 하였다.

2월 4일, 또 中使 李裕文을 파견하여 銀 300필과 비단 300냥을 하사하였다. 公이 표문을 갖추어 사례를 올리고, 또 제수받은 직책을 사면해줄 것을 청하였다. 당시 中書舍人 陳騤가 公을 直祕閣에 〈제수하여 포상주고 칭찬한〉 王命에 대해 논박하니, 이어 聖旨에 "館閣의 직임은 문학과 사학을 우선으로 삼는데 지금 〈呂祖謙이〉 편차하여 올린 것은 채취한 것이 정밀하고 상세하여 용의주도함을 볼 수 있어 治道에 유익하다. 그러므로 총애하여 발탁한 것이니 命詞를 짓도록 하라."라고 하였다. 公이 다시 職名을 사면해줄 것을 청했으나 끝내 윤허하지 않았다. 이에 명을 받들어 ≪聖宋文海≫를 진헌하니, 〈孝宗은〉 ≪皇朝文鑑≫이라 책명을 하사하고 翰林學士 周必大에게 序文을 지으라고 명했다.

三月二十四日에 **出脩門**하다 **公末疾**이 **至是始可扶持就輿**하다 **四月七日**에 **買舟東歸**하다 **十三日**에 **至婺**하다 **公之祖駕部**가 **自南渡轉徙**하야 **終於婺州**하니 **家遂寓婺**하야 **佃廢地爲居**하다 **公始以屋歸官**하고 **買宅城西北隅**하야 **及是遷焉**하다

3월 24일, 궁문을 나갔다. 公이 앓던 末疾이 이때 이르러 차도가 있어 비로소 부축하여 수레에 오를 수 있게 되었다.

4월 7일, 배를 타고 동쪽으로 돌아갔다.

4월 13일, 婺州에 도착하였다. 公의 조부인 駕部가 남쪽으로 도해하여 옮겨와 婺州에서 생을 마치니, 이후로 가족이 婺州에 우거하여 廢地를 일구어 그곳을 거처로 삼았다. 公이 비로소 살던 집을 관에 귀속하고 城의 서북 모퉁이에 택지를 사서 옮겨살았다.

六月七日에 **主管建寧府武夷山沖佑觀**하다 **七月二十八日**에 **夫人芮氏卒**하다 **九月十五日**에 **葬芮氏于明招**하다 **十月**에 **陸子壽來**하다 **是歲**에 **復**(부)**修讀詩記**하고 **及有尙書講義**

와 **白鹿洞書院記**하다

6월 7일, 建寧府 武夷山 沖佑觀을 주관하였다.

7월 28일, 夫人 芮氏가 卒하였다.

9월 15일, 芮氏를 明招山에 장사 지냈다.

10월, 子壽 陸九齡이 내방하였다.

이 해에 다시 ≪讀詩記≫를 정리하고, ≪尙書講義≫와 〈白鹿洞書院記〉를 지었다.

淳熙七年庚子

淳熙 7년 庚子(1180, 44세)

始有日記하다 **初作大事記**하다 **建家廟**하고 **修宗法及祭禮**하다 **四月**에 **陸子壽來**하다 **十七日**에 **磨勘**하야 **轉朝請郎**하다 **九月二十五日**에 **除著作郎 兼國史院編修官**이나 **公辭**하다 **十月十二日**에 **添差兩浙東路安撫司參議官**이나 **又辭**하다 **十一月二十二日**에 **主管亳州明道宮**하다 **是歲**에 **張荊州陸子壽皆卒**하니 **公有祭張公文及陸先生墓誌**하다 **周子充爲參知政事**하니 **公有與周子充諸書**하다

비로소 ≪日記≫를 썼다. 처음으로 ≪大事記≫를 지었다. 家廟를 짓고, 宗法과 祭禮를 정리했다.

4월, 子壽 陸九齡이 내방하였다.

4월 17일, 磨勘하여 朝請郎으로 陞轉하였다.

9월 25일, 著作郎 兼國史院編修官에 제수되었으나, 公이 사임하였다.

10월 12일, 兩浙東路安撫司參議官에 차임되었으나, 또 사임하였다.

11월 22일, 亳州 明道宮을 주관하였다. 이 해에 張荊州(張栻)와 子壽 陸九齡이 모두 卒하니, 公이 〈祭張公文〉과 〈陸先生墓誌〉를 지었다. 子充 周必大가 參知政事가 되니, 公이 周必大에게 여러 통의 편지를 썼다.

淳熙八年辛丑

淳熙 8년 辛丑(1181, 45세)

定古周易十二篇하다 **編歐公本末**하다 **閱熙寧奏對**하고 **又有坐右錄·臥遊錄**하다 **七月**

二十九日에 終于正寢하니 享年四十有五라 十一月三日에 葬明招하다

《古周易》 12篇을 정리하였다.

《歐公本末》을 편찬했다. 〈王安石의〉 《熙寧奏對》를 열람하고, 《坐右錄》과 《臥遊錄》을 지었다.

7월 29일, 正寢에서 생을 마치니, 享年 45세이다.

11월 3일, 明招山에 장사 지냈다.

壙記[1)]

1) 〔역주〕 壙記 : 무덤 속에 넣는 망자의 신상에 대한 기록이다.

宋故朝請郎直祕閣 主管亳州明道宮 呂公은 諱祖謙이요 字伯恭이라 其先은 河東人으로 後徙壽春하고 六世祖申國文靖公이 自壽春徙開封하니 遂爲開封人이라 曾祖諱好問이니 資政殿學士 太中大夫로 贈太師하고 妣는 王氏니 贈秦國夫人이라 祖諱弸中이니 右朝請郎으로 贈右正議大夫하고 妣는 章氏文氏이니 皆贈碩人이라 考諱大器니 右朝散郎으로 贈朝請大夫하고 妣는 曾氏니 贈宜人이라

宋나라 朝請郎 直祕閣이며 亳州 明道宮을 주관한 故 呂公의 諱는 祖謙이고, 字는 伯恭이다. 그의 선조는 河東 사람으로 훗날 壽春으로 이사하였고, 6세조인 申國 文靖公(呂夷簡)이 壽春에서 開封으로 이사하니 마침내 開封 사람이 되었다.

曾祖의 諱는 好問으로 資政殿學士 太中大夫를 역임하고 太師에 추증되었으며, 妣(曾祖母)는 王氏로 秦國夫人에 추증되었다. 祖父의 諱는 弸中으로 右朝請郎을 역임하고 右正議大夫에 추증되었으며, 妣(祖母)는 章氏와 文氏로 모두 碩人에 추증되었다. 考(父)의 諱는 大器로 右朝散郎을 역임하고 朝請大夫에 추증되었으며, 妣(母)는 曾氏로 宜人에 추증되었다.

公紹興七年二月十七日生하야 以祖致仕恩補將仕郎하고 監潭州南嶽廟하며 嚴州桐廬縣尉라 未上 登隆興元年進士第하고 又中博學宏詞科하야 改南外敦宗院宗學教授라 丁先妣憂하야 免喪에 除太學博士라 有旨中都官待次者補外하야 添差嚴州州學教授라

踰年에 復除太學博士 兼國史院編修官과 實錄院檢討官하고 召試館職하야 除祕書省正字라 丁先考憂하야 免喪에 主管台州崇道觀이라 召爲祕書郞 兼國史院編修官 實錄院檢討官하고 遷著作佐郞이라 著作郞 兼權禮部郞官이라 淳熙五年冬에 得疾하야 請去職하다 先是에 奉詔編類皇朝文鑑한대 至是書成에 除直祕閣하고 主管建寧府武夷山沖佑觀이라 病少間에 除著作郞 兼國史院編修官이나 不就하고 添差兩浙東路安撫司參議官이나 亦不就하고 主管亳州明道宮이라 八年七月二十九日에 以疾終于家하니 享年四十有五라 兩娶韓氏한대 今龍圖閣學士元吉之女요 又娶芮氏한대 故國子祭酒煜之女니 皆先卒이라 子男三人이니 岳孫齊孫早夭하고 延年甫三歲요 女二人이니 華年適進士潘景良하고 嫘女亦早夭라

公은 紹興 7년(1137) 2월 17일에 태어나 조부(呂弸中)가 致仕한 뒤 蔭補로 將仕郞이 되었고, 監潭州의 南嶽廟를 감독하였으며 嚴州의 桐廬縣尉가 되었다. 오래지 않아 隆興 원년(1163)에 進士試에 급제하고, 또 博學宏詞科에 합격하여 南外 敦宗院의 宗學敎授로 개차되었다. 先妣의 喪을 당하여 탈상한 뒤 太學博士에 제수되었다. 中都官에서 待次하고 있는 자는 외직에 보임한다는 有旨가 있었으므로 嚴州의 州學敎授에 차임되고, 한 해가 지나자 다시 太學博士 兼國史院編修官과 實錄院檢討官에 제수되었다. 召試로 館閣에 선발되어 祕書省 正字에 제수되었다.

先考의 상을 당하여 탈상한 뒤 台州의 崇道觀을 주관하였다. 召試로 祕書郞 兼國史院編修官 實錄院檢討官이 되었다가 著作佐郞이 되었고, 著作郞 兼權禮部郞官을 지냈다. 淳熙 5년(1178) 겨울에 병을 얻어 사직을 청하였다. 이에 앞서 조서를 받들어 ≪皇朝文鑑≫을 분류별로 편성하였는데 책을 완성하자 直祕閣에 제수되고 建寧府 武夷山의 沖佑觀을 주관하였다. 병에 차도가 있자 著作郞 兼國史院編修官에 제수되었으나 나아가지 않았고, 兩浙東路安撫司參議官에 차임되었으나 또한 나아가지 않았고, 亳州의 明道宮을 주관하였다. 8년(1181) 7월 29일 병이 위독하여 집에서 생을 마치니, 향년 45세이다.

〈두 명의〉 韓氏에게 두 번 장가 들었는데 〈韓氏 자매는〉 지금의 龍圖閣學士인 韓元吉의 여식이며, 또 芮氏에게 장가 들었는데 〈芮氏는〉 故 國子祭酒 芮煜의 여식으로 모두 公보다 먼저 卒하였다. 아들은 3명으로 그중 岳孫과 齊孫은 요절하고, 延年은 겨우 3살이다. 딸은 2명으로 華年은 進士 潘景良에게 시집갔고, 嫘女도 요절하였다.

呂氏世葬鄭州新鄭縣懷忠鄉한대 建炎南渡하야 太師而下는 皆葬婺州武義縣明招山하니 遂以是年十一月三日葬於祖塋之右麓하다

呂氏 집안은 대대로 鄭州 新鄭縣 懷忠鄉에 장사 지냈는데, 建炎 연간에 남쪽으로 옮겨와서 〈생전에〉 太師 이하의 벼슬을 지낸 자손은 모두 婺州 武義縣 明招山에 장사지냈으므로 마침내 그해 11월 3일 조상 묘역의 오른쪽 기슭에 〈公을〉 장사지냈다.

公之問學術業은 本於天資하야 習於家庭이라 稽諸中原文獻之所傳하고 博諸四方師友之所講하니 參貫融液하고 無所偏滯라 晩雖臥疾이나 其任重道遠[1]之意가 達於家政하야 纖悉委曲이 皆可爲後法이라 葬日薄하야 未能深考公之言行이나 求正於有言之君子하야 以詔來世하노니 姑擧其可得而形容者하야 以志悲思焉하노라

1) 〔역주〕 任重道遠 : ≪論語≫ 〈泰伯〉에서 曾子가 말하기를 "선비는 도량이 넓고 뜻이 굳세지 않으면 안 되니 책임이 무겁고 길이 멀기 때문이다. 仁으로 자기의 책임을 삼으니 또한 막중하지 않은가? 죽은 뒤에야 끝나는 것이니 또한 멀지 않은가?〔士不可以不弘毅 任重而道遠 仁以爲己任 不亦重乎 死而後已 不亦遠乎〕"라고 하였다.

公의 학문과 학술은 타고난 바탕에 근본하여 가정에서 익힌 것이었다. 〈집안 대대로〉 전수받은 중국 정통의 문헌을 고찰하고 연구하였으며, 사방의 師友들과 강학하여 사고의 영역을 넓히니 이치가 관통하고 융합하여 치우치거나 막힘이 없었다. 만년에 비록 병석에 있었으나 그의 任重道遠의 의지는 家政에까지 행해져서 자잘한 모든 일이 후세에 모범이 되었다. 장례 날짜가 다가와 公의 언행을 깊이 다 고찰할 수는 없으나 언설을 세우는 군자에게 질정을 부탁하여 후세에 알리노니, 우선 형용할 수 있는 것을 들어 슬픈 심정을 표한다.

公所爲書에 有呂氏家塾讀詩記三十卷하니 參(참)取毛・鄭・衆氏之說而間出己意하야 其後更加刊定하니 迄於公劉之首章이라 大事記[1]起春秋하야 後終于五季라 書法視太史公所錄하니 不盡用策書凡例나 其條綱端緒가 概見於通釋解題之二書라 雖絶筆於征和之三年이나 亦未脫稾라 其它遺文及所纂輯者尙衆이나 以未倫次하니 皆藏於家라 弟祖儉泣記라

1) 〔역주〕 大事記 : 呂祖謙이 ≪史記≫ 〈年表〉를 바탕으로 周나라 敬王 39년(B.C. 481)부터 漢 武帝 征和 3년(B.C. 90)까지의 중요 사적을 기록하고, 〈通釋〉 3권과 〈解題〉 12권을 부록하여 역사의식을 피력한 史書이다. ≪四庫全書總目提要≫에 의하면 "본래 春秋時期에서 시작하여 五代時期까지 이르고자 하였으나 때마침 병이 나서 그만두었기 때문에 완성된 것이 겨우 이 정도뿐이다."라고 하였고, 또 "〈通釋〉 3권은 경전을 해석하는 학자들에게 강령이 있는 것과 같이 모두 경전의 중요한 뜻과 格言을 수록하였다. 〈해제〉 12권은 經에 傳이 있는 것 같이 간략하게 본말을 갖추어두고 자신의 견해를 덧붙여두었다. 대체로 ≪史記≫와 ≪漢書≫의 차이, ≪資治通鑑≫의 잘잘못을 모두 자세하게 분석하고 상세하게 변증하였다." 라고 하였다.

公이 저술한 책 가운데 ≪呂氏家塾讀詩記≫ 30권이 있다. 이 책은 毛亨과 鄭玄 및 여러 제가들의 학설을 취합하고 그 사이에 자신의 견해를 기입한 것으로 나중에 간행하였는데 범위는 〈大雅 公劉〉편의 1장까지이다.

≪大事記≫는 〈본래〉 春秋時代에서부터 시작하여 五代時期까지 넣고자 계획하였었다. 書法은 太史公(司馬遷)의 기록(≪史記≫)을 참작하였는데, 策書의 〈凡例〉를 완전히 채용하지는 않았으나 조목의 대강을 갖춘 단서가 〈通釋〉과 〈解題〉 두 편에 대략 드러나 있다. 비록 征和 3년(B.C. 90)에서 책을 끝마쳤으나 〈병이 나서 그만두었기 때문에〉 탈고되지 못한 저술이다. 그 밖에 遺文과 纂輯한 저작이 여전히 많으나 아직 정리하지 못한 채 모두 집안에 보관하고 있다. 아우 呂祖儉이 울며 쓴다.

3. 한국 문집 속에 나타난 ≪東萊博議≫에 관한 논설

1) 東萊博議辨*) ≪東萊博議≫ 辨

考其行하고 觀其事컨대 則戰國之君은 不免禽獸矣하니 五伯(패)는 特其傑이며 其餘皆愚迷無知라 觀其行事컨대 則可謂朝不謀之夕이니 奚暇欺天下後世哉아 然則其人有過면 君子當哀矜耳니 余知之乎ㄴ저 苟莊公有欺天下後世之心이면 則自己之口何出此陰悖之言하야 使其情迹不掩於愚夫之目乎아 莊公無識(지)冥頑하야 全不知骨肉之恩이 有別於他人이라 故肆然以加敵國之言을 加之於其弟而不知恥하니 愚所謂朝不謀夕者此也라 有欺天下後世之心者如斯乎아 亦可哀也已라 是故祭(채)仲之諫이 本非墮於其術이요 詩人之議도 亦非失其情矣니 東萊之疑於斯者가 不亦過乎아 抑有一事하니 莊公賦隧之詩는 良心可見이라 莊公苟有欺世之心과 匿機之巧면 則姜氏雖惡(오)나 隱忍而事之하고 僶俛而奉之하야 不使不孝無道之名得之於天下後世矣어늘 奚爲以出眞於城潁가 加爲莊公者가 安得不日就無識하고 日喪其善乎아

그 행동과 그 사업을 관찰하면 戰國時代의 군주들은 금수를 면하지 못하였으니, 五霸는 다만 그중에 뛰어난 자들일 뿐이고 그 나머지는 모두 우매하고 무지하다. 그들이 행한 일을 보면 아침에 저녁을 헤아리지 못했다고 할 수 있으니, 어느 겨를에 천하와 후세를 속이겠는가? 이렇고 보면 어떤 사람에게 과오가 있으면 군자는 가엾게 여김이 마땅함을 나는 알겠다.

만약 莊公이 천하와 후세를 속일 마음을 가졌다면 무엇 때문에 자기의 입으로 이와

*) ≪翕齋稿≫ 권11 〈雜著〉에 실려 있는 李思質(1705~?)의 저술이다. 〈東萊博議辨〉에서 다루는 내용은 ≪譯註 東萊博議 1≫ 01-01~01-02에 보인다.

李思質의 본관은 韓山이며, 字는 子野, 號는 翕齋이다. 英祖 29년(1753) 五陵營建廳陵官을 지냈고, 영조 35(1759)에는 高陽郡守을 역임하였다. 자세한 사적은 未詳이다. 저서로는 ≪淨溪漫錄≫·≪訓音宗編≫ 등이 있다.

같이 음험하고 패려궂은 말을 내어, 그 情狀을 평범한 사람들의 눈에서 가려지지 않게 하였는가? 莊公은 무지하고 완고하여 전혀 골육의 은혜를 모르는 것이 다른 사람들과 다름이 있었다. 그러므로 함부로 적국에 대해 할 말을 그 아우에게 하고도 부끄러워할 줄을 몰랐으니, 내가 말한 '아침에 저녁을 헤아리지 못했다'는 것이 이를 두고 한 말이다. 그러나 천하 후세를 속일 마음을 가진 자가 이렇게 하였겠는가? 이 또한 가엾을 뿐이다. 그러므로 祭仲의 간언이 본래 그의 술수에 떨어진 것이 아니고 詩人의 풍자도 그 실정을 잃은 것이 아닌데, 東萊가 이들에 대해 의심한 것은 너무 지나치지 않은가?

또 〈이를 증명할〉 한 가지 일이 있으니, 莊公이 굴속에 들어가서 읊은 시는 良心을 볼 수 있다. 莊公이 만약 세상을 속일 마음과 機心을 숨길 교묘함이 있었다면 姜氏가 아무리 미워해도 참고 섬기고 힘을 다해 봉양하여, 천하 후세에 불효무도하다는 악명을 얻으려하지 않았을 것인데, 어찌하여 城潁에서 진심을 표출하였는가? 그러니 더욱 莊公이 어찌 날로 무지한 데로 나아가 날로 그 착한 마음을 상실하지 않을 수 있었겠는가?

初姜氏之請制也에 **莊公曰 巖邑也**라 **虢叔死焉**하니 **他邑惟命**이라하니 **莊公初無害叔之心**을 **於此可知**라 **莊公匿機害弟之心**이 **果如東萊之言**이면 **則姜氏請制之日**이 **卽莊公機心之適中時**니 **何不許聽巖邑**하야 **使之恃險失德如東虢之君**하고 **而反許京邑之地**하야 **使投弟之名**을 **自歸於其身乎**아 **其愚迷甚矣**라 **果是善爲匿機者**라면 **則其洩機也若是乎**아 **惟此一事**로도 **初無害弟之意**를 **可知也**라

당초에 姜氏가 〈共叔段을 위해〉 制邑을 청할 때에 莊公이 "制邑은 地勢가 험한 고을이어서 虢叔이 그 곳에서 죽었습니다. 다른 고을을 청하시면 명대로 따르겠습니다."고 하였으니, 莊公이 당초에 共叔段을 해칠 마음이 없었다는 것을 이에서 알 수 있다. 莊公이 과연 東萊의 말처럼 아우를 해치려는 간교한 마음을 숨기고 있었다면 姜氏가 制邑을 청한 날이 바로 莊公이 간교한 마음을 펼치기에 알맞은 시기였을 것이다. 그런데 어찌하여 험고한 고을을 허락하여 東虢의 군주처럼 험고함을 믿고 도덕을 거스르는 짓을 하게 하지 않고, 도리어 京邑의 땅을 허락하여 아우를 버렸다는 이름이 자기 자신에 돌아오게 하였는가? 그 우매함이 심하다 하겠다. 과연 機心을 잘 숨기는 자라면 어찌 이처럼 機心을 누설하였겠는가? 이 한 가지 일만으로도 莊公이 당초에 아우를 해칠 마음이 없었다는 것을 알 수 있다.

且夫叔段之惡未著엔 則莊公不欲亟治하고 叔段之惡已著에 則莊公必欲治하고 且使叔段故多其罪而自斃云云者는 莊公固已自言이니 何待東萊之議者리오 〔隱然在空者를〕[1] 謂之雷요 突然倚空者를 謂之山이요 泐然際空者를 謂之海니 使未識者驟見之면 豈不爲大可怪邪아 天下之理는 本無可怪라 人不知道면 則耳目之所未接者를 謂之怪라 惜乎라 左氏不足而知此也로다

1) 〔역주〕〔隱然在空者〕: ≪翕齋稿≫에는 "隱然在空者"가 없으나, ≪東萊博議≫ 권6 〈諸侯見家〉에 의거하여 보충하였다.

그리고 또 共叔段의 죄악이 드러나기 전에는 莊公이 서둘러 처벌하고자 하지 않고, 共叔段의 죄악이 드러난 뒤에는 莊公이 반드시 처벌하고자 하였으며, 또 '만약 共叔段이 실로 그 죄(불의)를 많이 행하면 스스로 패망할 것이다.'라고 한 말은 본래 莊公이 이미 스스로 한 말이니, 東萊의 評議를 기다릴 게 뭐 있겠는가?

공중에서 은은히 소리를 내는 것을 우레라 하고, 높이 솟아 공중에 기대어 있는 것을 산이라 하고, 아득하게 하늘과 맞닿은 것을 바다라고 한다. 〈산과 바다를〉 모르는 자가 갑자기 〈산과 바다를〉 본다면 어찌 매우 괴이해하지 않겠는가? 〈그러나 사람들이 편안히 받아들여 괴이해하지 않는 것은〉 천하의 이치에는 본래 괴이하게 여길 만한 것이 없기 때문이다. 사람이 도리를 모르면 듣고 보지 못한 것들을 모두 괴이함으로 여긴다. 左氏가 이런 이치를 알지 못한 것이 애석하다.

嗚呼라 東萊之低視左氏가 一何斯也오 余觀左傳所載神怪妖祥이 不是一二處나 而曾未如東萊說擧皆反常事也라 特擧大者言之면 伯有之爲厲하야 橫行殺人이 可謂常乎아 謂是耳目所罕接而不爲之怪면 則天下豈有可言之怪乎아 夫怪者는 反常之事而已라 日之赫然者常也요 有時蝕者怪也며 星之粲然者常也요 有時隕者怪也며 雲之油然者常也요 有時濛(몽)然者怪也라 雷之之[1]以誓言으로 沽一世倫常之罪名乎아 此不過冥頑無知而然矣라 其告潁叔之日에 以黃泉之誓로 謂以難負라가 及聞潁叔闕地及泉之語하야 欣然而從之하니 天下寧有如此癡愚可笑事乎아 潁叔能知愚君而善導之라 故終以繄(예)我獨無之歎이 悠然而發하고 賦隧融融之樂이 藹然而生하야 乃至母子如初[2]하니 此愚所謂良心之不泯也라 嗚呼라 潁叔은 可謂能臣이라

1) 〔역주〕 雷之之 : 위아래에 闕誤가 있는 듯하다. 무슨 뜻인지 알 수 없으므로 闕譯하였다.
2) 〔역주〕 其告潁叔之日……乃至母子如初 : 潁考叔은 潁谷(城潁의 골짜기)의 封人이다. 鄭 莊公이 아우 共叔段을 죽이고는, 共叔段만을 편애한 어머니 姜氏에게 "黃泉에 가기 전에는 서로 만나지 않을 것이다."라고 맹세하며 城潁에 안치하였다가 후회하였다. 이에 潁考叔은 莊公이 그가 하사한 음식을 자신의 어머니에게 갖다 드린다는 말을 함으로써 莊公에게 "그대에게는 가져다 드릴 어머니가 있는데, 나만이 홀로 없구나!"라는 말을 유도하였고, "물이 나는 데까지 땅을 파고 들어가서 굴속에서 서로 만나신다면 누가 황천에서 만났다고 하지 않겠습니까?"라고 간언함으로써 母子간의 화합을 도모하였다. '融融之樂'은 莊公이 姜氏를 굴속에서 만나 詩를 읊으며 "큰 굴속에 들어오니 즐거운 마음이 融融하다.〔大隧之中 其樂也 融融〕"라고 한 데서 인용한 것이다.(≪春秋左氏傳≫ 隱公 원년)

아! 東萊는 어째서 左氏를 이렇게 얕보았는가. 내가 보기에 ≪春秋左氏傳≫에 실린 神怪와 妖祥이 한두 곳이 아니나, 모두 東萊의 말처럼 정상에 반대되는 일이 아니다. 특별이 큰 것을 들어 말하면, 鄭나라 伯有가 厲鬼(惡鬼)가 되어 멋대로 돌아다니며 사람을 죽인 것을 정상이라 할 수 있는가? 이를 드물게 듣고 보는 바라 하여 괴이함으로 여기지 않는다면 천하에 어찌 말할 만한 괴이함이 있겠는가? 괴이라는 것은 정상과 반대되는 일일 뿐이다. 태양이 강렬하게 빛을 내는 것은 정상이고 때로 일식이 있는 것은 괴이이며, 별이 밝게 분포하는 것은 정상이고 때로 별이 떨어지는 것은 괴이이며, 구름이 뭉게뭉게 피어오르는 것은 정상이고 때로 안개가 자욱한 것은 괴이함이다. 맹서하는 말로 한 세상에 倫常의 罪名을 취하겠는가? 이는 우매하고 완고하며 무지해서 그리한 것에 불과하다.

莊公이 潁考叔에게 고하던 날에는 "黃泉에 가기 전에는 서로 만나지 않을 것이다."라던 맹세를 어기기 어렵다고 여겼다가, "흙탕물이 나는 데까지 땅을 파고 들어가서 만나십시오."라는 潁考叔의 말을 듣고는 선뜻 그 말을 따랐으니, 천하에 어찌 이렇게 바보같고 가소로운 일이 있겠는가? 潁考叔은 능히 임금의 어리석음을 알아 잘 인도하였다. 그러므로 마침내 "아! 나만이 홀로 없구나."는 탄식이 자연스레 나오고, 땅굴에 들어가 시를 읊는 화락한 즐거움이 성대하게 생겨서 마침내 母子가 지난날처럼 화목하게 되었으니, 이것이 내가 이른바 "良心은 泯滅하지 않는다."는 것이다. 아! 潁考叔은 신하의 도리를 다한 자라고 할 만하다.

2) 書東萊博議虞叔伐虞公篇後*) ≪東萊博議≫ 〈虞叔伐虞公〉篇 뒤에 쓰다

左傳桓十年이라 初에 虞叔有玉이러니 虞公求旃한대 弗獻이라가 既而悔之曰 匹夫無罪라 懷璧其罪라하니 吾焉用此리오 其以賈害也라하고 乃獻之하다 又求其寶劍이어늘 叔曰 是無厭也라 無厭이면 將(襲)〔及〕[1]我라하고 遂伐虞公하다 故虞公出奔共池(也)[2]하다

議曰 虞公以貪失國하고 虞叔以吝逐君하니 貪吝非二法也라 名雖不一이나 而同出於嗜貨焉이라 使虞公思吾求劍之心이 卽虞叔守劍之心이면 必不至於貪矣요 使虞叔思吾守劍之心이 卽虞公求劍之心이면 必不至於吝矣리라 惟其不能交相恕하고 而反相責하니 此其所以釀莫大之釁也라 然則如之何오 曰不過以貪治貪하고 以吝治吝而已云云이라

1) 〔역주〕 (襲)〔及〕 : ≪九思堂續集≫에는 '襲'으로 되어 있으나, ≪春秋左氏傳≫에 의거하여 '及'으로 바로잡았다. "將及我"에 대하여 〈杜注〉에는 "將殺我(장차 나를 죽일 것이다)"라고 되어 있다.
2) 〔역주〕 (也) : ≪九思堂續集≫에는 '也'가 있으나, ≪春秋左氏傳≫에 의거하여 삭제하였다.

≪春秋左氏傳≫ : 桓公 10년, 당초에 虞叔이 좋은 玉을 갖고 있었는데, 虞公이 그 玉을 달라고 요구하였으나 주지 않았다가 오래지 않아 후회하며 말하기를 "'匹夫에게 죄가 있는 것이 아니라 玉璧을 가진 것이 죄이다.'라고 하였으니, 내게 이 옥이 무슨 소용이 있는가? 이 옥 때문에 害를 사게 될 것이다."라 하고서, 그 옥을 虞公에게 바쳤다. 〈얼마 후〉 虞公이 또 寶劍을 요구하자, 虞叔은 "이 사람은 욕심이 끝이 없어 만족을 모르는 사람이다. 만족할 줄 모르면 禍가 장차 나에게 미칠 것이다."라고 하고서, 드디어 虞公을 쳤다. 그러므로 우공이 共池로 도망간 것이다.

≪東萊博議≫ : 虞公은 貪慾으로 인해 나라를 잃었고, 虞叔은 吝嗇으로 인해 임금을

---

*) ≪九思堂續集≫ 권3 〈雜著〉에 실려 있는 金樂行(1708~1766)의 저술이다. ≪東萊博議≫ 〈虞叔伐虞公〉은 ≪譯註 東萊博議 1≫ 04-06에 보인다.

金樂行의 본관은 義城이며, 字는 艮夫, 號는 九思堂이다. 孝行이 지극하고 문장으로 이름이 났으며, 특히 祭文에 뛰어나서 '九祭密札(九思堂 金樂行의 제문, 密菴 李栽의 편지)'이라는 美稱이 전한다. 저서로는 ≪啓蒙質疑≫·≪書法質疑≫·≪九思堂集≫ 등이 있다.

축출하였으니 탐욕과 인색은 각각 다른 두 가지 일이 아니다. 이름은 비록 같지 않으나 그 마음은 다 같이 재물을 좋아하는 데서 나왔기 때문이다. 가령 虞公이 자신이 劍을 요구한 마음이 바로 虞叔이 검을 지키려는 마음임을 생각하였다면 반드시 貪慾에 이르지 않았을 것이고, 가령 虞叔이 자신이 검을 지키려는 마음이 바로 虞公이 검을 요구한 마음임을 생각하였다면 반드시 吝嗇에 이르지 않았을 것이다. 〈그러나 저 두 사람은〉 자기 마음을 미루어 상대의 마음을 헤아리지 못하고 도리어 서로 꾸짖었으니, 이것이 바로 더없이 큰 釁端을 빚게 된 까닭이다. 그렇다면 어떻게 해야 하는가? 탐욕으로 탐욕을 치료하고 인색으로 인색을 치료할 뿐이다.

朱子深病東萊之文曰 出入蘇氏父子波瀾新巧之中하고 **更求新巧**라하니라 **愚嘗疑以東萊先生之學之邃道之尊**으로 **而其立言著書**가 **乃如此者**는 **何也**오 **今讀博議諸篇**호니 **固多名言確論**이나 **而往往儘有傷於新巧者**하니라 **若此篇者**는 **又近於欲巧而反拙**하야 **使人爲之駭惑**하니 **雖蘇氏亦未必至此也**리라 **蓋聞以藥治病**이요 **不聞以病治病**이라 **貪與吝**은 **人心之大病也**니 **以貪治貪**하고 **以吝治吝**은 **未知其何術也**라 **徒見夫心之病之益深也**라

朱子는 東萊의 글을 깊이 우려하면서 말하기를 "〈詩文의〉 변화가 자유롭고 〈思潮가〉 새롭고 교묘한 蘇氏 부자의 문장 속을 출입하면서 더욱 새롭고 교묘하기를 구하였다."고 하였다. 나는 일찍이 東萊선생처럼 학문이 깊고 道가 높은 분이 논리를 세워 글을 쓴 것이 도리어 이와 같은 것은 어째서인지 의심하였는데, 이제 ≪東萊博議≫에 실린 여러 편을 읽어보니 실로 名言과 確論이 많으나 이따금 새롭고 교묘하게 지으려다가 도리어 잘못된 곳이 있다.

이 篇으로 말하면, 교묘하게 지으려다 도리어 졸렬해졌다는 것에 가까워서 사람들을 놀라 의혹하게 할 만하니, 설령 蘇氏라 하더라도 반드시 이에 이르지 않았을 것이다. 나는 약으로 병을 치료한다는 말은 들었으나 병으로 병을 치료한다는 말을 듣지 못하였다. 탐욕과 인색은 사람 마음에 큰 병인데, "탐욕으로 탐욕을 치료하고 인색으로 인색을 치료한다."는 것은 무슨 방법인지 모르겠다. 다만 마음의 병만 더욱 깊어짐을 볼 뿐이다.

夫念之善者固不可除이어니와 其惡者顧非可除者哉아 至理之中에 無一物之可廢는 則固當矣나 而曰人心之中에 無一念之可除는 則愚不敢知也라 夫貪吝非人人之所本有라 情熾而蕩하고 慾蔽而痼然後에 貪吝生焉이어늘 今曰 苟本無也면 安從而有도 固已過矣어늘 又曰 苟本有也면 安得而無리오하니 信斯言也면 彼氣質之不美者는 終不可治而化之耶아 況念之惡者는 惟當求所以去之니 又何論本有與本無也哉아

착한 생각은 진실로 없애서는 안 되지만 악한 생각은 도리어 없애야 할 것이 아닌가? "지극한 이치 가운데는 한 물건도 폐기할 것이 없다."는 말은 진실로 합당하지만, "사람의 마음속에는 한 생각도 제거할 것이 없다."는 말은 나는 감히 알지 못하겠다. 탐욕과 인색은 사람마다 고유한 것이 아니고, 감정이 너무 치성하여 방탕해지고 욕심이 가리어 고질이 된 뒤에야 탐욕과 인색이 생겨난다. 그런데 지금 "만약 〈탐욕과 인색의 마음이〉 본래 없었던 것이라면 〈그것이〉 어디로부터 생겨났겠느냐?"는 말도 진실로 이미 잘못인데, 또 "만약 본래부터 있는 것이라면 어찌 없앨 수 있겠는가?"라고 하였으니, 이 말대로라면 저 기질이 아름답지 못한 자는 끝내 다스려 변화시킬 수 없다는 말인가? 더구나 악한 생각은 없앨 방법을 강구함이 마땅한데, 또 어찌 본래 있었느냐 없었느냐를 따지는가.

夫人自有生之初로 固未嘗無欲이라 然謂之欲은 則善惡未定也요 曰貪曰吝은 則已入于惡而遠乎善矣라 故孔子告子張曰 欲而不貪이라하니 子張問其說한대 則曰欲仁而得仁이어니 又焉貪[1]이리오 蓋貪不可以欲言이요 而欲仁者를 不可謂之貪也라 孔子又曰 如以周公之才之美로도 使驕且吝이면 其餘不足觀也已[2]라하시니 蓋吝之不可與議於道也가 又明矣라 求道之切하고 守道之堅은 天理也요 貪與吝은 人慾也니 天理人慾之相反은 如子之與賊[3]이어늘 而今曰 貪吝이 孰非至理리오하고 又曰 用是念以求道以守道라하고 至以夫子之學而不厭[4]과 顏子之服膺弗失[5]을 皆歸之於貪吝之科하니 豈不可異也哉아 揆其本意컨대 蓋謂求道如貪者之求財하고 守道如吝者之守財爾라

1) 〔역주〕 欲而不貪……又焉貪 : ≪論語≫ 〈堯曰〉에 보인다.

2) 〔역주〕 如以周公之才之美……其餘不足觀也已 : ≪論語≫ 〈泰伯〉에 보인다.

3) 〔역주〕 子之與賊 : ≪楞嚴經≫에 나오는 말로 妄念을 眞覺으로 誤認하는 것이니, 여기서는 人慾을 天理로 오인한다는 의미이다. ≪능엄경≫ 권1에 "시작이 없었던 때로부터 지금의 生까

지 도적을 아들이라 오인하여 너의 元常을 잃어버렸기 때문에 윤회의 수레바퀴를 타고 굴러다니는 것이다.〔由汝無始 至於今生 認賊爲子 失汝元常 故受輪轉〕"라고 보인다.

4)〔역주〕學而不厭 : ≪論語≫ 〈述而〉에 보인다.

5)〔역주〕服膺弗失 : ≪中庸≫에 "顔回의 사람됨은 中庸을 잘 가려 실천하였으니, 하나라도 좋은 것을 얻으면 받들어 가슴에 새겨 잃지 않았다.〔回之爲人也 擇乎中庸 得一善 則拳拳服膺而弗失之矣〕"라고 하였다.

사람은 태어나면서부터 욕망이 없었던 적이 없다. 그러나 욕망이란 선악이 아직 결정되지 않은 것이고, 貪과 吝이란 이미 惡에 빠져 善에서 멀어진 것이다. 그러므로 孔子께서 子張에게 "하고자 하되 탐하지 않는다."고 일러주시자 子張이 그 뜻을 물으니, 孔子께서 "仁을 하고자 하여 인을 얻었으니 또 무엇을 탐하겠는가."라고 하셨다. 貪을 欲으로 말해서는 안 되고, 仁을 하고자 하는 것을 貪이라 말해서는 안 된다. 孔子께서 또 "가령 周公과 같은 아름다운 재능을 가졌어도 교만하고 인색하다면 그 나머지는 볼 것이 없다."고 하셨으니, 인색한 사람과 함께 道에 대해 의논할 수 없음이 분명하다.

도를 구함이 간절하고 도를 지킴이 견고한 것은 天理이고, 貪과 吝은 人慾이다. 천리와 인욕이 상반되는 것은 마치 아들과 도적이 상반되는 것과 같은데, 지금 "貪과 吝이 어느 것인들 지극한 도리가 아니겠는가?"라고 하고, 또 "이 생각으로써 도를 구하고 이 생각으로써 도를 지키라."고 하여, 夫子의 '배우기를 싫어하지 않음'과 顔子의 '가슴에 새겨 잃지 않음'까지 모두 貪과 吝의 영역으로 돌렸으니 어찌 괴이하지 않은가? 그러나 그 본의를 찾아보면 아마도 '도를 구함에는 탐욕스런 자가 재물을 구하듯이 하고, 도를 지킴에는 인색한 자가 재물을 지키듯이 하라.'는 뜻에서 그렇게 말한 듯하다.

然曰念無二也라하고 **曰用貪吝以求道守道**라하니 **則其爲言語之病**이 **果何如也**아 **加於事之善者**면 **斯之謂善念**이요 **加於事之惡者**면 **斯之謂惡念**이라 **其所謂加者**는 **卽是念也**니 **烏在其念之無善惡也**아 **以孟子好貨好色之說**[1]**觀之**면 **好之得其正則爲善**이요 **好之不以正則爲惡**이니 **事之有善有惡**은 **卽念之善惡**이 **所使然也**라 **公劉之好貨**와 **太王之好色**은 **事之善也**요 **齊宣之好貨色**은 **事之惡也**니 **是何也**오 **公劉太王之念善**하고 **而齊宣之念惡故也**라 **今乃曰 事有善惡而念無善惡**이라하니 **不亦舛乎**아 **堯舜禹之授受也**에 **曰人心**은 **惟危**하고 **道心**은 **惟微**하니 **惟精惟一**이라야 **允執厥中**[2]이라하고 **禹之告舜**에 **曰惟幾惟康**[3]이라하고 **曾子之言曰 必誠其意**[4]라하고 **子思之言曰 發而皆中節**을 **謂之和**[5]라하고

濂溪之言曰 幾善惡[6)]이라하니 從古以來로 聖賢之言이 莫不於心意情念之發에 分其善惡이어늘 信如此篇之論이면 彼諸說者皆可廢乎아 竊觀一篇컨대 殆無一句無病하니 不謂大賢之言이 乃至於此也라

1) 〔역주〕 孟子好貨好色之說 : 孟子가 齊 宣王에게 王政(王道政治)에 대해 설명하면서 王政은 누구든 행할 수 있다고 하자, 宣王이 자기는 재물을 좋아하고〔好貨〕 여색을 좋아하는〔好色〕 병통이 있다고 하였다. 이에 孟子는 재물을 좋아하더라도 公劉처럼 하여 온 백성들을 부유하고 풍족하게 하고, 여색을 좋아하더라도 太王처럼 하여 온 나라에 원망하는 여자와 홀아비가 없도록 하면, 천하에 왕 노릇을 함이 어렵지 않다고 하였다.(≪孟子≫ 〈梁惠王 下〉)
2) 〔역주〕 人心惟危……允執厥中 : ≪書經≫ 〈大禹謨〉에 보인다.
3) 〔역주〕 惟幾惟康 : ≪書經≫ 〈益稷〉에 "당신(임금)의 마음이 그치는 바에 편안히 하며, 일의 기미를 생각하고 안정을 생각하소서.〔安汝止 惟幾惟康〕"라고 보인다.
4) 〔역주〕 必誠其意 : ≪大學≫ 傳6章에 "富는 집을 윤택하게 하고 德은 몸을 윤택하게 해서 마음이 넓어지고 몸이 살지게 된다. 그러므로 君子는 반드시 생각을 성실히 한다.〔富潤屋 德潤身 心廣體胖 故君子必誠其意〕"라고 보인다.
5) 〔역주〕 發而皆中節 謂之和 : ≪中庸≫ 第1章에 보인다.
6) 〔역주〕 幾善惡 : ≪通書≫ 〈誠幾德〉에 "誠은 작위함이 없으나, 幾는 선악의 분기점이다.〔誠無爲 幾善惡〕"라고 보인다.

그런데 "생각에는 원래 두 가지(善·惡)가 없다."고 하고, 또 "탐하는 마음을 사용해 도를 탐구하고 인색한 마음을 사용해 도를 지키라."고 하였으니, 그 말의 병폐가 과연 어떠한가? 또 "착한 일에 붙이면〔加〕 이를 '善念'이라 하고, 악한 일에 붙이면 이를 '惡念'이라 한다."고 하였다. 이른바 '붙인다〔加〕'는 것이 바로 생각〔念〕이니, 어찌 생각에 선악이 없다고 하겠는가? 孟子의 '재화를 좋아한다〔好貨〕'·'여색을 좋아한다〔好色〕'는 說로 보면 좋아하는 것이 정당하면 善이 되고, 좋아하는 것이 정당하지 않으면 惡이 되니, 일에 선악이 있는 것은 바로 생각의 선악이 그렇게 만드는 것이다. 公劉의 好貨와 太王의 好色은 선한 일이고, 齊 宣王의 好貨와 好色은 악한 일이다. 이는 어째서인가? 公劉와 太王의 생각은 선했고, 齊 宣王의 생각은 악하였기 때문이다. 그런데 지금 도리어 "일에는 선악이 있으나 생각에는 선악이 없다."고 하였으니 어찌 틀린 말이 아닌가?

堯·舜·禹는 帝位를 물려줄 때에 "人心은 위태롭고 道心은 은미하니 정미하게 살피고 전일하게 지켜서 성실하게 中을 지키라."라고 하였고, 禹는 舜에게 "일의 기미를 생

각하고 안정을 생각하소서."라고 고하였고, 曾子는 "〈君子는〉 반드시 생각을 성실히 한다."고 하였고, 子思는 "〈喜·怒·哀·樂이 발현되지 않은 것을 中이라 하고〉 발현하여 모두 절도에 맞는 것을 和라 한다."고 하였고, 周濂溪(周敦頤)는 "幾는 선악의 분기점이다."고 하였다. 예로부터 성현들의 말씀이 모두 心·意·情·念의 발현에 대해 선과 악으로 구분하지 않음이 없었는데, 이 편의 논설대로라면 저 성현들의 말씀은 모두 폐기해야 하는가? 내 이 한 편을 보건대 한 구절도 병폐가 없는 곳이 없으니, 大賢(東萊)의 말이 끝내 이에 이를 줄은 생각지 못하였다.

余於寓中에 **借博議一冊而閱焉**하니 **冊是鄭文莊先生**[1]**家舊藏也**라 **羽父弑隱公篇**[2]**末**에 **有曰 君子之爲義**에 **夜以繼日**하야 **不敢不用其極者**는 **非特就義**라 **亦所以避禍也**라 **其紙面上下空處**에 **有墨題數行者曰 非儒者之論**이니 **惜哉**라하고 **又曰 此是東萊少年時文字**니 **未可以是病東萊也**라하니라 **或云 是文莊手筆**이니 **其言可謂忠厚矣**라 **固不可以一二文字之失**로 **致疑於晩年德成之日**이라 **然所可惜者**는 **不出於權謀辯士之口而出於東萊之手也**라 **夫行於天下**하고 **傳於後世**하야 **藏之者以爲珍**하고 **誦之者以爲法**하니 **孰復**(부)**有論其文之成於少時與晩歲者哉**아 **竊恐其亂前聖之說**하고 **誤後學之見**하야 **而使鄙夫之縱欲者藉口也**라 **於是乎書**하노라 **癸未五月日**

1) 〔역주〕 鄭文莊先生 : 鄭經世(1563~1633)를 이른다. 본관은 晉州이며, 字는 景任, 號는 愚伏이다. 諡號가 文莊이므로 文莊先生이라 기록한 것이다. 柳成龍의 문인으로, 朱子學에 본원을 두고 李滉의 學統을 계승하였다. 朱子를 흠모하고 존경하였으며, 後進 교육이나 朝議·經筵에서 진강할 때 항상 朱書에 근거를 두었다. 경전에 밝고, 특히 禮學에 조예가 깊었다. 저서로는 ≪愚伏集≫·≪喪禮參考≫가 있다.(≪한국민족문화대백과사전≫)

2) 〔역주〕 羽父弑隱公篇 : 〈羽父弑隱公〉은 ≪譯註 東萊博議 1≫ 03-05에 보인다.

내가 寓居 중에 ≪東萊博議≫ 한 질을 빌려다 열람하였는데, 책은 바로 文莊 鄭先生(鄭經世)의 집에 오래 전에 收藏된 책이다. 〈羽父弑隱公〉편 끝부분에 "군자가 義를 행함에 있어 밤낮으로 쉬지 않고 감히 그 힘을 다하지 않음이 없는 것은, 의를 성취하기 위함만이 아니라 화란을 피하기 위함이기도 하다."는 말이 있는데, 그 紙面 상단과 하단의 空白에 먹으로 다음과 같은 몇 줄의 글이 써 있으니, "이는 儒者의 논의가 아니니 애석하다."와 "이는 東萊의 소싯적 문자이니, 이를 가지고 東萊를 비난하는 것은 옳지 않다."고 하였다. 혹자는 이 몇 줄의 글이 '文莊선생의 手筆이니, 그 말이 충후하다 할 만하다.'라고 하니, 본래 한두 문자의 잘못을 가지고 成德한 〈東萊의〉 만년을 의심하는 것은 옳지 않다. 그러나 〈이 논설이〉 권모를 일삼는 辯士의 입에서 나오지 않고 東萊의 손에서 나온 것이 애석하다. 〈이 ≪東萊博議≫가〉 천하에 유행하고 후세에 전해져서, 간직한 자는 보물로 여기고 誦讀한 자는 법으로 여기니, 누가 다시 그 문자가 이루어진 시기가 小詩인지 晩年인지를 따지겠는가. 그러나 나는 前聖의 말씀을 어지럽히고 후학의 소견을 그르쳐서, 사욕에 빠져 절제할 줄 모르는 비루한 자들이 핑계거리로 삼을까 두려워, 이에 〈이 글을〉 쓰노라. 계미년 5월 일.

3) 書東萊博議楚武王心蕩後[*] 《東萊博議》〈楚武王心蕩後〉 뒤에 쓰다

氣聽命於心者는 **聖賢也**요 **心聽命於氣者**는 **衆人也**라 **凡氣之在人**이 **逸則肆**하고 **勞則怠**하며 **樂則驕**하고 **憂則懾**하며 **生則盈**하고 **死則涸**하니 **氣變則心爲之變**이나 **有不能自覺焉**이라 **志者**는 **氣之帥也**나 **人心隨氣變**이면 **而氣反爲志之帥**니 **而吾心志之盛衰**가 **惟氣之爲聽**이면 **則心者氣之役也**라

기운(기질)이 마음(정신)의 명령을 따르는 자는 聖賢이요, 마음이 기운의 명령을 따르는 자는 보통 사람이다. 대체로 사람에게 있는 기운이 편안할 때는 방자해지고 수고로울 때는 나태해지며, 즐거울 때는 교만해지고 근심할 때는 두려워지며, 살아 있을 때는 가득차고, 죽을 때는 마른다. 기운이 변하면 마음도 따라서 변하지만 자각할 수가 없다. 뜻은 기운을 거느리는 장수이지만 마음이 기운을 따라 변하면 기운이 도리어 뜻의 장수가 되니, 〈기운이 도리어 뜻의 장수가 되어〉 내 心志의 盛衰가 오직 기운의 명령을 따른다면 마음이 기운의 부림을 받을 것이다.

聖賢君子는 **以心禦氣而不爲氣所禦**하고 **以心移氣而不爲氣所移**라 **歷山之耕**과 **南風之琴**은 **勞逸變於前**[1]이로되 **而舜之心未嘗變也**[2]하고 **羑里**[3]**之囚**와 **虞芮之朝**[4]는 **憂樂變於前**[5]이로되 **而文王之心未嘗變也**며 **避席之時**[6]와 **易簀**[7]**之際**는 **生死變於前**이로되 **而曾子之心未嘗變也**라

---

*) 《大溪集》 권32 〈跋〉에 실려 있는 李承熙(1847~1916)의 저술이다. 《東萊博議》〈楚武王心蕩〉은 《譯註 東萊博議 1》 05-06에 보인다.

李承熙는 독립운동가로 활동하였으며, 중국으로 망명하여 東三省에 우거한 뒤의 자세한 행적은 알려져 있지 않다. 그의 詩文을 모아놓은 《大溪集》이 1927년 아들 李基元에 의해 경북 성주의 三峯書堂에서 간행되었는데, 目錄 1책, 本集 36권 16책, 續集 6권 3책 등 총 42권 20책으로 구성되어 있다. 興宣大院君에게 聖學・戶籍・田制・選擧・兵制 등 국가의 다섯 급무를 건의하였으며, 俛宇 郭鍾錫과 50여 통의 편지를 주고받으며 왜적의 축출과 독립을 논의하였다.

1) 〔역주〕 歷山之耕……勞逸變於前 : ≪史記≫ 〈五帝本紀〉에 "舜임금이 歷山에서 농사지으니 歷山의 사람들이 모두 밭두둑을 양보하였다.〔舜耕歷山 歷山之人 皆讓畔〕"는 말이 보인다.

2) 〔역주〕 舜之心未嘗變也 : ≪孔子家語≫ 〈辨樂解〉에 "예전에 舜임금이 五弦琴을 연주하며 南風詩를 지었는데, 그 시에 '훈훈한 남풍이여! 우리 백성들 원망 풀어주네. 제때 부는 남풍이여! 우리 백성들 재산을 불려주네.〔昔者 舜 彈五弦之琴 造南風之詩 其詩曰 南風之薰兮 可以解吾民之慍兮 南風之時兮 可以阜吾民之財兮〕'라고 하였다."라는 기록이 보인다.

3) 〔역주〕 羑里 : 羑里는 殷나라의 監獄이다. ≪史記≫ 〈殷本紀〉에 의하면 殷紂가 文王 昌을 이곳에 가두었다고 한다.

4) 〔역주〕 虞芮之朝 : 虞나라와 芮나라의 군주가 周 文王에게 朝見한 것을 이른다. ≪史記≫ 〈周本紀〉에 의하면 두 나라가 영토분쟁으로 周 文王에게 판결을 구하려고 周의 경내에 들어가니, 농사짓는 자들이 밭두둑을 양보하고 길 가는 사람들이 길을 양보하였다. 이를 본 두 사람은 감동하여 다투던 땅을 서로 양보하였다고 한다.

5) 聖賢君子……憂樂變於前 : 按 此言憂樂 抑指氣之慘舒 而非指此心之用歟

고찰하건대 여기에 말한 憂樂은 아마도 기운의 慘舒(우울과 유쾌)를 가리킨 것이고, 이 마음의 작용을 가리킨 것이 아닌 듯하다.

6) 文王之心未嘗變也 避席*)之時 : 本註 曾子侍坐於孔子 避席請問 此聖賢處生時

本註 : 曾子가 孔子를 모시고 앉았을 때 자리에서 일어나 가르침을 청하였으니, 이는 성현께서 生時에 처신하는 〈도리였다.〉

*) 〔역주〕 避席 : 앉았던 자리에서 일어나 존경을 표함이다. 孔子의 물음에 曾子가 자리에서 일어나 대답한 것을 이른다. ≪孝經≫ 〈開宗名義章〉에 보인다.

7) 〔역주〕 易簀 : 학덕이 높은 분의 죽음을 이른다. 曾子가 임종 때에 삿자리를 바꾸게 한 데서 유래하였다. ≪禮記≫ 〈檀弓〉에 보인다.

성현군자는 마음으로 기운을 통제하고 기운에 통제되지 않으며, 마음으로 기운을 변화시키고 기운에 변화되지 않는다. 〈처음에〉 歷山에서 농사를 짓고 〈뒤에 天子가 되어〉 거문고를 퉁기며 南風詩를 지어 부른 일은 전일의 노고가 안락으로 바뀐 것이나 舜의 마음은 바뀐 적이 없었고, 〈처음에〉 羑里獄에 갇히고 〈뒤에 西伯이 되어〉 虞나라와 芮나라의 朝見을 받은 일은 전일의 우환이 안락으로 바뀐 것이나 文王의 마음은 바뀐 적이 없었으며, 〈처음에〉 앉았던 자리에서 일어나 존경을 표한 때와 〈뒤에 죽음에 이르러〉 삿자리를 바꾸게 한 때는 전일의 삶이 죽음으로 바뀌는 것이었으나 曾子의 마음은 바뀐 적이 없었다.

楚武王憑凌諸夏하니 **臨敵多矣**로되 **迨其季年**하야 **伐蕞爾之隨**에 **而心蕩焉**[1)]하니 **彼初未知治心之理**요 **所恃者血氣之剛耳**라 **平時臨敵**에 **非眞能不動也**라 **氣方剛也**ㄹ새니라 **死期將至**에 **血氣旣蕩**하니 **心安能不隨而蕩乎**아

1) 心蕩焉：本註 蕩謂心志散亂

本註：蕩은 心志가 어지러이 흩어짐을 이른다.

楚 武王이 중원을 침범하여 적군을 상대한 일이 많았으되, 말년에 이르러서는 작은 隨나라를 치는 것에도 마음이 흔들렸으니, 이는 저 武王이 애초에 마음을 다스리는 도리를 알지 못하고 믿는 바가 강한 혈기뿐이었기 때문이다. 평소 적을 상대할 때 〈흔들리지 않았던 것은〉 참으로 흔들리지 않을 수 있었던 것이 아니라 혈기가 한창 강하였기 때문이었다. 죽을 날이 가까이 오자 혈기가 이미 흔들렸으니, 어찌 마음도 따라 흔들리지 않을 수 있었겠는가?

彼鄧曼者는 **方且歸之天**하고 **而又歸之鬼神**[1)]이라 **抑不知心卽天也**[2)]니 **未嘗有心外之天**하고 **心卽神也**[3)]니 **未嘗有心外之神**하니 **烏可捨此而他求哉**[4)]아

1) 彼鄧曼者……而又歸之鬼神：鄧曼嘆曰 王祿盡矣 盈而蕩 天之道也 先君其知之矣 故臨武事 將發大命 而蕩王心焉

鄧曼이 탄식하며 말하기를 "임금님의 복이 다하였습니다. 가득차면 흔들리는 것이 하늘의 道(자연의 법칙)입니다. 先君께서 이를 아셨기에 전쟁에 임하여 중대한 명령을 내리려 할 때에 임금님의 마음을 흔들리게 한 것입니다."라고 하였다.

2) 抑不知心卽天也：本註 心之至公卽天

本註：지극히 공평한 마음이 바로 하늘이다.

3) 未嘗有心外之天 心卽神也：本註 心之妙用卽神

本註：마음의 신묘한 작용이 바로 신이다.

4) 烏可捨此而他求哉：本註 捨吾心而求天與神 非也

本註：내 마음을 버리고서 하늘과 신을 찾는 것은 옳지 않다.

저 鄧曼은 바야흐로 〈楚 武王이 마음이 흔들린 이유를〉 하늘에 돌리고 또 귀신에게 돌렸다. 그러나 이는 마음이 곧 하늘이니 마음 밖에 하늘이 있은 적이 없고, 마음이 곧 신이니 마음 밖에 신이 있은 적이 없음을 모른 것이다. 어찌 이것을 버리고 다른 데서 찾아서야 되겠는가?

心由氣而蕩하고 氣由心而出이라 蟊(모)生於稼나 而害稼者蟊也며 蜹(예)生於醯(혜)나 而敗醯者蜹也며 氣生於心이나 而蕩心者氣也라 使楚武而悟면 則賊吾心者가 豈他人耶아 將不得而遁矣리라 賊旣不得而遁이면 盍亦鉏治是氣하야 絶其本根하야 以去心之賊乎아 吁라 又非也라

마음은 기운으로 인해 흔들리고 기운은 마음에서 나온다. 蟊蟲(농작물의 뿌리를 갉아먹는 해충)이 농작물에서 생기지만 농작물을 해치는 것이 모충이고, 초파리가 식초에서 생기지만 식초를 망치는 것이 초파리이며, 기운이 마음에서 나오지만 마음을 흔드는 것이 기운이다. 가령 楚 武王이 〈이런 이치를〉 깨달았다면, 자기 마음을 해치는 것이 어찌 다른 사람〈에게서 연유한 것〉이라 여겼겠는가? 아마도 도망해 피할 수 없음을 알았을 것이다.

마음을 해치는 것을 이미 도망해 피할 수 없다면 어찌 이 기운을 가꾸고 다스려 그 뿌리를 끊어 마음의 적을 제거하지 않는가? 아! 이 말 또한 그르다.

浩然之氣與血氣는 初無異體요 由養與不養하야 二其名爾라 苟失其養이면 則氣爲心之賊하고 苟得其養이면 則氣爲心之輔나 亦何常之有哉리오 憒亂散越하야 臨死生而失其正者는 是氣也[1]요 泰定精明하야 臨死生而得其正者도 亦是氣也[2]라 凌烟圖繪之功臣[3]이 誰非前日之勍敵耶아

1) 是氣也：本註 不能養氣故心亦變

本註：기운을 잘 기르지 못했기 때문에 마음 또한 변한 것이다.

2) 亦是氣也：本註 能養氣故心不變

本註：기운을 잘 길렀기 때문에 마음이 변치 않은 것이다.

3) 〔역주〕 凌煙圖繪之功臣：凌煙은 凌煙閣을 말한다. 凌煙閣은 唐 太宗 때에 당나라 개국공신 24명의 초상을 걸어두었던 누각이다. 이 공신들을 '능연각공신'이라고 부른다.

浩然之氣와 血氣는 애초에 다른 것이 아니고, 〈기운을〉 잘 기르느냐, 잘 기르지 못하느냐에 따라 그 이름이 달라질 뿐이다. 만약 잘 기르지 못하면 기운이 마음을 해치는 적이 되지만, 잘 기르면 기운이 마음의 보좌가 된다. 그러나 어찌 일정하여 변치 않는 것이 있겠는가? 혼란스럽고 흩어져서 生死의 경지에 다다라 올바름을 잃는 것도 기운이고, 태연하고 또렷하여 생사에 임하여 바름을 지키는 것도 기운이다. 凌煙閣에 그려

진 공신 중에 누군들 前日의 强敵이 아니었던가?

愚按此論은 **自孟子來**라 **其論心與氣帥役之分**이 **反覆纖悉**하고 **昭晳剖破**하니라 **其曰心卽天者**는 **指至公之理也**요 **曰心卽神者**는 **指妙用之理也**라 **蓋從(上)〔古〕**[1]**聖賢尋常論心者如此**요 **至其所謂治心之理者**는 **却似別有理以治其心者**라 **然此理字**는 **如云方法也**니 **理之當然者也**라 **心卽此理之爲主宰者也**니 **使吾之所以爲主宰者**로 **一出於當然**이 **卽所謂治心之理也**라 **古人之將心與理對說處**에 **多此類也**하니 **今人以心爲氣**하야 **而以以理言心爲大謬者**는 **盍觀於是**오

1) 〔역주〕 (上)〔古〕 : ≪大溪集≫에는 '上'으로 되어 있으나, 문맥에 의거하여 '古'로 바로잡았다.

내가 고찰하건대 이 논문은 ≪孟子≫로부터 왔다. 〈呂祖謙은〉 그 논문에서 마음과 기운을 장수와 졸개로 나누어 반복해 상세히 논하고 밝게 분석하였다. 呂祖謙이 "마음이 바로 하늘이다."라고 한 것은 지극히 공정한 이치를 가리켜 말한 것이고, "마음이 바로 신이다."라고 한 것은 신묘한 작용의 이치를 가리켜 말한 것이다.

대체로 예로부터 성현이 항상 마음을 논한 것이 이와 같은데, 이른바 마음을 다스리는 이치란 것에 이르러서는 도리어 따로 마음을 다스리는 이치가 있는 듯이 하였다. 그러나 이 '이치〔理〕'라는 글자는 '방법'이라고 말하는 것과 같으니 이치의 당연한 것이다. 마음은 바로 이 이치가 주재하는 것이니, 나의 〈마음을〉 주재하는 것을 하나같이 당연한 이치에서 나오게 하는 것이 바로 이른바 마음을 다스리는 이치이다. 옛사람이 마음과 이치를 상대시켜 말한 곳에 이런 유형이 많으니, 지금 사람 중에 마음을 기운으로 여기고 이치를 마음이라 말하는 것을 큰 오류로 여기는 자들은 어찌 이 논문에서 살펴보지 않는가?

4) 書東萊薄議臧哀伯諫〔納〕[1]郜鼎篇後*) ≪東萊薄議≫ 〈臧哀伯諫納郜鼎〉篇 뒤에 쓰다

魯桓公弑其兄隱公而簒立에 哀伯以魯之世卿으로 不討不去하고 而反事之以忠言이라 故東萊先生深斥其忠諫之非하야 以爲哀伯郜鼎之諫이 忠諫也나 君子不謂之忠이라하니 以其所告者桓公耳ㄹ새라

1) 〔역주〕〔納〕: ≪復菴先生文集≫에는 '納'이 없으나, ≪東萊博議≫ 권3 〈臧哀伯諫納郜鼎〉에 의거하여 보충하였다.

魯 桓公이 그 형 隱公을 시해하고 君位를 빼앗아 임금이 되었는데도, 臧哀伯은 魯나라의 世卿으로서 토벌하지도 도망가지도 않고서 도리어 충언으로 섬겼다. 그러므로 東萊선생이 그의 忠諫이 잘못임을 깊이 꾸짖어 "哀伯이 郜鼎에 대해 간한 것이 충간이지만 군자는 이를 충성이라 하지 않으니, 그 이유는 고한 상대가 桓公이기 때문이다."라고 하였다.

朱字綠[1]評東萊之論曰 哀伯은 世臣으로 不能討賊而事之하니 罪固難免이라 然隱桓皆吾君之子也니 與賊國外寇不同이라 苟不能死不能逃하야 守位於朝면 亦無不進忠謀之理라 信如所言이면 必顚覆魯之社稷하야 而滅於齊人이라야 乃爲忠於隱公乎아 建成死而唐臣不可不忠於太宗[2]이요 建文死而明臣不可不忠於成祖[3]云云이라 東萊之論과 字綠之評이 皆有可疑라 東萊責哀伯에 當以忘君事讐爲正名之本이나 而當淩於事桓公之初요 不當以旣事之後進忠謀爲罪也라

---

*) ≪復菴先生文集≫ 권6 〈雜著〉에 실려 있는 復菴 蔣華植(1871~1947)의 저술이다. ≪東萊博議≫ 〈臧哀伯諫郜鼎〉은 ≪譯註 東萊博議 1≫ 03-06에 보인다.

蔣華植의 字는 孝重, 號는 復菴이다. 西山 金興洛와 晩求 李種杞의 학문을 이어받았다. 四書三經을 비롯하여 心性理氣論과 湖洛論辨(人物性同異論) 등을 깊이 연구하였다. 저서로는 ≪贅翁先生文集≫이 전한다.

1) 〔역주〕 朱字綠 : 淸나라 문인 朱書(1654~1707)로, 字가 字綠이며, 號는 杜溪다. 뛰어난 재능과 문학으로 당시 문단의 각 방면에서 추앙을 받았는데, 특히 淸代 桐城派의 주요인물인 戴名世, 方苞와 교유하여 동성파 三才子로 불린다. 저서에 ≪評點東萊博議≫, ≪仙田詩在≫, ≪朱杜溪稿≫ 등이 있다.

2) 〔역주〕 建成死而唐臣不可不忠於太宗 : 唐 高祖(李淵)가 長子인 李建成을 태자로 세웠는데, 李建成은 創業에 공이 많은 아우 李世民이 자신의 자리를 넘볼까 염려하여 미리 제거하려 하였다. 이에 李世民이 먼저 군사를 동원하여 李建成을 죽였다.(≪新唐書≫ 〈太宗本紀〉)

3) 〔역주〕 建文死而明臣不可不忠於成祖 : 建文은 明 太祖(朱元璋)의 嫡孫인 惠宗(朱允炆)의 연호이다. 洪武 31년(1398) 즉위하고서 세력이 강대하던 諸王들을 제거하려 하였는데, 당시 燕王이었던 成祖(朱棣)가 반란을 일으켜 찬탈하였다.(≪明史≫ 〈恭閔帝本紀〉)

朱字綠이 東萊의 논문을 논평하기를 "臧哀伯은 魯나라의 世臣으로서 역적(桓公)을 토벌하지 않고 섬겼으니, 진실로 죄를 면하기 어렵다. 그러나 隱公과 桓公이 모두 우리 임금님(惠公)의 아들이니 적국의 外寇와는 같지 않다. 가령 죽을 수도 없고 도망갈 수도 없어서 조정에서 자리를 지키고 있었다면 또한 忠諫를 올리지 않을 이유가 없다. 진실로 東萊가 말한 바와 같다면 반드시 魯나라 사직이 전복되어 齊나라 사람에게 멸망하여야 隱公에게 충성할 수 있다는 것인가? 李建成이 죽자 唐나라 신하들이 太宗(李世民)에게 충성하지 않을 수 없었고, 建文(明 惠宗)이 죽자 明나라 신하들은 成祖에게 충성하지 않을 수 없었다."라고 하였으니, 東萊의 논의와 字綠의 논평에 모두 의심할 만한 점이 있다. 東萊가 臧哀伯을 책망할 때에 임금을 잊고 원수를 섬긴 것을 명분을 바로잡는 근본으로 삼은 것은 옳다. 그러나 桓公을 섬긴 초기의 일을 가지고 능멸하는 것이 옳고, 이미 섬긴 뒤에 忠諫를 올린 것을 죄로 여긴 것은 옳지 않다.

程子曰 管仲之事糾는 不正也요 召忽不負所事는 義也[1]라 哀伯之事桓이 雖不當이나 而旣事之면 則亦不負所事가 可也라 負隱公은 已枉於事桓公之初요 不在於忠諫與否也르새니라 豫讓改嫁之烈女로 而盡忠智伯[2]하고 且曰 將以媿爲人臣而懷二心者라하니 朱子旣取而載之小學矣[3]라 若哀伯旣事桓公하야 懷不負隱公而負桓公之心이면 則是非二心耶아

1) 〔역주〕 程子曰……義也 : ≪論語集註≫ 〈憲問〉 18장에 程子가 管仲과 召忽의 義理에 대해 논한 곳에서 보인다.

2) 〔역주〕 豫讓改嫁之烈女 而盡忠智伯 : 豫讓은 戰國時代 晉나라 사람으로, 자신이 섬기던 智伯이 趙襄子에게 멸망당하자 그를 위해 복수하려다가 죽임을 당하였다. "改嫁之烈女"는 그가 일찍이 范氏와 中行氏를 섬기다가 그들을 멸망시킨 智伯을 섬겼으면서, 오히려 智伯을 위해서는 열녀와 같이 절의를 다하였음을 이른다. 豫讓은 이에 대하여 "제가 范氏와 中行氏를 섬겼을 때 范氏와 中行氏는 모두 나를 보통 사람으로 대우했기 때문에 나도 그들을 보통 사람으로 보답하였지만, 智伯의 경우에는 나를 國士로 대우하였기 때문에 나도 그를 國士로 보답하려는 것입니다.〔臣事范中行氏 范中行氏皆衆人遇我 我故衆人報之 至於智伯 國士遇我 我故國士報之〕"라고 하였다.(≪史記≫ 〈刺客列傳〉)

3) 〔역주〕 朱子旣取而載之小學矣 : ≪小學≫ 〈稽古〉에 보인다.

程子가 말하기를 "管仲이 糾(齊 桓公)를 섬긴 것은 정의가 아니고, 召忽이 자기가 섬긴 이를 저버리지 않은 것은 정의이다."라고 하였으니, 臧哀伯이 桓公을 섬긴 것은 비록 정당하지 않으나 이미 섬겼다면 섬긴 이를 저버리지 않는 것이 옳다. 隱功을 저버린 것은 이미 桓公을 섬긴 초기에 굽힌 것이지, 忠諫을 했느냐의 여부에 달려 있지 않기 때문이다.

豫讓은 개가한 烈女로서 智伯에게 충성을 다하였고, 또 "〈천하 후세에〉 남의 신하된 자로서 두 마음을 품은 자를 부끄럽게 하기 위해서이다."라고 하였으니, 朱子가 이미 〈그 내용을〉 취하여 ≪小學≫에 실어놓았다. 만약 臧哀伯이 이미 桓公을 섬기고 있으면서 隱功을 저버리지 않고 桓公을 저버릴 마음을 품었다면 이것이 두 마음을 품은 것이 아닌가?

且字綠非東萊之論하야 **而以顚覆魯之社稷滅於齊人**으로 **爲執言**하니 **何其取義之不精也**오 **凡爲人臣者**가 **遇難處變**에 **當成就一個是而已**니 **豈可以吾淩義後國之存亡爲慮**리오 **失身事讐**하니 **無犬馬之誠而爲禽獸之行也哉**ㄴ저 **建成死而唐臣雖不可以不忠於太宗**이나 **然素來翼贊太宗之輩自在**하니 **奚必冀其事建成者反忠於太宗**이리오 **建文亡而明臣雖不可以不忠於成祖**나 **然亦必有翼贊成祖者自多**하니 **又奚必冀其事建文者反忠於成祖耶**아 **東萊之論**은 **總小功之察也**요 **字綠之評**은 **杞天崩之憂也**라 **然而義理浩浩**하야 **辨之實難**하니 **安知吾言之不遭後人之彈耶**아

또 朱字綠은 東萊의 논의를 비판하여 "魯나라 사직을 전복하고 齊나라 사람에게 멸망되었어야 한다."는 주장을 하였으니, 어쩌면 뜻을 취한 것이 그리도 정밀하지 못하였는

가? 무릇 남의 신하된 자들은 재난을 만나거나 사변에 처했을 때에는 마땅히 하나의 '옳음'을 성취할 뿐이니, 어찌 나의 義를 더럽힌 뒤에 나라의 존망을 생각하겠는가? 몸을 지키지 못하고 원수를 섬긴다면 〈임금을 위해 신명을 다하는〉 犬馬의 충성은 없고 금수 같은 행동을 할 것이다.

李建成이 죽자 唐나라 신하들이 비록 太宗에게 충성하지 않을 수 없었으나, 본래부터 太宗을 보좌한 무리가 있었으니 어찌 李建成을 섬기던 자들이 도리어 太宗에게 충성하기를 바랐겠으며, 建文(朱允炆)이 죽자 明나라 신하들이 비록 成祖에게 충성하지 않을 수 없었으나, 또한 成祖를 보좌한 자들이 많았으니 또 어찌 반드시 建文을 섬기던 자들이 도리어 成祖에게 충성하기를 바랐겠는가? 東萊의 논의는 모두 〈三年의 상례는 거행하지 못하면서〉 小功만을 살핀 것이고, 朱字綠의 논평은 杞憂이다. 그러나 의리의 영역은 광대하여 분변하기가 실로 어려우니 나의 말 또한 후인의 지탄을 당하지 않을 줄을 어찌 알겠는가?

〔附 錄 2〕

索 引

索引凡例

1. 색인의 대상

본서의 색인은 ≪譯註 東萊博議≫(全5冊)의 本文(原文, 原註, 主意)과 각 편에서 인용된 ≪春秋左氏傳≫을 대상으로 하였다.

2. 색인의 종류

1) 색인은 〈綜合索引〉을 작성하고, 별도로 주제별 색인인 〈人名・地名・國名索引〉을 작성하여 종합적으로 참조할 수 있게 하였다.

2) 〈綜合索引〉은 ≪譯註 東萊博議≫의 本文(原文, 原註, 主意)과 각 편에서 인용된 ≪春秋左氏傳≫에서 색인어를 추출하였다.

3) 〈人名・地名・國名索引〉은 ≪譯註 東萊博議≫의 本文(原文, 原註, 主意)과 각 편에서 인용된 ≪春秋左氏傳≫에서 人物, 地名, 國名에 관련된 색인어를 추출하였다. 인물에 관한 색인어는 해당 인물의 발언 및 행적, 인물 간의 관계와 問答, 해당 인물에 대한 평가 관련된 사건이나 故事 등을 종속항목으로 함께 추출하였다. 지명, 국명에 관한 색인어는 해당 지역과 나라에 관련된 사건이나 고사 등을 종속항목으로 함께 추출하여 상호 참조할 수 있게 하였다.

3. 색인 작성 방법

1) 索引語

(1) 색인어는 人名, 地名, 國名, 書名, 官名, 篇名 등의 고유명사와 주요 用語, 句節, 특수하게 사용된 語彙 등을 중심으로 추출하였다.

(2) ≪東萊博議≫의 本文(原文, 原註, 主意)과 각 편에서 인용된 ≪春秋左氏傳≫에서 추출한 색인어를 구별하기 위하여 해당 색인어의 출처를 ( )안에 삽입하고, 위치를 나타내는 '冊數-面數' 끝에 표기하였다. 다만 가장 많은 추출 대상인 ≪東萊博議≫ 原文은 별도

로 기입하지 않았고, 그밖에 原註는 '(註)', 主意는 '(意)', ≪國語≫는 '(國)', ≪春秋左氏傳≫은 '(左)' 등으로 표기하였다.

색인어 추출 대상		작성 예시
≪東萊博議≫	原文	警蹕 2-71
	原註	雍糾 1-309(註)
	主意	息侯 1-190(意)
≪國語≫	原文	優施 2-280(國)
≪春秋左氏傳≫	原文	甘棠 3-300(左)

(3) 색인어의 변별력을 높이고 세부 내용을 전달하기 위하여 地名, 國名, 書名, 官名, 篇名 등의 부가 정보를 ( ) 안에 표기하였다.

예) 溫(地)　　　魯(國)　　　令尹(官)　　　考工記(篇)

(4) 人名, 地名, 國名, 書名의 경우 일반적으로 통용되는 名稱을 대표 색인어로 정하고 異稱, 略稱, 別稱 등을 추출하여 상호 참조하게 하였다. 다만 인명의 경우 이름이나 성이 略稱으로 쓰인 경우 完稱을 색인어로 추출하였다.

예) 共叔→共叔段(春秋 鄭)　　　共叔段(春秋 鄭)←共叔, 叔段
　　殷(國)←商　　　左傳→春秋左氏傳(書)

(5) 동일 색인어가 같은 면의 原文에 두 차례 이상 반복하여 등장할 경우, 해당 면수를 한 번만 기재하였다. 단 동일 색인어가 같은 면의 原文과 原註에 반복하여 등장할 경우에는 ( ) 안에 각각 별도로 출처를 표시하여 구별하였다.

예) 莊公(春秋 鄭) 1-34, 34(左)　　　漢廣(篇) 1-323, 323(註)

(6) 魯나라의 君號(隱公·莊公 등)와 晉나라, 楚나라의 國名 등 출현 빈도가 현저하게 높은 색인어의 경우, 전체를 추출하지 않고 ≪東萊博議≫ 原文만을 색인 대상으로 하였다.

예) 隱公(春秋 魯) 1-82, 105, 108, 111
　　晉(國) 1-97, 105, 121, 130, 2-39, 92, 94, 126, 127

2) 人名

(1) 人名의 경우 ( ) 안에 時代와 國名을 기입하여 인물의 구별을 容易하게 하였다. 國名이 불확실한 경우에는 시대만 표시하고, 시대도 불확실한 경우에는 '人'이라고 표시하였다.

예) 烏獲(戰國 秦) 趙孟(春秋 晉)
九方皐(春秋) 苦成叔(人)

(2) 2人 이상의 人名이 合稱으로 쓰인 색인어의 경우, 각각 색인어를 따로 뽑아 상호 참조하게 하였다. 인명이 姓으로만 표시된 경우에는 통용하는 名稱 또는 姓名을 추출하여 상호 참조하게 하였다.

예) 管蔡→管叔(周), 蔡叔(周) 申韓→申不害(戰國 韓), 韓非子(戰國 韓)
康→康王(周) 高→高傒(春秋 齊)

(3) 人名의 從屬項目은 해당 인물의 발언, 인물 간의 관계, 問答, 行跡 및 인물의 평가, 관련된 事件이나 故事 등을 추출하여 상호참조하게 하였다.

예) 姜氏(春秋 鄭) 1-34(左), 47(左), 175(註)
莊公寤生 驚—— 1-34(左)
遂置——于城潁 1-47(左)

3) 書名

(1) 書名 뒤에는 '(書)'라고 부기하였으며, 異稱은 함께 추출하여 상호 참조하게 하였다. 다만 ≪詩經≫, ≪周易≫ 등이 '詩云', '詩曰', '易曰' 등의 略稱으로 사용된 경우 完稱으로 색인어를 추출하였다.

예) 書經(書)←尙書, 書 '詩云', '詩曰'의 경우 : 詩經(書)

4) 語彙·句節

(1) 중요한 語彙와 句節 등을 색인어로 추출하였으며, 經典 등에서 인용한 문장인 경우 색인어의 종속항목으로 추출하였다.

예) 假道於虞 2-13(左), 266(註), 316(左), 318(左)
孟子(書) 1-307, 308, 2-75(註), 134, 134(註)

——曰 好勇鬪狠以危父母 五不孝也 1-178(原)
——曰 所欲有甚於生者 所惡有甚於死者 1-307

5) 從屬項目

(1) 從屬項目은 색인어와 관련된 사항을 추출하여 작성하였으며, 해당 색인어가 포함된 句節과 文章도 함께 추출하였다. 본문의 내용이 색인어를 보충 설명하거나, 原註에서 참조할 내용이 있는 경우 종속항목으로 추출하였다. 동일한 색인어는 '——'를 사용하여 생략하였다.

예) 仲子(春秋 魯)
　　但用六佾於——之廟 1-105(註)
　　——魯桓公之母 1-106(原)
　　使六羽之獻 復見於——之廟 1-108

4. 항목 배열 및 표시

1) 색인어의 배열은 한글 가나다 순서를 따랐으며 두음법칙을 적용하였다.

2) 색인어의 위치는 '冊數-面數'의 형태로 표기하고, 책수와 면수는 아라비아 숫자로 표기하였다. 같은 책에서 면수만 다른 경우에는 책수를 생략하고 면수만 ','로 이어 표기하였다.

예) 莊公(春秋 鄭) 1-34(左), 36, 36(原), 43, 2-95(左), 102, 103(註)

3) 색인에 사용한 부호는 다음과 같다.

——: 동일한 색인어 생략 표시
→ : 대표 색인어로 나간 표시
← : 대표 색인어로 모아주는 표시
(　): 색인어에 대한 부가정보 표시
, : 面數와 面數의 구분

綜合索引

【ㄴ】

【ㄷ】

【ㄹ】

【ㅁ】

【ㅂ】

【ㅅ】

【ㅇ】

潁考叔(春秋 鄭)←考叔 1-47, 47(左), 48(左), 50, 171(左), 172(意), 172(註), 174, 175(註), 176(註), 178(註), 181(註), 184(註)

【ㅈ】

【ㅊ】

【E】

【ㅍ】

【ㅎ】

人名 · 地名 · 國名索引

【ㄱ】

【ㄴ】

【ㄷ】

【ㄹ】

【ㅁ】

【ㅂ】

【ㅅ】

【ㅇ】

【ㅈ】

【ㅊ】

【E】

【ㅍ】

【ㅎ】

〔附 錄 3〕

1. ≪東萊博議 5≫ 圖版目錄

2. ≪東萊博議≫ 解題

QR코드를 스캔하면 ≪東萊博議≫ 解題를 볼 수 있습니다.

2. 解 題

3. ≪東萊博議≫ 總目次

QR코드를 스캔하면 ≪東萊博議≫ 總目次를 볼 수 있습니다.

3. 總目次

責任飜譯者

鄭太鉉

慶北 尙州 化北 出生
止山 林聖武 先生과 鳳西 吳禹善 先生 師事
民族文化推進會 國譯硏修院 卒業
國譯部長, 國譯硏修院 敎授
韓國古典飜譯院 附設 古典飜譯敎育院 名譽漢學敎授
傳統文化硏究會 顧問
국민훈장 모란장 受賞

論文 및 譯書

〈栗谷의 改革思想〉
譯書 《春秋左氏傳》 《孝經大義》 《同春堂集》
共譯 《五洲衍文長箋散稿》 《星湖僿說》 《宋子大全》
《茶山詩文集》 《陽村集》 《高峯集》 《寒水齋集》
《朝鮮王朝實錄》 등 多數

共同飜譯者

金炳愛

京畿 驪州 出生
弘益大學校 師範大學 國語敎育科 卒業
高麗大學校 大學院 古典飜譯協同科程(文學博士)
民族文化推進會 國譯硏修院 常任硏究員
傳統文化硏究會 校務委員 및 講師
서울市立大, 檀國大, 弘益大, 韓國古典飜譯院 講師 歷任
成均館大學校 儒敎文化硏究所 首席硏究員 歷任
現) 韓國傳統文化大學校 哲學硏究所 專任硏究員
교육부장관상 受賞
국사편찬위원회장상 受賞

論文 및 譯書

〈蘇軾散文의 文藝美 硏究〉 〈《律呂新書》의 번역 · 교감 · 주석 고찰〉
〈折中義例에 보이는 신후담 역학요소의 개념 분석과 성호문인의 周易折中 논변〉
〈화서 이항로의 斥邪衛正思想에 대한 이론적 근거와 실천〉 등
〈河濱 愼後聃 《周易象辭新編》 譯註〉
譯書 《마음 속의 대나무 - 蘇軾散文評說》
共譯 《한국주역대전》 《承政院日記》 등 多數

東洋古典譯註叢書 66

譯註 東萊博議 5　　　정가 37,000원

2020년 11월 20일 초판 발행
2024년 03월 15일 초판 3쇄

著　　者 呂祖謙
責任飜譯 鄭太鉉
共同飜譯 金炳愛
企劃編輯 東洋古典飜譯編輯委員會
常任原文校閱 吳圭根
潤　　文 南賢熙
校　　訂 郭成龍 田炳秀
發 行 人 郭成文
發 行 處 社團法人 傳統文化研究會

등록 : 1989. 7. 3. 제1-936호
서울시 종로구 삼일대로 428 낙원빌딩 411호
전화 : (02)762-8401　전송 : (02)747-0083
전자우편 : juntong@juntong.or.kr
홈페이지 : juntong.or.kr
사이버書堂 : cyberseodang.or.kr
온라인서점 : book.cyberseodang.or.kr

인쇄처 : 한국법령정보주식회사(02-462-3860)
총　판 : 한국출판협동조합(070-7119-1750)

ISBN 979-11-5794-272-5 94910
　　　978-89-85395-71-7(세트)

※이 책은 2020년도 교육부 고전문헌 국역지원사업 지원비에 의해 초판 간행.

전통문화연구회 도서목록

新編 基礎漢文敎材·漢文讀解捷徑

新編 四字小學·推句　고전교육연구실 編譯　11,000원
新編 啓蒙篇·童蒙先習　고전교육연구실 編譯　11,000원
新編 明心寶鑑　李祉坤·元周用 譯註　15,000원
新編 擊蒙要訣　咸賢贊 譯註　12,000원
新編 註解千字文　李忠九 譯註　13,000원
新編 原文으로 읽는 故事成語　元周用 編譯　15,000원
新編 唐音註解選　權卿相 譯註　22,000원
漢文독해 기본패턴　고전교육연구실 著　15,000원
四書독해첩경　고전교육연구실 著　25,000원
한문독해첩경 文學篇　朴相水 李和春 李祉坤 元周用 著　17,000원
한문독해첩경 史學篇　朴相水 李和春 李祉坤 元周用 著　17,000원
한문독해첩경 哲學篇　朴相水 李和春 李祉坤 元周用 著　17,000원

東洋古典國譯叢書

大學·中庸集註 - 개정증보판　成百曉 譯註　10,000원
論語集註 - 개정증보판　成百曉 譯註　27,000원
孟子集註 - 개정증보판　成百曉 譯註　30,000원
詩經集傳 上·下　成百曉 譯註　各 35,000원
書經集傳 上·下　成百曉 譯註　各 35,000원
周易傳義 上·下　成百曉 譯註　各 40,000원
小學集註　成百曉 譯註　30,000원
古文眞寶 後集　成百曉 譯註　32,000원

五書五經讀本

論語集註 上·下　鄭太鉉 譯註　各 24,000원~25,000원
孟子集註 上·下　田炳秀·金東柱 譯註　各 30,000원
大學·中庸集註　李光虎·田炳秀 譯註　15,000원
小學集註 上·下　李忠九 外 譯註　各 25,000원
詩經集傳 上·中·下　朴小東 譯註　各 30,000원
書經集傳 上·中·下　金東柱 譯註　各 30,000원
周易傳義 元·亨·利·貞　崔英辰 外 譯註　各 30,000원
詳說古文眞寶大全後集 上·下　李相夏 外 譯註　各 32,000원
春秋左氏傳 上·中·下　許鎬九 外 譯註　各 36,000원~38,000원
禮記 上·中·下　成百曉 外 譯註　各 30,000원

東洋古典譯註叢書

〈經部〉

十三經注疏
　周易正義 1~4　成百曉·申相厚 譯註　各 32,000원~44,000원
　尙書正義 1~7　金東柱 譯註　各 25,000원~36,000원
　毛詩正義 1~8　朴小東 外 譯註　各 30,000원~37,000원
　禮記正義 1~3, 中庸·大學　李光虎 外 譯註　各 20,000원~30,000원
　論語注疏 1~3　鄭太鉉·李聖敏 譯註　各 35,000원~44,000원
　孟子注疏 1~4　崔彩基·梁基正 譯註　各 29,000원~30,000원
　孝經注疏　鄭太鉉·姜珉廷 譯註　35,000원
　周禮注疏 1~4　金容天·朴禮慶 譯註　各 27,000원~37,000원
　春秋左傳正義 1~2　許鎬九 外 譯註　各 27,000원~32,000원
　春秋公羊傳注疏 1　宋基采 外 譯註　37,000원
春秋左氏傳 1~8　鄭太鉉 譯註　各 25,000원~35,000원
禮記集說大全 1~6　辛承云 外 譯註　各 25,000원~40,000원
東萊博議 1~5　鄭太鉉·金炳愛 譯註　各 25,000원~38,000원
韓詩外傳 1~2　許敬震 外 譯註　各 29,000원~33,000원
說文解字注 1~5　李忠九 外 譯註　各 32,000원~38,000원

〈史部〉

思政殿訓義 資治通鑑綱目 1~23　辛承云 外 譯註　各 18,000원~37,000원
通鑑節要 1~9　成百曉 譯註　各 20,000원~44,000원
唐陸宣公奏議 1~2　沈慶昊·金愚政 譯註　各 35,000원~45,000원
貞觀政要集論 1~4　李忠九 外 譯註　各 25,000원~32,000원
列女傳補注 1~2　崔秉準·孔勤植 譯註　各 30,000원~38,000원
歷代君鑑 1~4　洪起殷·全百燦 譯註　各 32,000원~35,000원

〈子部〉

孔子家語 1~2　許敬震 外 譯註　各 39,000원/40,000원
管子 1~4　李錫明·金帝蘭 譯註　各 29,000원~33,000원
近思錄集解 1~3　成百曉 譯註　各 35,000원~36,000원
老子道德經注　金是天 譯註　30,000원
大學衍義 1~5　辛承云 外 譯註　各 26,000원~30,000원
墨子閒詁 1~7　李相夏 外 譯註　各 32,000원~53,000원
說苑 1~2　許鎬九 譯註　各 25,000원
世說新語補 1~5　金鎭玉 外 譯註　各 29,000원~42,000원
荀子集解 1~7　宋基采 譯註　各 30,000원~42,000원
心經附註　成百曉 譯註　38,000원
顔氏家訓 1~2　鄭在書·盧暻熙 譯註　各 22,000원/25,000원
揚子法言 1　朴勝珠 譯註　24,000원
列子鬳齋口義　崔秉準·孔勤植·權憲俊 共譯　34,000원
二程全書 1~6　崔錫起·姜導顯 譯註　各 32,000원~42,000원
莊子 1~4　安炳周·田好根 共譯　各 25,000원~34,000원
政經·牧民心鑑　洪起殷·全百燦 譯註　27,000원
韓非子集解 1~5　許鎬九 外 譯註　各 32,000원~40,000원
武經七書直解
　孫武子直解·吳子直解　成百曉·李蘭洙 譯註　35,000원
　六韜直解·三略直解　成百曉·李鍾德 譯註　26,000원
　尉繚子直解·李衛公問對直解　成百曉·李蘭洙 譯註　26,000원
　司馬法直解　成百曉·李蘭洙 譯註　26,000원

〈集部〉

古文眞寶 前集　成百曉 譯註　30,000원
唐詩三百首 1~3　宋載卲 外 譯註　各 33,000원~39,000원
唐宋八大家文抄 韓愈 1~3　鄭太鉉 譯註　各 22,000원/28,000원
　〃 歐陽脩 1~7　李相夏 譯註　各 25,000원~35,000원
　〃 王安石 1~2　申用浩·許鎬九 共譯 各 20,000원/25,000원
　〃 蘇洵　李章佑 外 譯註　25,000원
　〃 蘇軾 1~5　成百曉 譯註　各 22,000원
　〃 蘇轍 1~3　金東柱 譯註　各 20,000원~22,000원
　〃 曾鞏　宋基采 譯註　25,000원
　〃 柳宗元 1~2　宋基采 譯註　各 22,000원
明淸八大家文鈔 1 歸有光·方苞　李相夏 外 譯註　35,000원
　〃 2 劉大櫆·姚鼐　李相夏 外 譯註　35,000원
　〃 3 梅曾亮·曾國藩　李相夏 外 譯註　38,000원
　〃 4 張裕釗·吳汝綸　李相夏 外 譯註　50,000원

東洋古典新譯

당시선　송재소·최경렬·김영죽 편역　24,000원
손자병법　성백효 역주　14,000원
장자　안병주·전호근·김형석 역주　13,000원
고문진보 후집　신용호 번역　28,000원
노자도덕경　김시천 역주　15,000원
고문진보 전집 上·下　신용호 번역　각 22,000원
신식 비문척독　박상수 번역　25,000원
안씨가훈　김창진 번역　근간

동양문화총서

동양사상 해설과 원전　정규훈 外 저　22,000원
화합의 길 《중용》 읽기　금장태 저　20,000원
호설과 시장　신용호 저　20,000원
어느 노학자의 젊은 시절 - 《고문진보》 選譯　심재기 저　22,000원

문화문고

경전으로 본 세계종교 그리스도교　이정배 편저　10,000원
　〃 도교　이강수 편역　10,000원
　〃 천도교　윤석산·홍성엽 편저　10,000원
　〃 힌두교　길희성 편역　10,000원
　〃 유교　이기동 편저　10,000원
　〃 불교　김용표 편저　10,000원
　〃 이슬람　김영경 편역　10,000원
논어·대학·중용 / 맹자　조수익·박승주 공역　각 10,000원
소학　박승주·조수익 공역　10,000원
십구사략 1~2　정광호 저　각 12,000원
무경칠서 손자병법·오자병법　성백효 역　10,000원
　〃 육도·삼략　성백효 역　10,000원
　〃 사마법·울료자·이위공문대　성백효 역　10,000원
당시선　송재소·최경렬·김영죽 편역　10,000원
한문문법　이상진 저　13,000원
한자한문전통교재　조수익·이성민 공역　10,000원
士小節 선비 집안의 작은 예절　이동희 편역　12,000원
儒學이란 무엇인가　이동희 저　10,000원
동아시아의 유교와 전통문화　이동희 저　13,000원
현대인, 동양고전에서 길을 찾다　이동희 저　10,000원
100자에 담긴 한자문화 이야기　김경수 저　12,000원
우리 설화 1~2　김동주 편역　각 10,000원
대한민국 국무총리　이재원 저　10,000원
백운거사 이규보의 문학인생　신용호 저　14,000원